주태백을 위하여

주태백을 위하여
역사 속 음주 시인 비대면 진찰록

초판 1쇄 2023년 9월 4일 발행

지은이 랴오보차오
옮긴이 김성일
펴낸이 김성실
책임편집 김성은
표지 디자인 위앤드
제작 한영문화사

펴낸곳 시대의창　　**등록** 제10 - 1756호(1999. 5. 11)
주소 03985 서울시 마포구 연희로 19 - 1
전화 02)335 - 6121　　**팩스** 02)325 - 5607
전자우편 sidaebooks@daum.net
페이스북 www.facebook.com/sidaebooks
트위터 @sidaebooks

ISBN 978 - 89 - 5940 - 819 - 1 (03910)

잘못된 책은 구입하신 곳에서 바꾸어드립니다.

주태백을 위하여

랴오보차오 지음
김성일 옮김

역사 속
음주 시인
비대면
진찰록

시대의창

| 차 례 |

특집　그대, 술을 끊으시게

| 음주 시인들의 생애 연표 |

동진 시대(317~419)   당나라 시대(618~907)

도연명(365~427)

음주의 원로
금주의 시조

하지장(659~744)

이백·두보와 망년지교
이백·두보가 만든 주선
장기음주·노년음주
이백과 함께 금 거북을
술로 바꿔 먹음

이백(701~762)

최고의 술 홍보대사
자칭 주선
두보와 친구
흥에 겨워 술 마심
혼술도 즐김
시와 술로 일생을 보냄

소식(1037~1101)

소동파
벼슬길 파란만장
좌천 때마다 술을 빚음
주량 매우 약함
매요신을 존경

구양수(1007~1072)

취옹(술 취한 늙은이)
매요신·석만경과 친구
술을 조금만 마셔도 취함
눈병으로 하소연
금주 선언
술 대신 차를 마심

이청조(1084~1151 추정)

소녀 때부터 술 즐김
안주 없이 강술을 마심
음주 운전하다 길 잃음
입에 술을 달고 살았음

남송 시대(1127~1279)

육유(1125~1210)

양생을 매우 중시
죽을 끓이고 레시피 정리
당뇨병에 시달림
여러 차례 금주 시도
구양수의 문장, 채양의 서
예, 매요신의 시를 이르러
삼자가 정립했으니 각자가
대가라고 함

양만리(1127~1206)

술 마시면 호기만장
여러 차례 금주 생각
약정까지 쓰고도 망설임
의사에게 치료 받음
비뇨기 생식 관련 질병

두보 (712~770)

이백과 친구
젊을 때는 기고만장
스트레스 받을 때 술 마심
장기간 실업, 자녀의 죽음
업무와 대인관계 스트레스
당뇨병·폐병 등 만성질환

백거이 (772~846)

자칭 취사마·취음선생
새벽부터 술 마심
호방한 성격
손님 접대 좋아함
폐병

이상은 (812~858)

다정다감한 성격
홀짝이듯 술 마심
술 마신 후 황홀감 갈망

북송 시대 (960~1126)

매요신 (1002~1060)

구양수의 금주를 전폭 지지
구양수와 음주의 장단점을
분석하고 토론함
청년 소식의 재능 발견
친구들이 좋은 술을 많이
가져다 줌
단계별로 금주 실행

석만경 (994~1041)

본명은 연년
송나라 최고의 주량
음주 스타일이 기괴함
구양수·매요신과 친구
작품이 거의 전해지지 않음
술 끊고 죽음

유영 (987~1053 추정)

북송의 슈퍼 아이돌
작사 작곡가
노래에 자신의 성생활 묘사
아파도 아름답게 포장
늙을수록 알코올 의존

신기질 (1140~1207)

소문난 애주가
의용군 출신
600수의 사를 창작
금주 동기가 강함
술잔에 고해성사
당뇨병 환자

일러두기

본문에 인용된 문헌은 옮긴이가 직접 번역하였다.
우리 말 번역이 있는 경우는 이를 참고하였다.

용어 해설

사詞: 중국 운문의 한 형식으로 송宋나라 때 쓰인 서정시를 이르는 말. 민간 가곡에서 발달하여 당, 오대五代를 거쳐
송나라에서 성행하였다. 곡조가 있고 그 곡조에 맞추어 사구詞句를 채워 넣는 특징이 있다. 시형에 장단구가 섞여
장단구라고도 하며, 시여詩餘·의성倚聲·전사塡詞라고도 한다.

격발시擊鉢詩: 시 짓는 놀이에서 촛불이 다 타들어 가 스러지는 때 동발을 두들기면 그 시간이 붓을 놓는 시점으로,
정해진 시간 안에 지어진 시가

계주시戒酒詩(금주시): 금주를 권하는 시가

규원시閨怨詩: 사랑하는 이에게 버림받거나 전쟁 등으로 홀로 남은 여자의 정한情恨을 노래한 시가

권주시勸酒詩: 술을 권하는 시가

도망시悼亡詩: 아내의 죽음을 슬퍼하며 남편이 지은 시가

독음시獨飮詩: 홀로 술을 마시고 쓴 시가

연음시宴飮詩: 이백이 모임에서 술을 마시고 쓴 시가

영주시詠酒詩: 술을 노래한 시가

영회시詠懷詩: 시인의 가슴속에 사무친 회포를 읊은 시가

음주시飮酒詩: 술을 마시고 솟아오르는 감정을 읊은 시가

화도시和陶詩: 도연명의 시에 소식과 소철 형제가 화운한 시가

프롤로그

3000년 전의 계주문

고궁 박물원에 전시된 주기酒器인 '소유召卣'를 찾아가 보자.
이 국보에는 어떤 암호가 숨어 있을까? 암호는 어떻게 해독할까? 용기에 새겨
진 글의 속뜻은 무엇일까? 비밀을 파헤치고 흥미로운 실마리를 추적해보자.

술을 권해본 적 있는가?

"자, 자, 자. 기분 좋게, 다 같이 건배!"

여러분만 이렇게 술을 권하는 게 아니다. 당唐나라와 송宋나라 시대의 시인들도 이렇게 술을 권했다. 이백李白은 "술 한 잔 드시게"[1]라고 건배를 청했다. 맹호연孟浩然은 가까이 앉아 무릎을 맞대며 술잔을 들고 농사일을 이야기했다.[2] 왕유王維는 "그대 한 잔 더 비우시게"[3]라며 느긋하게 말한다. 소식蘇軾도 술잔을 높이 들고 "저 밝은 달은 언제 떴을까. 술잔을 받쳐 들고 푸른 하늘에 묻는다"[4]라고 말한다. 어떤가. 시마다 모두 술을 권하지 않는가? 옛날에 읽었던 이 시詩와 사詞들을 보면 모두 술과 뗄 수 없는 관계다.

혹시 다른 사람에게 술을 마시지 말라고 말해 본 적 있는가?

이백이 "술 한 잔 드시게"라고 할 때, "안 돼요. 그만 마십시다"라고 한다거나, 맹호연이 술잔을 들고 농사일을 이야기할 때, 누군가 "너무 많이 마시면 안 돼요. 더 마시면 건강에 문제가 생길 수 있습니다"라고 말하거나, 왕유가 "그대 한 잔 더 비우시게"라고 할 때 옆에 있는 사람이 "당신은 마실 때마다 그런 말을 하는군요"라고 하거나, 소식이 "저 밝은 달은 언제 떴을까. 술잔을 받쳐 들고 푸른 하늘에 묻는다"라고 말하며 감탄할 때, 누군가가 "술을 마시지 않아도 달을 감상할 수 있는 것

아닌가?"라고 대꾸한다면 어떨까?

이런 대화, 귀에 익지 않은가? 술을 끊으라는 말은 일상에서 자주 하거나 듣는데 술꾼에게는 쇠귀에 경 읽기다. 술꾼은 술을 마시면 마음이 편안해지고 스트레스가 풀리므로 음주를 문제 삼을 필요 없다고 생각하는데 오히려 옆에 있는 사람은 걱정이 태산이다. 하지만 별말을 다 해도 술을 끊게 하기는 어렵다. 술을 그만 마시라고 잔소리하기도 피곤한데, 술 마실 때마다 뒤치다꺼리해야 하니 피곤해 죽을 지경이다.

역사상 음주에 관련한 일화는 매우 많지만 다른 사람에게 금주를 권한 이야기는 많지 않다. 음주는 한 사람의 심신 건강뿐 아니라 일가족의 경제와 안전에도 영향을 미친다. 술꾼의 친지와 친구들은 어쩔 수 없이 옆에서 타이르게 된다. '다른 사람에게 금주를 권하는' 주제는 옛날부터 있었다. 이 책에서는 첫머리부터 3000년 전으로 돌아가 기물과 문헌 가운데서 최초로 금주를 권했던 이야기를 살펴본다.

국보에 새겨진 암호

술의 발명은 7000년 전의 신농씨神農氏 시대로 거슬러 올라간다고도 하고, 하夏나라 우禹임금 때 의적儀狄이 술을 만들었다고도 한다. 처음에는 제사와 신에게 바치는 등 특수한 경우에만 술이 사용되었다. 상商(은殷)나라 때에 이르러서는 귀족들이 술을 마시기 시작했다. 그러다가 술은 갈수록 중요한 역할을 하게 되었다.

상(은)나라 사람들은 음주를 즐겼다. 그래서 주周나라가 상나라를 멸한 후 금주를 권고한 사료가 출현한 것이다. 사서의 기록에 따르면 최초의 사료는 3000년 전의 서주西周 시대로 거슬러 올라간다. 여러분은 국립 고궁 박물원의 국보에 '금주'의 증거가 똑똑히 남아있다는 것을 생각지도 못했을 것이다. 고궁 박물원 '길금요채吉金耀采-원장동기정화전院藏銅器精華展'의 청동기 상시 전시실에서 아름다운 서주 시대의 문물인 '소유召卣(고대의 술을 담는 용기)'를 찾아보자.

고증에 따르면 소유는 서주 초기 술을 담던 청동기다. 이 커다란 술통 상단의 수면문獸面紋과 기룡문夔龍文은 마치 살아있는 듯하다. 특히 양쪽 손잡이 부분의 사슴 머리 같기도 하고 용 머리 같기도 한 문양은 매우 화려하다. 가장 특별한 것은 여기에 새겨진 간단한 일곱 자의 명문銘文이다. 이 글자들은 어디에 새겨져 있을까? 주기의 몸체를 샅샅이 뒤져도 찾을 수 없고 뚜껑 표면과 밑바닥에서도 찾을 수 없다. 마지막으로 주기 뚜껑을 자세히 살펴보면 뚜껑의 안쪽에서 발견할 수 있다.

이 글자들을 해독해 보자. 첫 번째 글자는 '소召'자인데, 이 글자는 전체 글자 면의 절반을 차지할 정도로 길고 크다. 연구에 따르면 이 글자는 '소공석召公奭'을 가리키는 '소'자다. 소공석은 주공周公의 동생이다. 그래서 이 문물의 연대를 서주 시대 초기로 추측할 수 있다. 포인트는 '소'자 아래에 있는 여섯 개의 문자(부호)다. 이 문자는 서로 연결되어 있기도 하고 끊어지기도 하고 접혀 있기도 한데 도대체 무슨 뜻일까?

여섯 개의 숫자는 '六一八六一一', 앞의 '소'자를 더하면 '召六一八六一一'이다. 이것은 무엇을 의미하여 금주와는 무슨 관계가 있을까?

이 여섯 개의 숫자가 지닌 비밀을 《역경易經》으로 풀면 하나의 괘상卦象이 된다. 그 괘명은 '절節'이다.[5] '절'이 가리키는 것은 '절제節制'다. 물이 넘치면 조절해야 한다. 이를 사람에게 확대하면 행위가 지나치면 절제해야 한다는 말이 된다. 이는 군왕이 적당한 정도에서 그쳐야 함을 일깨워 주는 것이다. '절'자가 주기에 새겨져 있는 것은 '음주를 절제하라'라는 의미가 아니었을까? 옛사람들이 잘 보이지 않는 뚜껑 안쪽에 '절'자를 새긴 것은 상상의 나래를 펴게 만든다. 술을 마실 때 시자侍者가 술통에 든 미주를 국자로 떠 군왕에게 주면서 뚜껑을 들어 글자가 새겨진 면이 술 마시는 사람(군왕)을 향하게 하여 주의를 환기한 것은 아닐까? 어떤 사람은 이렇게 추측하기도 한다. 뚜껑을 거꾸로 뒤집으면 커다란 술잔이 된다. 시자는 주전자의 술을 떠서 잔에 부어 군왕에게 준다. 군왕이 한 모금 또 한 모금 즐겁게 마시고 한 잔 더 마시려고 할 때 대신들은 "황상, 더 마시면 안 됩니다(더 마시면 상나라 왕처럼 나라를 망치게 됩니다)"라고 말하여 황제를 깨우쳐주고 싶었을 것이다. 하지만 입을 열어 권고하면 공개적으로 윗사람을 범하는 위험을 무릅쓰게 된다. 이는

소유(왼쪽)**와 기상석문**(오른쪽) (출처: 국립 고궁 박물원)

너무나도 위험한 일이다. 모두 어찌해야 좋을지 모를 때, 술 한 잔을 다 마신 군왕이 잔 바닥의 '김六─八六──'이라는 커다란 글자를 보게 된다. 군왕의 귀에 선왕이나 대신들의 목소리가 환청처럼 들린다. "황상, 음주를 절제해야 합니다" 화가 나지만 어쩔 수 없이 멈춰야 한다.

절주를 권하는 최초의 주기를 감상했는데 혹시 이런 종류의 문물 말고도 금주를 권하는 최초의 문자가 무엇인지 알고 싶지 않은가?

이번에는 서주 최초의 문헌을 살펴보자.

황제의 금주령

주나라 무왕武王이 목야牧野에서 상나라 주왕紂王을 토벌한 후 주공이 섭정하여 관채管蔡의 난을 평정했다(관숙·채숙 등이 일으킨 반란 -역자 주). 이 시기쯤 문헌 고증이 가능한 최초의 금주령이 반포되었다.

바로 《상서尙書·주서周書》의 〈주고酒誥〉다(誥는 고대에 타인을 훈계하거나 경고할 때 쓴 글). 이 글은 주공이 성왕成王(무왕의 아들)에게 몸소 모범을 보이고 술을 탐하지 말며 상나라의 임금과 신하, 귀족들처럼 술에 미혹되어 정사를 소홀히 하다 마지막에는 망국의 길로 빠지지 말 것을 일깨우기 위해 썼다고 전해진다. 〈주고〉는 글에 힘이 넘치며 몇 마디 말로 큰 원칙을 보여준다. 이 글의 첫 두 단락은 다음과 같다.

왕이 말했다. "상나라의 옛땅 위衛나라에 중대 명령을 선포한다. 존경하는 선부 문왕文王께서 서쪽에 우리 국가를 세우셨다. 문왕께서는 아침저녁으로 제후들과 각급 관원에게 '제사 때 술을 마실 수 있다. 하늘이 명을 내려 우리 신민들이 큰 제사 때만 술을 마시도록 권면했다. 하늘이 징벌을 내리셨는데, 우리 신민들이 조정에 대항하고 반역을 꾀하여 도덕을 상실했기 때문이다. 이는 모두 술에 취해 난폭해졌음이다. 크고 작은 제후국들이 멸망한 것은 모두 과도한 음주가 초래한 화다'라고 말씀하셨다."

문왕께서는 또 문왕의 자손 가운데 크고 작은 관직을 담당하고 있는 자들에게 "술을 자주 마시지 말라"고 말씀하셨다. 그리고 제후국에 임직 중인 자손들에게 "제사 때만 술을 마시며 도덕으로 자신을 단속하고 술에 취하지 말라"라고 말씀하셨다.

문왕은 다음과 같이 말했다. "나는 이제 위나라에 중대한 명령을 선포하려고 한다. 처음 문왕께서 중원의 서쪽에 우리나라를 세우셨다. 왕께서는 아침저녁으로 각국의 제후와 각급 관원에게 다음과 같이 훈계하셨다. '제사 때만 술을 마실 수 있다. 하늘이 명령을 내려 우리 관원과 백성에게 대형 제사 때만 술을 마시라고 권면하셨다. 하늘이 징벌을 내리셨는데, 우리 관원과 백성이 난을 일으키고 덕을 잃음이 모두 술주정으로 야기된 것이기 때문이다. 크고 작은 제후국의 멸망은 모두 과도한 음주로 야기된 재난이다.'"

문왕은 또 관직을 담당하고 있는 자손들에게 "술을 자주 마시지 말라"라고 훈계했다. 그리고 제후국에서 임직 중인 자손들에게 "제사 때만 술을 마실 것이며, 도덕으로 자신을 단속하여 술 취하지 말라"라고 훈계했다.

이 〈주고〉를 자세히 살펴보면 이 글의 요지를 밝힌 '무이주無彝酒', 즉 '술을 자주 마시지 말라'는 소유에 새겨진 '절괘'에서 말하는 '절제'의 뜻을 담고 있는 것이 아닐까?

'절제'는 무슨 뜻일까? 언제 술을 마셔도 될까? 술 마실 때 주량은 어떻게 헤아리면 될까?

이에 대한 답 역시 〈주고〉에 있다. '도덕으로 자신을 단속하여 술 취하지 말라(德將無醉)'의 의미는 도덕을 자기 단속의 기준으로 삼고, 절대 술에 취하도록 마시지 말라는 말이다. '제사 때 술을 마신(祀茲酒)'은 제사 때만 술을 마실 수 있음을 말한다. '부모가 즐거워하면 풍성한 음식을 차리는데, 이때 술을 마실 수 있다(厥父母慶庆, 自洗腆, 致用酒)'는 부모에게 효도할 때 풍성한 음식을 준비하고, 술도 마실 수 있다는 말이다. 하지만 이런 특별한 날이 아니면 '술을 강제하다(剛制於酒)', 즉 금주를 강행해야 한다.

〈주고〉의 절충 정신

오늘날의 관점으로 보면 〈주고〉에는 시대를 뛰어넘는 절충 정신이 담겨있다. 이 글에서는 음주의 '양'을 제한하고 과도하게 마시지 말라고 권면한다. 그리고 음주의 '빈도'도 제한하여 자주 마시지 말라고 한다. 마지막에는 음주의 '시기'도 제시한다. 특별한 상황과 시간에만 마실 수 있으며, 술을 마실 때는 도덕으로 자신을 단속하라고 조언한다.

〈주고〉가 탄생한 까닭은 아마도 서주 시대에 음주의 해악을 목도했기 때문일 것이다. 상나라가 멸망한 것은 주왕紂王이 '술에 탐닉하여 스스로 그치지 않아 잃게 되었다', 즉 음주와 향락에 방종하여 멸망을 자초한 것이었다. 주공 시기에 〈주고〉를 지은 것은 전대의 실패를 교훈으로 삼아 '적당량의 음주' 개념을 제시하고, '예법과 도덕'으로 백성을 단속하기 위함이었다. 주공은 술을 전면적으로 금하지 않았고 백성들이 과음 혹은 폭음하거나 술주정하도록 방임하지도 않았다.

술을 마시고 싶으면 마시고 멈추고 싶으면 멈출 정도로 간단하다면 무슨 문제가 있겠는가? 이 책에서 독자 여러분과 공유하고 싶은 것은 당唐나라와 송宋나라 시대 시인들의 음주 양상이다. 이들은 널리 알려진 시詩와 사詞에서 술의 특성과 술이 자신에게 끼친 영향을 언급했다. 어떤 시인은 술에 남모르는 면이 있다는 사실을 발견하기도 했다. 이제 여러분이 잘 알고 있는 당나라와 송나라 시인들 그리고 술과 관련된 그들의 흥미진진하고 다채로운 이야기를 재조명해보자.

고궁 박물원의 암호―알코올 중독은 만성 질환

음주는 대부분 자발적인 행위다. 마시고 싶을 때 마시면서 스스로 조절할 수 있으며 마실 때는 목적이 있다. 모임이 있을 때, 잠자기 전, 즐거운 일이 있거나 스트레스를 받을 때, 처음에는 효과가 좋은 것처럼 보이지만 음주가 반복될수록 그 효과는 달라진다.

알코올 중독은 질환이다. 하지만 술을 마신다고 다 알코올 중독자가 되지는 않는다. 알코올 중독자가 되고 안 되고는 상당 부분 유전자에 기인한다. 예컨대 어떤 사람은 술을 마시면 얼굴이 쉽게 붉어지고 구역질이 나며 구토를 하는데 이는 유전자와 관계가 있다. 술을 마시고 속이 편찮은 사람은 알코올 중독자가 될 확률이 낮다. 이런 유전자는 도리어 보호 요인이 된다. 또, 연구에 따르면 가족력이 있다고 해서 모두 알코올 중독자가 되는 것은 아니다. 그러므로 유전자와 가족력은 알코올 중독의 부분적인 원인이라고 할 수 있다.

성격, 생활 스트레스, 주변의 친지와 친구가 모두 알코올 중독자를 만드는 원인이 되며 특히 사회 문화적 요인이 알코올 중독을 조장한다. 이런 요인들이 질금질금 뇌 신경에 영향을 미친다. 대뇌의 일부 신경 회로 실조로 알코올 중독이 된다는 사실을 오늘날의 많은 영상학 증거

자료가 보여주고 있다. 그러므로 알코올 중독은 오늘날의 사회에서 만성 생리 질환으로 취급되어야 한다.

뇌의 구조는 고정불변이 아니라 신경가소성을 갖추고 있다. 이런 특성 때문에 거듭되는 경험과 자극으로 신경 사이의 연접 관계가 강화되거나 약화되어 오랜 시간에 걸쳐 대뇌의 구조가 변하는 것이다. 우리가 늙어서도 학습할 수 있고 기억할 수 있는 까닭은 바로 신경가소성을 통해 나도 모르는 사이에 이런 작업이 완성되기 때문이다.

오랜 기간 반복적으로 술을 마시면 대뇌의 특정 영역의 세포가 손상되거나 심하면 파괴되고 이로 말미암아 신경가소성이 변화되어 신경 회로 실조로 조절 능력을 상실하게 된다. 그리고 조절 능력을 상실한 영역이 대뇌에 있으므로 대뇌의 '억제 능력'과 '판단 능력'에 영향을 미치게 된다. 이런 기능들에 변화가 생기면 음주가 초래하는 결과는 더욱 복잡해진다. 억제 능력에 영향이 미쳤음을 보여주는 가장 대표적인 행위는 '더 마시고 싶어 하는 것'이다. 원래 많이 마실 생각도 없었고 더 이상 마실 수 없음을 알면서도 억제하지 못하고 또 마시는 것이다. 판단 능력에 영향이 미쳤음을 가장 잘 보여주는 것은 '부인denial'이다. 알코올이 초래하는 부정적인 영향인 기억이 희미해지는 것과 자신을 합리화하는 것 말고도 어떤 사람은 주변 사람의 권고에 별 느낌이 없거나 심지어 자신의 음주 행위를 부인하기까지 한다.

바꾸어 말하면 '한 잔 더 하자고', '나 많이 마시지 않았어', '나 안 취했어', '나 알코올 중독 아니야' 등의 말을 들을 때, 이는 대뇌 신경 회로 실조로 나타나는 언어 표현이라는 것을 알면 된다. 그리고 술을 마시는 데 멈추지 못하면 이는 신경 회로 실조 하의 행위 표현으로 보면 된다.

다른 생리 질환과 마찬가지로 알코올 중독도 치료할 수 있다. 경험을 통해 학습하는 신경가소성의 특성에 의해 회복할 수 있기 때문이다.

3000년 전으로 돌아가서 본 '천하에 반포한 금주령'과 주기에 새겨진 '절'자는 '음주를 절제해야 한다'라고 외치고 있다. 그리고 이 외침은 오늘날에 이르기까지 사방에 울려 퍼진다. 알코올은 '억제 능력'과 '판단 능력' 등의 중요한 능력에 영향을 미친다. 이는 자신의 의지력이 아무리 강하고 외적 방비 능력이 완비되었다고 해도 금주는 예나 지금이나 변함없이 실행하기 어려운 의제다. 폭넓은 영향력을 가지고 있으므로 알코올 중독은 개인적으로 직시해야 할 뿐 아니라 사회적으로도 함께 살펴야 할 난제다.

1부

그대, 한잔드시게

"자, 자, 자, 모두 마시자고!"
크게 외치는 이백李白의 소리가 들리는가?
제1부의 등장인물은 모두 명성이 자자한 당나라와 송나라의 시인들이다.
그들의 시에서 술의 온갖 모습을 볼 수 있다.
그들은 왜 그로록 술을 좋아했을까?
술은 어떤 역할을 하고 어떤 영향을 끼치는가?
남녀노소의 음주에는 어떤 차이가 있을까?
알코올 중독 과학의 각도에서 이해해 보자!

여러분은 언제 술을 마시는가?

소식

蘇軾(1037~1101)

북송의 문호, 술을 빚으며 무엇을 넣었을까?

기원전 1000년의 서주西周 시대에서 서기 1000년의 북송北宋 시대로 바뀌었다. 문학 거장 소식과 술은 미묘한 인연이 있다. 그는 술 담그는 일에 실험 정신이 충만했으며 칠전팔기의 정신으로 포기하지 않았다. 소식은 무슨 술을 빚었을까? 그는 술 담그기를 좋아했을 뿐 아니라 그 이상으로 음주를 즐겼고 알딸딸한 황홀 상태에 빠지기를 좋아했다. 그의 주량은 얼마나 될까? 소식이 어떻게 술을 빚고, 얼마나 마실 수 있었는지 살펴보자.

1079년(북송北宋 원풍元豊 2), 44세의 소식은 생애 가장 험난한 시련을 겪는다. 오대시안烏臺詩案(호주지주湖州知州로 부임 후 황제에게 올린 감사의 글이 악용되어 어사대 관리에게 체포돼 수도로 압송됨-역자 주)이었다. 그는 운 좋게 성명性命을 보전했지만 황주黃州(호북성)로 좌천되어 단련부사團練副使라는 말단 관리직을 담당하게 되었다. 공문에 서명할 권한도 거주지를 벗어날 자유와 봉록도 없었다. 그는 번민 속에서 〈한식첩寒食帖〉을 썼고 〈염노교·적벽회고念奴嬌赤壁懷古〉를 노래했으며 〈전적벽부前赤壁賦〉와 〈후적벽부後赤壁賦〉를 썼다. 이 작품 들은 소식의 깨달음과 바뀐 인생관을 기록하고 있다.

이런 변화는 소식의 글뿐만 아니라 생활에서도 구체적으로 나타났다. 그는 황주에서 지낸 4년 동안 우울한 심경과 고통스러운 외적 조건에서 봉밀주蜂蜜酒 담그는 법을 배웠는데 이는 문학 기록에 보이는 그의 최초의 술 담그기였다.

인생의 첫 번째 내리막길, 황주 좌천과 봉밀주

진주로 술을 담그고 옥으로 술을 빚으려고	眞珠爲漿玉爲醴
오뉴월 염천에 농부들이 땀을 비 오듯 흘린다	六月田夫汗流泚
봄이 와 항아리 저절로 향기 풍기느니만 못하나	不如春甕自生香

벌들은 정성껏 꽃밭을 일궈 쌀을 만든다	蜂爲耕耘花作米
하루면 작은 물고기 거품 토하듯 하고	一日小沸魚吐沫
이틀이면 희끗희끗 맑은 빛을 낸다	二日眩轉淸光活.
사흘 만에 항아리 열면 향기가 성안에 가득하여	三日開甕香滿城
거를 일 없이 은병에 쏟고 싶어 ……	快瀉銀瓶不須撥
근래에 살림살이 옹색해진 선생이	先生年來窮到骨
사람들에게 물어 쌀을 얻으려 해도 어려워	問人乞米何曾得
세상만사 끊이지 않고 이어지는데	世間萬事眞悠悠
벌꿀이 감하후보다 훨씬 낫지 않은가	蜜蜂大勝監河侯
	_〈밀주가蜜酒歌〉

소식은 친구 양세창楊世昌에게 술 담그는 법을 배운 뒤 마음속에 이는 주흥에 시심이 발동하여 붓을 들어 〈밀주가〉를 썼다. 이 시에서 소식은 말한다. "쌀이 진주보다 비싼데 쌀은 없고, 있다고 해도 아까워서 못 쓸 텐데 다행히도 벌들이 정성껏 꽃밭을 일궈 꽃을 쌀로 만들었다" 덕분에 소식은 꿀을 써서 사흘 동안 약한 불로 끓이고 휘저었다. 봉밀주 향기가 사방에 퍼졌다. 이 술은 만드는 방법이 복잡하지 않고 술지게미를 거를 필요도 없다. 사흘 뒤에 항아리를 열자 향이 온 마을에 가득했다.

들뜬 마음으로 봉밀주를 만들고 내친김에 〈밀주가〉까지 쓴 소식은 시의 마지막에 술을 담근 주된 까닭을 밝혔다. 월급도 적고 생활이 어렵기 때문이었다. 돈이나 쌀을 빌리기도 어려운데 술은 마시고 싶고, '감하후監河侯'(전문적인 대금업자)에게 돈을 빌려 쌀을 사느니 차라리 스스로 만들고 말지!

소식이 만든 봉밀주는 어떤 맛이었을까? 지인의 평가를 들어보자.

소자첨蘇子瞻(소식)이 황주에 있을 때 봉밀주를 만들었는데 별로였다. 마신 사람들은 잠시 후 설사했다. 꿀물이 부패하였기 때문이다. 소식은 한 번 시도한 뒤 다시는 만들지 않았다.

_《피서록화避暑錄話》

소식보다 한 세대 아래인 섭몽득葉夢得은 《피서록화》에 다음과 같이 썼다. 소식이 만든 술은 별로라서 마신 사람은 모두 달려가 설사했으니, 소식은 그야말로 체면을 구겨버린 셈이다. 원인을 찾아보니 꿀이 양조 과정에서 부패한 것이었다. 소식은 한 번 시도한 뒤 다시는 봉밀주를 만들지 않았다. 그의 최초의 술 빚기 실험은 실패로 막을 내렸다.

인생의 두 번째 내리막길, 혜주 좌천과 계화주

1094년(소성紹聖 원년), 59세의 소식은 '선제先帝(신종神宗)를 비방'한 죄로 고발되어 좌천 명령을 받았는데, 이 명령은 여러 차례 변경되어 마지막에는 혜주惠州(광동성廣東省 혜주시) 귀양으로 낙착되었다. 산 넘고 고개 넘어 남방으로 간 소식의 생활은 여전히 곤궁하였다. 그는 그곳에서 〈기유송풍정記遊松風亭〉을 써 시름과 역경에 직면한 소탈하고 대범한 심경을 묘사했다. 그 몇 해 소식은 자신만의 방식으로 마음을 편안하게 만들고 삶의 주의력을 옮겨 새로운 친구들을 사귀었다. 어떤 친구가 술을 빚는다는 말을 듣고 기회를 잡아 다시 술 빚기를 시도해 보기로 했다.

영남에서는 집집마다 술을 빚는데 최근 계향주桂香酒 만드는 방법을 배웠다오. 담고 보니 왕진경王晉卿 집안의 벽향주碧香酒에 못지않소. 이 역시 귀양살이 중의 즐거운 일이지요. 친히 작은 글씨로 "다른 사람에게 보여주지 말 것, 절대로, 절대로"라고 썼다오.

〈여전제명간與錢濟明簡〉

소식은 친구 전제명錢濟明에게 보내는 편지에 자기에게 술 빚는 새로운 비방이 있다며 상대방에게 "절대로, 절대로 다른 사람에게 알려주지 말라"고 귀띔했다고 썼다. 말은 그렇게 했으나 자신의 감정을 잘 누르지 못하는 소식은 타고난 성품대로 〈계주송桂酒頌〉을 써서 모두에게 이 좋은 소식을 알렸다. 그는 이 시의 서언序言에 다음과 같이 썼다.

어떤 은자가 계주 담그는 비방을 나에게 알려주었다. 술을 빚으니 옥색에 향과 맛이 뛰어난 것이 이 세상 물건이 아니다. 동파東坡 선생이 말한다. "술은 하늘이 주신 복록이다. 그것이 빚어지면 아름다움도 추함도 다 무너진다. 세상에서는 그것으로 주인의 길흉을 점치기도 한다. 내가 이것을 얻음은 어찌 하늘의 뜻이 아니겠는가." 그러므로 송가를 지어 훗날 학덕이 있으면서도 오랑캐 땅에 살아야 하는 사람에게 남긴다. 그 방법을 돌에 새겨 나부산羅浮山의 쇠다리 아래 두어 세상을 잊고 도를 구하는 자들이 오지 않도록 한다.

소식의 술 담그는 기술은 꽤 발전한 것 같다. 이 계화주는 "나를 위해 술을 빚었는데 순수하고 맑다(釀爲我醪淳而清)"[1] 술 색깔은 옥처럼 맑고 영롱하며 향이 특별한 게 인간 세상에서 맛볼 수 있는 것이 아니었다.

그는 글로 쓰는 것도 모자라 양조 비방을 돌에 새겨 앞으로 이곳에 올 사람들이 참고할 수 있도록 남기려고까지 했다.

술맛은 어땠을까? 섭몽득은《피서록화》에서 계속 소식을 놀려 댔다.

소자첨이 혜주에서 계주를 만들어 그의 두 아들 매邁와 과過에게 물은 적이 있는데 딱 한 번 맛보고 더는 먹지 않았다고 말했다. 맛이 도소주屠蘇酒하고 같았기 때문이다. 두 아들은 이 말을 하면서 손뼉을 치며 웃어 댔다.

소식의 아들 소매와 소과는 아버지가 빚은 술이 옛날에 마셔본 도소 약주(음력 정월 초하루에 마시는 술)와 같다고 말했다. 약주는 보통 방풍防風, 육계肉桂, 마황麻黃 등 중약재를 모두 섞어 담그므로 맛이 매우 쓸 것이다. 그래서 한 모금만 맛보았을 것이다. "향기가 특별하여 인간 세상의 물건이 아니다"라는 소식의 말은 언외의 뜻이었을 것이다. 혜주로 좌천된 소식은 멀고 먼 남방에서 살게 됨을 한탄하면서도 나름대로 분발하여 계화주를 담그는 실험을 했으나 이 또한 미완에 그치고 말았다.

선인이 전수해준 진일주

소식은 혜주에서 계화주 담그는 법을 배웠는데, 무슨 인연인지 우연한 기회에 진일주眞一酒 담그는 법도 배웠다. 어느 날 저녁, 등도사鄧道士라는 사람이 신수가 훤하고 신선 여동빈呂洞賓처럼 생긴 선인과 함께 술을 가지고 소식을 찾아왔다. 선인이 입을 열었다. "이 진일주 한번 마셔보세요." 세 사람은 각각 여러 잔을 마시며 즐겼다. 즐겁게 노래한 뒤 선인

은 소식에게 책 한 권을 주면서 원기를 회복하는 이치와 진일주 제조법
을 전수해주었다. 후에 소식은 담주儋州로 가서 이 기이한 경험을 〈기수
진일주법記授眞一酒法〉에 쓰고 진일주의 제조법이 당시 선인이 전수해준
것이라고 설명했다(그러니까 맛이 없으면 나를 탓하지 마시라). 소식은 진일주의
좋은 점을 다음과 같이 썼다.

눈 헤치고 구름 걷어내 얻은 우유	撥雪披雲得乳泓
꿀은 또 선생을 취하게 하려 하네	蜜蜂又欲醉先生
쌀은 가라앉고 보리는 솟아올라 음양이 족하며	稻垂麥仰陰陽足
그릇도 맑고 샘물도 맑고 안팎이 맑구나	器潔泉新表裡淸
아침 해에 얼굴은 붉어지고 머리는 어지러워	曉日著顔紅有暈
봄바람 골수에 파고들어 소리 없이 흩어진다	春風入髓散無聲
인간 세상의 진일주 동파 늙은이	人間眞一東坡老
청주종사(좋은 술)에 진일주란 이름을 붙였다오	與作靑州從事名

_〈진일주眞一酒〉

진일주의 재료는 '밀가루, 찹쌀, 물' 세 가지로, '옥색을 띠고 자연의
향을 지녔다.'[2] 술을 담근 뒤 소식은 매우 만족하며 옛날 황주에서 만들
었던 봉밀주와 비슷하다고 생각했다.[3] 그는 담주儋州에 가서도 혜주에서
진일주 담그던 때를 추억하며 〈진일주가眞一酒歌〉를 쓰고 진일주를 음미
할 때의 느낌을 언급했다.

진일주를 빚으니 부드럽고 장중해	釀爲眞一和而莊

석 잔이면 군왕을 모시는 것처럼 엄숙해져   三杯儼如侍君王

이 술은 선인이 가르쳐준 것이므로 마신 뒤 엄숙하고 경건해지며 심경이 평화롭다. 석 잔이 들어가면 생각이 맑고 투명해지는 것이 마치 조정에서 군왕을 알현하는 것과 같다. 이를 보면 소식의 술 빚는 기술은 갈수록 좋아진 듯하다.

인생의 세 번째 내리막길, 담주 좌천과 천문동주

소식은 바다를 건너 담주儋州(해남성海南省 담주시)로 간 뒤에는 건강 상태나 경제 상황이 황주와 혜주에 있을 때보다 못했다. 그는 이 시기에 〈시필자서試筆自書〉를 써 처음의 비애에 잠겼던 상황에서 기분을 전환하여 회심의 미소를 짓기까지 역경을 마주하면서도 태연자약함을 그렸다. 소식은 중앙 조정으로 돌아갈 기회가 거의 없다는 것을 알았다. 그래서 환경에 적응하고 만족하며 편한 마음으로 계속 술을 빚었다. 당시 가장 유명했던 술은 해남 현지의 중약재인 '천문동'을 담근 것으로 '천문동주'라고 했다. 이에 관한 시가 있다.

침대 머리맡 술 항아리 내 손으로 거르다가   自撥床頭一甕雲

진한 향기에 은거하는 사람이 먼저 취한다   幽人先已醉濃芬

천문동주 잘 익어서 새해가 즐거운데   天門冬熟新年喜

국미춘(술 이름) 진한 향기 옆집까지 퍼져나간다   麴米春香並舍聞

채마밭은 점차 비고 꽃은 말이 없어   菜圃漸疏花漠漠

대나무 문은 닫혀 있고 비는 퍼붓는데	竹扉斜掩雨紛紛
갖옷 안고 잠이 들어 어딘지도 모르는 중에	擁裘睡覺知何處
얼굴을 스치는 봄바람에 술기운 흩어진다	吹面東風散纈紋
양웅揚雄처럼 술 싣고 찾아오는 이 없지만	載酒無人過子雲
근래에 집에서 담근 술 기이한 향을 풍기고	年來家醞有奇芬
취한 기분 아득하여 함께 잠든 이 누구인지	醉鄉杳杳誰同夢
잠자면서 코 고는 소리 내 귀에 들려온다	睡息齁齁得自聞
지은 시문 그리 많지 않고	口業向詩猶小小
술이 덜 깨 눈이 어지럽지만	眼花因酒尚紛紛
불 밝히고 회남어로 시를 지어보는데	点燈更詩淮南語
술잔을 채운 술이 봄바람에 남실댄다	泛溢東風有縠紋

_⟨경신세 정월십이일, 천문동주숙, 여자녹지, 차녹차상, 수이대취이수庚辰歲正月十二日, 天門

多酒熟, 予自漉之, 且漉且嘗, 遂以大醉二首(경신년 정월십이일, 천문동주가 익었다. 나는 술을 걸렀는데, 한편으로

거르면서 한편으로 맛을 보다가 대취하고 말았다.)⟩

1100년(원부元符 3) 설날, 65세의 소식은 해남으로 좌천되었는데 자기 방에서 술을 걸러 대취할 때까지 홀짝홀짝 마셨다. 취한 눈에 채소밭이 점차 뿌옇게 보였다. 비가 오고 있었다. 봄바람이 얼굴을 스쳤고 얼굴의 주름살이 펴지고 심신이 편안해짐을 느꼈다. 소식은 자기도 모르는 사이에 잠이 들었다. 누구와 함께 꿈을 꾸고 있는지 몰랐지만 어렴풋이 자신의 코 고는 소리를 들었다.

이는 문학 기록 가운데 소식의 마지막 술 담그기였을 것이다. 그는 그해에 은사를 입어 북쪽으로 돌아가다가 다음 해 수도로 돌아가는 길

에 상주常州에서 병사했다. 거듭되는 인생의 난관에 부닥치며 소식은 달관하여 앞으로 나아갔고 용감하게 부딪혔다. 술로 잠시 시름을 씻었으며 가슴속에 가득한 우울한 기분을 달랬다. 술 담그기를 통해 고통 속에서 즐거움을 찾으며 삶을 의탁했다.

소식은 봉밀주, 계화주, 진일주에서 천문동주에 이르기까지[4] 매번 시도하고 정진했으며, 옛날 미주米酒를 빚으며 깨달은 바를 〈주경酒經〉(〈동파주경東坡酒經〉)에 썼다. 이 글은 300여 자밖에 되지 않지만 누룩 만들기, 삶기와 재료 투입하기, 쪄서 익히기, 식히기, 발효시키기, 뭉개기 등 절차에 필요한 시간과 생산량을 포함하여 미주 빚는 과정을 상세히 묘사했다. 쌀을 투하하는 과정 하나만 읽어봐도 나름의 일가견이 있음을 알 수 있다.

쌀 다섯 말을 기준으로 하여 다섯 등분한 뒤, 서 말을 합해 한 묶음으로 만들고, 나머지 두 말을 (다섯 되씩) 네 묶음으로 만든다. 서 말은 술로 빚고, 다섯 되를 투입하되 세 차례 투입한다. 그러면 다섯 되가 남는다.

_〈동파주경東坡酒經〉

쌀 다섯 말을 다섯 등분으로 나누는데, 가장 큰 등분은 서 말이고, 나머지 네 등분은 각각 다섯 되(반 말)다. 먼저 가장 큰 등분인 서 말을 빚어 발효시키고, 네 개의 작은 등분 가운데 세 개 등분을 각각 이미 만든 술 속에 투입하여 계속 발효시킨다. 마지막으로 남은 한 등분인 다섯 되로 농도를 조절한다.

소식의 방법은 여러 차례 재료를 투입하여 최대로 알코올 농도를 높이는 것이다. 그의 〈주경〉은 당시의 걸작으로 내용이 매우 완벽하여 읽으면 꼭 한번 시도하고 싶어 마음이 다급해질 정도다. 소식의 술은 30일이면 완성되며 양조 과정에서 여러 차례 양조용 쌀밥을 첨가하므로 사용하는 물의 양이 상대적으로 적은 편이다. 그래서 소식의 술을 '가반주加飯酒'라고도 한다.

천하의 애주가들이여, 주량이 나보다 더 형편없는 사람은 없어

술도 많이 빚었으니 소식의 주량은 상당하지 않았을까? 그렇지 않다. 소식의 주량은 형편없기로 유명하다. 다만 술을 빚고 시음의 재미를 느끼는 데 방해가 되지 않을 정도였다.

> 내가 젊었을 때는 술잔만 봐도 취했다. 지금은 초엽 석 잔쯤 마실 수 있다.
>
> _〈제자명시후題子明詩後(자명의 시 뒤에 짓다)〉

'초엽蕉葉'은 바닥이 얕고 용량이 적은 술잔이다. 젊은 시절의 소식은 술잔만 보아도 취했는데 대략 50세쯤 되어 비로소 초엽 석 잔이나마 마시게 되었다(황정견黃庭堅은 그의 글에서 "소식이 초엽 석 잔을 마신다고 스스로 말하는데 이 말도 취중에 한 말이다"라고 썼다. 소식이 초엽 석 잔을 마신 것도 사실은 놀라운 일이다).

혜주에 있던 시기 만년의 소식은 친구 정정보程正輔에게 보낸 편지에 이렇게 썼다.

> 종일 잔과 씨름해봐야 다 합해도 은잔 다섯 잔도 안 된다오.

잔盞은 바닥이 얕고 주둥이가 넓은 작은 주기로 오늘날의 작은 접시와 유사하다. 잔의 주둥이가 상당히 넓으므로 매화나 연꽃잎 등의 모양으로 만든다. 만년의 소식은 술을 탐하거나 자주 마시기 위해 주량을 늘리는 짓을 하지 않았다. 그의 시에 이런 구절이 있다.

아들은 내 얼굴이 붉어 아직 젊다고 착각하는데   小兒誤喜朱顔在

그저 웃어넘기지만, 사실은 술을 마셔 붉은 거라오   一笑哪知是酒紅

_〈종필삼수縱筆三首(손이 가는대로 쓴 3수)〉의 제2수

소식은 조금만 마셔도 얼굴이 붉게 물들었다. 흥미로운 사실은 앞에서 언급한 초엽, 은잔, 종鍾, 정鼎 그리고 프롤로그에서 언급한 '소유' 등의 주기는 술의 용량을 특정할 수 없다는 것이다. 호자胡仔의《초계어은총화후집苕溪漁隱叢話後集》에 다음과 같은 기록이 있다.

음기(술그릇) 가운데 종과 정이 가장 크고, 굴屈, 치卮, 라螺, 배杯가 그다음이며 이화초엽梨花蕉葉(배꽃 모양의 초엽)이 가장 작다.

이 역시 용기의 크기를 비교한 것일 뿐이다. 소식의 주량을 계산하려면 당시 사람들과 대조하는 수밖에 없다. 예컨대 소식이 겨우 초엽 석 잔을 마신 데 비해 그의 당형인 소불의蘇不疑의 주량은 대단했다.

술을 잘 마셨다. 초엽 스무 잔을 마시면 약간 취했다.

_〈제자명시후〉

소불의의 주량은 소식의 일곱 배쯤 된다.

주량을 추정하려면 주기를 계측의 기준으로 삼는 것 외에 소식의 음주량을 관찰하여 당시의 도량형 기준으로 환산하면 된다.

나는 종일 술을 마셔도 다섯 홉(合)이 되지 않는다. 천하에 술을 못 마시는 사람 가운데 나보다 더 못 마시는 사람은 없다.

_〈서동고자전후書東皐子傳後(동고자전의 뒤에 쓰다)〉

만년의 소식은 종일 술을 마셔봐야 '다섯 홉'이 되지 않았다. 송宋나라 시대의 한 승升(되)은 오늘날의 640밀리리터다. 한 되는 열 홉이므로 다섯 홉은 약 320밀리리터다. 오늘날의 작은 캔맥주의 체적이 355밀리리터이므로 그보다 적은 양이다. 황정견은 소식의 주량에 대해 다음과 같이 묘사했다.

술을 좋아하지만 4, 5약龠도 못 마셔 만취한다.

_황정견黃庭堅 〈제동파자자후題東坡字後(동파가 쓴 글 뒤에 쓰다)〉

한 약은 반 홉이다. 4~5약은 200밀리리터가 채 안 된다.

소식 문하의 사학사四學士 가운데 한 사람인 장뢰張耒는 다섯 되(오늘날의 3리터)를 마셨다. 석만경石曼卿은 다섯 말(오늘날의 30리터)을 마신 것으로 유명하다. 이에 비하면 소식의 주량은 미미한 수준이다.

나는 술 한 잔을 다 비우지 못하는데도   我飲不盡器

반쯤 취해 거나하니 술맛 더욱 좋다   半酣味尤長

_〈호상야귀湖上夜歸(호숫가에서 밤에 귀가하며)〉

소식은 많이 마시지는 못해도 매우 즐거웠다. 그는 편안하고 느긋한
느낌을 이렇게 즐겼다.

내 비록 술을 못 마시나   我雖不解飮

잔을 들면 즐거움이 족하다   把盞歡意足

_〈여임안령종인동년극음與臨安令宗人同年劇飮(같은 해에 함께 과거에 급제한 성이 같은 임안현령과

취하도록 마시고)〉

소식은 술을 조금밖에 못 마셔도 술잔을 만지작거리고 있으면 매우
만족스러웠다. 주량이 적어도 음주의 흥취에 영향을 받지 않은 것이다.

소식은 자신의 일생을 회고하면서 마지막으로 〈자제금산화상自題金山
畫像(금산에서 내 초상화를 보고)〉에 다음과 같이 썼다.

그대의 평생 공훈과 업적을 묻는다면   問汝平生功業

황주, 혜주, 담주를 떠돈 귀양살이라 답하겠소   黃州惠州儋州

소식의 벼슬길은 파란만장했다. 여러 차례 좌천되었는데 황주, 혜주,
담주 좌천은 그의 인생 최대의 시련이었다. 심경의 타격 외에 경제 조
건도 갈수록 나빠졌다. 하지만 이런 인생 전환을 문학 창작에 기탁하여
많은 불후의 명작을 남길 수 있었다.

이와 동시에 소식은 갈수록 그 안에서 스스로 기쁨을 느끼게 되었다. 술을 잘 마시지는 못했지만 이런 조건이 술 담그는 즐거움을 상쇄하지는 못했다. 그의 시에서 그가 어떻게 생활 속의 결핍과 심경의 변화에 대처했으며, 평생 즐거움에 피곤한 줄 모르며 술 빚는 일에 재미를 붙였는지 볼 수 있다.

주량을 가늠하다—알코올 함량 계산

소식의 주량을 측정하려면 술잔의 체적으로 추정하는 것 외에 물리적 체적 단위를 이용하여 환산하면 된다. 그렇다면 오늘날의 주류와 어떻게 비교할 수 있을까? 소식의 다섯 홉과 오늘날의 320밀리리터를 비교하여 추론할 수 있을까? 우리는 아직 결정적인 주제를 논하지 않았다. 바로 '알코올 농도'다.

소식은 평생 여러 종류의 술을 만들었다. 봉밀주, 계화주, 진일주에서 천문동주에 이르기까지 술의 원료, 발효법, 제조 방법, 증류 여부에 따라 만들어진 술의 농도가 각각 다르다. 또한 당시의 기후, 온도, 술 익는 시간에 따라 매번 만들어지는 술의 농도가 달라진다. 현재 남아 있는 자료를 이용해 당시의 기술을 복원하자면 송나라 시대에는 증류법은 없었고 양조법만 있었다.

소식의 〈주경〉을 예로 들면, 그는 쌀밥을 쪄서 익힌 후 누룩 등을 넣어 발효시키고 이 과정에서 몇 차례 쌀밥을 추가한 다음 일정 시간이 지나면 쌀밥과 누룩을 건져내고 커다란 용기에 넣어 밀봉한다. 이렇게 일정 시간이 지나면 술이 완성된다. 이런 '양조법'에 따라 만들어진 술은 보통 5도 안팎으로 10도가 되지 않는다.

소식이 살던 당시 사람들의 음주량을 대조하는 것은 어렵다. 지역을 뛰어넘고 고금을 달리하여 비교하는 것은 더 어렵다. 그러나 오늘날은 다르다. 지금은 소식이 살던 시대보다 도구가 많다. 주량을 비교하려면 오늘날의 '과학적 기준'에 따라 측정하면 된다. '주량'이란 한 사람이 마실 수 있는 술에 들어있는 '알코올의 중량'이다. 중량은 체적과 밀도를 곱하면 계산할 수 있다.

$$중량^5 = 체적 \times 밀도$$

알코올의 '중량'은 술의 체적과 이에 포함된 알코올 농도와 관계가 있다. 다시 말하면,

$$알코올 중량 = 술의 총 체적 \times 포함된 알코올 농도 \times 알코올 밀도$$

총 체적은 일반적으로 밀리미터(㎜, 혹은 ㏄)를 단위로 한다. 알코올 농도는 알코올의 체적 퍼센트 농도(%, '도度')다. 알코올 밀도는 밀리미터 당 0.79그램(g/㎖)이다.

소식이 자기 주량이 다섯 홉이라고 자술했으므로 약 320밀리리터로 환산할 수 있다. 당시 술의 농도를 5도, 즉 5퍼센트로 계산하고 알코올 농도를 밀리미터 당 0.8그램으로 계산하면 소식이 마신 알코올 농도는,

$$술의 총 체적 \times 포함된 알코올 농도 \times 알코올 밀도$$
$$= 320(㎖) \times 5\% \times 0.8(g/㎖) = 12.8g$$

그러니까 소식의 몸이 받아들일 수 있는 알코올 중량은 12.8그램이라고 할 수 있다.

오늘날의 맥주로 따지면 알코올 농도 약 5퍼센트의 캔맥주 약 330밀리리터가 소식의 다섯 홉에 해당한다. 그러므로 오늘날이라면 소식의 주량은 작은 캔맥주 한 개에 미치지 못한다.

한 걸음 더 나아가 시야를 국제적으로 넓혀 WHO의 정의, 즉 국제 통용의 '알코올 표준 단위(표준잔standard drink 혹은 unit)'를 쓰면 '1 표준잔'은 '순수 알코올 10그램'이다. 만약 이 표준잔으로 계산하면 소식의 주량은 12.8그램, 즉 1.28 표준잔 한 잔이다.

알코올 표준 단위가 있어 더욱 확실하게 양을 측정할 수 있다. 각종 음료의 알코올 함량을 알 수 있을 뿐 아니라 자기가 얼마만 한 단위의 알코올을 마셨으며 신체의 알코올 반응이 어떠한지 알 수 있고 신체적 위험 가능성도 알 수 있다.

타이완 위생복지부 국민건강 부서의 《국민 음식 지표 편람》[6]에서 권고한 '음주량의 상한선은 남성은 하루 알코올 20그램을 초과하지 않고, 여성은 10그램을 초과하지 않아야 한다.' 다시 말하면 남성은 하루 2 표준잔, 여성은 하루 1 표준잔을 초과하면 안 된다.[7] WHO는 '폭음heavy episodic drinking'을 '지난 1개월 내 특정 상황에서 6 표준잔 이상의 술을 마

1도(1)

섭씨 20도에서 100밀리리터의 술에 1밀리리터의 알코올(에탄올)이 함유된 것을 1도라고 하는데 '%'로 표시한다. 예컨대 농도가 5퍼센트인 술은 100밀리리터의 술에 5밀리리터의 에탄올이 함유된 것으로 5도다. 58도의 고량주는 100밀리리터의 고량주 안에 58밀리리터의 알코올이 함유된 것이다.

신 것'으로 정의한다. 이 역시 알코올 표준 단위로 음주량과 음주 형태를 정의한 것이다. '알코올 사용 질환 확인 설문 조사AUDIT'도 연구와 통계에서 마찬가지로 6 표준잔을 평가 표준으로 삼고 있다.

소식은 주량이 1.28 표준잔이므로 《국민 음식 지표 편람》의 권고를 위배하지 않았다. 그는 주량이 세지 않으므로 폭음할 일도 없었을 것이다. 그렇기 때문에 소식은 음주가 유발하는 부작용을 피할 수 있었다.

알코올 표준 단위, 표준잔standard drink

알코올 표준 단위의 양은 나라마다 통일되어 있지 않다. 미국의 표준 단위 알코올은 순수 알코올 14그램이고, 덴마크와 핀란드는 12그램, 유럽 국가의 대부분과 뉴질랜드, 오스트레일리아, 일본, 홍콩은 10그램, 영국은 8그램이다. 타이완 사람은 체질적으로 알코올 대사가 그다지 원활하지 않으므로 표준 단위 알코올은 순수 알코올 10그램으로 규정해야 한다.

한국인을 대상으로 하는 표준 단위의 양은 8그램이다.

이백

李白 (701~762)

자칭 주선, 최고의 술 홍보대사

자칭 '주선酒仙' 이백은 최고의 술 홍보대사다. 그는 술을 어떻게 묘사하고 포장했을까? 언제, 어떤 상황에서 술을 마셨을까? 술을 마실 때 어떤 느낌이었을까? 왜 '술'을 선택했을까? 알코올은 어떤 특징을 지니고 있을까? 그의 시에서 문제의 답을 찾아보자.

잠부자(잠훈岑勳)여, 단구생(원단구元丹丘)이여 　　　　　　岑夫子 丹丘生

한잔 쭉 들이키시게 　　　　　　　　　　　　　　　　　　將進酒

잔을 멈추지 말고 취하도록 드시게 　　　　　　　　　　君莫停

　　　　　　　　　　　　　　　　　　　　　_〈장진주將進酒〉**1**

"자, 자, 자. 친구여, 마시자고. 취하도록 마시자고."

모임에는 이백처럼 열정적으로 건배를 외치며 분위기를 잡는 친구가 꼭 있다. 술 따라주고 술 권하느라 바쁜 친구…….

이백과 그의 친구들은 술이 없으면 모이지 않았다. 술은 흥을 돋우고 분위기를 띄우며 친구 사이를 돈독하게 해준다. 이백은 술을 마시고 자주 심사를 토로했는데, 말하고 싶지만 기회가 없어 평소에 하지 못했던 마음속의 말을 승화하여 '음주시飮酒詩'로 썼다.

이백의 음주시는 100수가 넘는다. 모임에서 술을 마시고 시를 쓰지 않은 경우도 적지 않은데 그것까지 합하면 그가 술 마신 날수를 계산하기 어려울 정도다. 이백은 아내에게 미안하였던지, 이런 자백은 어쩌면 당연한 일인지 모른다.

1년 360일 　　　　　　　　　　　　　　　　　　　　三百六十日

매일 같이 고주망태가 되었다오   日日醉如泥

자칭 '주선'인 이백은 술을 마시면 시흥이 일었고 시에서 또 술을 이
야기하는 등 시와 술과 더불어 일생을 보냈으니 술과 시가 얽히고설킨
삶이었다고 할 수 있지 않을까?

이 몸이 마시는 것은 술이 아니라 즐거움이라네!

양 잡고 소 잡아 신나게 즐겨보세   烹羊宰牛且爲樂

한 번 마시면 삼백 잔은 마셔야지   會須一飮三百杯

_〈장진주〉

이백이 모임에서 술을 마시고 쓴 시를 '연음시宴飲詩'라고 하는데, 그
가운데 시의 제목에서부터 술을 권하는 〈장진주〉는 매우 유명한 연음
시 중 하나다. 이백은 좋은 날, 좋은 친구들과 한데 모여 천금같이 귀한
시간에 통쾌하게 술을 마시고 천고의 명구를 남겼다.

세상살이 뜻을 얻었을 때 마음껏 즐겨야지   人生得意須盡歡

황금 술 단지 헛되이 달 아래 두지 마소   莫使金樽空對月

그는 이 시에서 끊임없이 음주의 아름다움을 찬미했고 좋은 때를 놓
치지 말고 즐기자고 소리 높여 외쳤다. 이백의 뇌는 알코올의 영향으로

02. 이백 자칭 주선, 최고의 술 홍보대사 47

편안함과 유쾌함으로 가득했던 것이 아니었을까?

〈산중여유인대작山中與幽人對酌(산에서 은자와 함께 술을 마시다)〉도 이백의 유명한 연음시 가운데 하나다.

> 꽃이 흐드러지게 핀 산속, 둘이서 술잔 주거니 받거니 　　兩人對酌山花開
>
> 한 잔, 한 잔, 또 한 잔 　　一杯一杯復一杯
>
> 취기가 올라 자야겠으니 그대 그만 돌아가시게 　　我醉欲眠卿且去
>
> 내일 아침에도 여흥이 가시지 않으면 가야금 안고 다시 오시게 　明朝有意抱琴來

꽃이 만개한 아름다운 산에서 두 사람이 술잔을 주고받으며 술을 마시는 일은 인생의 가장 큰 즐거움이다. 취기가 올라 자고 싶을 때는 한 사람이 가면 된다. 하지만 여흥이 남아 아쉬우면 내일 아침 가야금을 안고 다시 오면 된다.

이백은 친한 친구들만 부르거나 함께 술 마실 상대를 선택적으로 초대하지 않았다. 누구라도 좋으니 자기와 마주 앉아 술을 마시기만 하면 그것으로 충분했다. 이렇게 한 잔, 한 잔, 또 한 잔을 마시던 이백은 마지막에 말한다.

> 내일 아침에도 여흥이 가시지 않으면 가야금을 안고 다시 오시게

술 생각이 나면 다음 날 또 와서 계속 마시자는 것이다.

이백은 친구들과 술을 마시면 바로 즐거워했고, 취한 뒤에는 비정상적일 정도로 열정적이었음을 연음시에서 볼 수 있다.

즐겁게 이야기 나누며 편히 쉬고 　　　　　　　　　　　　　歡言得所憩

좋은 술 앞에 놓고 주인과 객이 거듭 술잔을 비운다 　　　　　美酒聊共揮

_〈하종남산과곡사산인숙치주下終南山過斛斯山人宿置酒(종남산 내려와 곡사산인의 집에서 술을 마시며)〉

이백은 친구와 마음껏 이야기꽃을 피웠고 마음 편히 쉬었으며 통쾌하게 술을 마시고 연거푸 술잔을 비웠다.

이백은 좋은 친구, 즐거운 일, 좋은 날, 아름다운 풍경을 마주할 때마다 가장 먼저 술을 떠올렸다. 혼자만 통쾌하게 마신 게 아니라 모두와 함께 즐겼다.

권커니 잣거니 즐거움에 늙어가는 줄 모르더라 　　　　　　勸酒相歡不知老

_〈산인권주山人勸酒(산사람 술을 권하다)〉

권커니 잣거니 즐거운 마음으로 술을 마시다 보니 늙는 줄 모르는 경지에 이르게 되는 것이다.

이백은 술을 마실 때 온 힘을 다하여 술을 권했다. 상대가 마시지 않으면 음주의 큰 뜻을 알게 해주었다.

그대 이 잔 물리치지 마시게 　　　　　　　　　　　　　勸君莫拒杯

봄바람이 (즐길 줄 모른다고) 비웃는다오 …… 　　　　　春風笑人來

그대 술 마시지 않는다면 　　　　　　　　　　　　　　君若不飮酒

옛날 제왕과 호걸이 지금 어디에 있는지 묻고 싶소 　　昔人安在哉

〈대주對酒(술을 마주하고)〉

이백은 절대로 술잔을 거절하지 말라고 충고한다. 온화한 봄바람이 즐길 줄도 모른다고 비웃는데 안 마시겠는가? 옛사람들을 생각해 보라, 그들이 지금 어디 있는가? 그러면서 그래도 안 마실 거냐고 강조한다.

마음껏 술을 즐기기 위해 이백은 온갖 계책을 짜낸다. 〈대주부지待酒不至(기다리는 술은 오지 않고)〉에서는 이렇게 말한다.

봄바람과 취객이 함께하기는　　　　　　　　　　　春風與醉客
오늘이 제격이라　　　　　　　　　　　　　　　　　今日乃相宜

초대받았는데도 가지 않고 뭉그적대는 벗에게 이백은 말한다. 봄바람이 이토록 온화하니 만취하기 딱 좋은 날이라고. 초대에 응하긴 했으나 얼굴에 난색을 드러내거나 거절 의사를 표시하면 그는 말한다.

그대 지금 여기서 취하지 않고, 어디 가서 마실 건가?　君今不醉將安歸
　　_〈전유준주행이수前有樽酒行二首(한 동이의 술을 앞에 놓고 지은 2수)〉의 제2수

친구여, 지금 여기에서 통쾌하게 마시고 취하지 않으면 어디 가서 마실 곳이나 있겠는가? 친구가 더는 못 마시겠다며 양해를 구하면 이백은 이렇게 야유한다.

웃다 죽을 일이로다, 도연명을 자처하는 사람이　　　笑殺陶淵明
술잔에 채운 술을 안 마시려 하다니　　　　　　　　不飲杯中酒
　　_〈조왕역양불긍음주嘲王歷陽不肯飲酒(왕역양이 술을 마시지 않으려 함을 조롱함)〉

술잔에 담긴 술을 비우지 않으면 도연명이 웃는다고 한다.

이백이여, 이별 잔을 비우세

즐거운 모임이 끝나면 헤어지는 아쉬움과 슬픔이 남는다. 이런 복잡하고 쉽게 가시지 않는 감정을 어떻게 풀 수 있을까? 이백의 마음속에 있는 답은 바로 알코올로 자신을 마비시키는 것이다. 그래서 그의 송별시에는 술이 자주 등장한다.

이백은 송별시에서 아름다운 경치에는 좋은 술을 곁들여야 한다고 소리 높여 외친다.

꽃 바라보며 좋은 술 맘껏 마시며　　　　　　　　　　　看花飲美酒

비 갠 산에서 우짖는 새소리 들었답니다　　　　　　　聽鳥臨晴山

　　　_〈전교서숙운餞校書叔雲(운운자 쓰시는 교서랑 숙부님과 송별연을 갖고)〉

때로는 주변의 아름다운 경치와 술이 어우러져 하나 되는 것이 반드시 술을 마셔야 하는 까닭이 되지는 않는다. 또 하나의 이유가 있다. 바로 이별이다.

금릉의 젊은이들 모여 나를 전송하는 자리　　　　　　金陵子弟來相送

가는 자 보내는 자 모두 술잔만 비워댄다　　　　　　欲行不行各盡觴

　　　_〈금릉주사유별金陵酒肆留別(금릉 술집에서의 작별)〉

사람들이 모여 송별회를 여는데 한 잔 마시는 게 당연하지 않겠는가? 하지만 대다수 이백의 시는 그가 때맞추어 술 취하는 향락의 심리 상태를 반영하고 있다. 난릉주蘭陵酒가 나오는 구절도 예외가 아니다.

울금향 머금은 난릉의 맛 좋은 술	蘭陵美酒鬱金香
옥잔에 가득 부으니 온통 호박빛	玉碗盛來琥珀光
주인이 손을 취하게만 해준다면	但使主人能醉客
(어디가 고향이고) 어디가 타향인지 따질 일 없으리	不知何處是他鄉

_〈객중행客中行(타향에서 지은 노래)〉

난릉蘭陵에서 나는 맛 좋은 술은 진한 향이 사방에 퍼지고 옥잔에 부으면 호박처럼 맑고 투명하다. 주인이 나와 함께 통쾌하게 마셔주기만 한다면 여기가 고향이든 타향이든 상관할 바 아니다.

이를 보면 이백이 술을 얼마나 찬양했는지 알 수 있다. 그가 하고 싶은 말은 비애에 잠기지 말고 술을 마시면 깨지 말라는 것이다. 그는 술에 취하여 온갖 시름을 잊으려고 몸소 체험하고 힘써 실천했다. 그는 이별을 앞둔 친구를 꼬드겨 술잔을 비우게 했는데 절친인 두보杜甫에게는 이렇게 말했다.

바람에 날리는 쑥처럼 멀리 헤어졌으니	飛蓬各自遠
손에 든 술잔이나 비우세	且盡手中杯

_〈노군동석문송두이보魯郡東石門送杜二甫(노군의 동석문에서 두보를 보내며)〉

우리는 바람에 정처 없이 떠도는 쑥처럼 멀리 헤어졌으니 잔에 든 술이나 통쾌하게 마시자.

다른 친구들을 전별할 때 이백은 항상 술로 전송했다.

서로 바라보며 차마 헤어지지 못하고   相看不忍別

손에 든 술잔을 다시 권한다오   更進手中杯

      _〈송은숙삼수送殷叔三首(은숙을 배웅하며 지은 3수)〉의 제2수

차마 그대를 보낼 수 없으니 차라리 손에 든 술잔이나 비우자. 이백은 또 말한다.

최씨 형제가 금릉에 간다니   二崔向金陵

어찌 술잔을 비우지 않을 수 있겠는가   安得不盡觴

      _〈송최씨곤계지금릉送崔氏昆季之金陵(금릉에 가는 최씨 형제를 배웅하며)〉

그대들이 간다니 어찌 술 한잔 하지 않겠는가.

이별을 앞두고 이백은 극심한 고독감을 느꼈다. 이제 이별하면 언제 만날지 알 수 없기 때문이었다. 이럴 때는 함께 있는 시간을 아껴 술을 마시며, 알코올로 차마 헤어지지 못하는 이별의 감정을 누그러뜨려야 한다. 그걸로는 부족하다. 이백은 언젠가 호기롭게 말했다.

동산에 올라가서 외상으로 달빛을 빌려   暫就東山賒月色

밤새워 마시고 즐겁게 노래한 뒤,   酣歌一夜送泉明

(도연명에 못지않은) 친구(한흠韓歆)를 보내야지

_〈송한시어지광덕送韓侍御之廣德(광덕으로 가는 한시어를 전송하며)〉

동산에 올라 밝은 달빛을 빌려 밤새도록 통쾌하게 마시고 즐겁게 노래를 부르고 배웅해야겠다. 그는 또 이렇게도 말했다.

꽃들은 시들어 향기 가득한 정원 여기저기 떨어지는데   群花散芳園

우리는 기쁜 얼굴로 다투어 술 마신다   斗酒開離顏

_〈송족제단보주부응섭송성주부, 도곽남월교, 각회서하산, 유음증지送族弟單父主簿攝宋城主

簿, 到郭南月橋, 卻回棲霞山, 留飮贈之(족제 단보주부인 응섭이 송성주부를 겸직하여 곽남의 월교에 전송하러

갔다가 서하산에 돌아와 술을 마시며 바친다)〉

동산에 시들어 떨어진 꽃들을 벗하니 모두 취하여 기쁜 얼굴이다. 이처럼 이별의 슬픔을 음주의 즐거움으로 바꾸는 것이 바로 이백의 상투적인 수법이다.

술이 얼마나 좋은지 이백이 가장 잘 안다

술이 얼마나 좋은지 알려주기 위해 이백은 혼신의 노력을 다하고 온갖 신기한 방법으로 술의 아름다움을 홍보했다. 그는 먼저 색채로 화려하고 찬란한 시각적인 향연을 베풀었다. 그는 아직 여과하지 않은 포도주와 물을 섞은 포도주의 색깔을 비교했다.

멀리 보이는 한수 오리 머리처럼 푸르른 게   遙看漢水鴨頭綠

흡사 포도주를 처음 괼 때와 같아   恰似葡萄初醱酷

　　　　　　　　　　　　　　　　　_〈양양가襄陽歌〉

이백은 이어 색채가 선명한 술잔을 묘사한다.

금 술통에 맑은 술 찰랑거린다   金樽淥酒生微波

　　　　　　　　　　　　_〈전유준주행이수〉의 제1수

그대 나에게 밤색 털 명마를 준 데 감사하며   昔贈紫騮駒

오늘은 백옥 술잔을 기울인다오   今傾白玉厄

　　　　_〈선성송유부사입진宣城送劉副使入秦(선성에서 유부사가 진에 들어감을 배웅함)〉

이처럼 여러 색깔의 맛있는 술과 아름다운 술잔을 앞에 두면 가슴이 두근거리지 않겠는가?

　이백은 숫자를 과장하여 사람을 놀라게 하는 효과를 거두기도 했다.

금동이 맑은 술 한 말에 만금이고   金樽淸酒斗十千

옥쟁반의 진수성찬 만 전의 가치 있다오   玉盤珍羞直萬錢

　　　　　　　_〈행로난삼수行路難三首(인생길 어려워라 3수)〉의 제1수

이백은 이 구절로 술의 양이 많음을 강조하기도 했다.

좋은 안장 좋은 말 모두 남에게 주고   好鞍好馬乞與人

만금, 오천 금 풀어 술을 산다   十千五千旋沽酒

_〈소년행少年行〉

이 구절로 술을 사는 데 엄청난 비용이 들었음을 표현했다.
이백은 특별히 강조한다.

백 년 삼만 육천일   百年三萬六千日

하루에 모름지기 삼백 잔은 기울여야지   一日須傾三百杯

_〈양양가〉

이백이 술을 마신 날수는 매우 많았고 주량도 더할 나위 없이 컸다.
이백이 했으니 여러분도 충분히 할 수 있지 않을까? 이런 숫자는 놀라
울 뿐 아니라 세인의 눈길을 사로잡으며, 이백의 속박 받지 않는 자유
분방한 멋과 호기로운 음주 형태를 느끼게 한다.

그런데 꼭 친구들과 모여 술을 마셔야만 즐거울까? 모임이나 함께
술 마실 친구가 없으면 어떻게 할까. 이백은 관계없다고 생각했다. 혼자
서도 즐겁게 마실 수 있다고 생각했다. 그리고 친히 시범을 보여 여러
편의 독음시獨飮詩를 썼다.

꽃 사이에 술 한 단지 놓고   花間一壺酒

벗 없이 홀로 술을 마신다   獨酌無相親

잔 들어 밝은 달 불러오니   擧杯邀明月

그림자도 마주하여 세 사람이 되었다	對影成三人
달은 본디 술 마실 줄 모르고	月旣不解飮
그림자는 내 몸을 따를 뿐	影徒隨我身
잠시나마 달과 그림자와 술친구 되어	暫伴月將影
이 봄밤에 때맞추어 즐거움을 누리고저	行樂須及春
내가 노래하면 밝은 달은 서성이고	我歌月徘徊
내가 춤추면 그림자는 어지러이 흐트러진다	我舞影零亂
깨어서는 함께 즐거워하고	醒時同交歡
취하면 각자 흩어지는 게지	醉後各分散
정에 얽매이지 않은 사귐을 영원히 맺어	永結無情遊
저 멀리 은하수에서 만나기를 기약하자	相期邈雲漢

－〈월하독작사수月下獨酌四首(달 아래 홀로 술을 마시다 4수)〉의 제1수

꽃 무더기 사이에서 술을 마시는데 함께할 벗이 없음을 알아 홀로 술잔을 기울인다. 벗이 없으면 어떠리. 잔을 들어 하늘 보니 달이 가장 좋은 술벗 아닌가? 그 위에 내 그림자까지 있으니 모두 세 사람이다. 달은 원래부터 술을 마실 줄 모르고 그림자는 나를 따를 뿐이다. 그래도 관계없다. 잠시 밝은 달과 그림자를 술벗 삼아 이 봄밤을 즐기면 된다. 내가 노래를 부르면 달은 나를 따라 움직이며 배회하고 내가 춤을 추면 그림자도 앞뒤로 흔들거린다. 맑은 정신에서는 우리 함께 즐거움을 누리면 되고 술 취하면 세 사람이 각자의 길을 가면 된다. 다만 영원히 충만한 감정을 지니고 노닐다가 아득하게 먼 은하에서 서로 만나기를 기대할 뿐이다. 이백은 주류 홍보대사의 임무를 충분히 감당할 수 있을

것이다. 술 마신 뒤 달과 그림자까지 초대하여 함께 노래하고 춤을 추었으니.

이백의 시 〈월하독작〉[2]은 모두 4수로 이루어져 있는데 이 시에서 음주 후의 그의 심정을 살펴볼 수 있다. 그는 네 번째 시에서 음주의 불가사의한 효능을 말했다.

끝없는 시름이 천 갈래 만 갈래	窮愁千萬端
좋은 술 삼백 잔 마셔볼거나	美酒三百杯
수심은 많고 술은 적은데	愁多酒雖少
그래도 마시니 수심이 사라지는구나	酒傾愁不來
그래서 옛 주성(호쾌하게 마시는 사람)들은	所以知酒聖
얼큰히 취하면 마음이 트였었구나	酒酣心自開

이백은 시름이 얼기설기 뒤엉켜 있는데, 좋은 술은 삼백 잔뿐. 시름은 많은데 술은 적으나 그래도 한 잔 뱃속에 들어가니 시름이 더는 발목을 잡지 않는다. 이백은 옛날 술의 성인과 현인(호쾌하게 마시는 사람)들이 술 마시고 마음껏 즐기고 술에 취해 편안해하며 마음을 크게 가졌던 그런 감정을 몸소 체득했다.

음주의 즐거움은 어떤 것일까? 〈월하독작〉의 두 번째 시에 다음과 같은 구절이 있다.

석 잔이면 대도와 통하고	三杯通大道
한 말이면 자연과 하나가 된다지	一斗合自然

술 마시는 즐거움을 얻으면 될 뿐   但得酒中趣

깨어 있는 자들에게 전할 것 없지   勿爲醒者傳

술에 취한 이백은 자신만만하게 공언한다. 술 석 잔을 마시면 인생의 큰 도리에 통달하고 한 말을 마시면 자연 만물과 하나가 된다고. 이런 음주의 즐거움을 얻은 뒤 이백은 귀띔해 준다. 절대로 깨어 있는 사람에게는 알려주지 말라고.

이백은 또 음주의 즐거움과 다른 즐거움을 비교했다. 〈월하독작〉의 세 번째 시의 마지막 부분에서 이렇게 썼다.

한 통 술에 삶과 죽음이 차이 없으니   一樽齊死生

세상만사 따질 일 없지   萬事固難審

취하면 세상천지 다 잊고   醉後失天地

홀로 베개 베고 잠이나 자는 것   兀然就孤枕

내 몸이 있음도 알지 못하니   不知有吾身

이게 바로 가장 큰 즐거움이지   此樂最爲甚

이백은 술에 취한 뒤 삶과 죽음이 차이가 없다고 생각했다. 하물며 세상 만물에는 근본적으로 옳고 그름도, 사람 노릇이나 일 처리의 기준도 없으니 더 말할 나위가 있겠는가? 정신이 맑을 때야 어떻든 간에 술에 취하면 홀로 베개 베고 잠자며 만사를 뒷전으로 밀어놓는 것이다. 이백은 마지막에 자기만의 결론을 내린다. 대취하면 내 몸이 어디에 있는지도 잊을 정도니 세상에 이보다 더 즐거운 일이 어디 있겠는가!

최고의 술 홍보대사

이백은 최고의 술 홍보대사로 전혀 손색이 없다. 유쾌한 모임이 있으면 마시고 헤어져 슬플 때도 마셨다. 그는 여러 방식으로 술의 아름다움을 그렸다. 혼자 있을 때는 홍보대사에 걸맞게 큰 소리로 선포했다. "마시자!" 이백은 오랜 기간의 음주 습관으로 고전문학계에서 '주선酒仙', '취성醉聖', '시선詩仙'이란 별호를 얻었다. 그리고 〈장진주〉의 한 구절처럼 "오로지 술 마신 자들은 이름을 남겼다오(惟有飮者留其名)"라는 바람을 이루었다.

재미있는 것은 이백의 여러 시구가 알코올이 끼치는 영향을 증명하고 있다는 것이다. 그는 이렇게 말하며 즐거운 감정을 술에 끌어들였다.

살아서 한 잔 술을 즐겨야지 　　　　　　　　　　　　　　且樂生前一杯酒

_〈행로난삼수〉의 제3수

세상살이 뜻을 얻었을 때 마음껏 즐겨야지 　　　　　　　　人生得意須盡歡

_〈장진주〉

그는 또 말했다.

취한 뒤 초탈하여 구애받지 않는 태도 눈감아 주시길 　　　　醉後發淸狂

_〈배시랑숙유동정취후삼수陪侍郎叔遊洞庭醉後三首(숙부 이시랑을 모시고 동정호로 놀러 가서

술에 취해 지은 3수)〉의 제1수

이처럼 취한 뒤 방종한 태도가 바로 술이 가져다주는 행복한 효과다. 그는 또 〈춘일취기언지春日醉起言志(봄날 술에서 깨어나 내 생각을 적다)〉에서 다음과 같이 썼다.

세상살이 한바탕 꿈과 같으니	處世若大夢
어찌하여 괴로운 삶을 사는가	胡爲勞其生
그래서 종일토록 취하여	所以終日醉
무너지듯 기둥 앞에 드러누워 잠이 들었다오	頹然臥前楹

인생은 일장춘몽과 같은데 무엇 때문에 그렇게 부지런 떨며 쉴 줄 모르고 고생하는가? 그래서 그는 종일토록 술에 취해 곯아떨어져 집안 아무 곳에나 닥치는 대로 쓰러지기도 했다. 이백은 '술에 취하는 것'과 '꿈을 꾸는' 상태를 하나로 보았는데 이는 모두 술의 영향이었다.

| 진찰록 |

술을 즐기다—술의 생리 화학 특성과 뇌에 미치는 영향

이백의 시를 종합적으로 살펴보면 그는 자신이 음주를 좋아하는 것에 그치지 않고, 다른 사람에게도 적극적으로 술을 권했다. 이백은 하고많은 음식을 다 제쳐놓고 왜 그리 술을 마셔댔을까? 도대체 알코올의 어떤 기능이 그를 술독에 빠지게 만들었을까?

에탄올(에틸 알코올)은 들어가자마자 흡수되기 시작

화학과 생물, 정신 과학적 각도에서 상황을 알아보자. 알코올의 학명은 '에탄올'이며, 화학식은 C_2H_5OH, 분자량은 46으로 매우 작은 분자다. 분자량이 작은 데다가 물에 녹고 대부분의 지질과 상호 용해하기 때문에 몸에 들어가면 소화 과정을 거치지 않고 장과 위의 점막을 통과해 바로 혈액으로 들어간다.

에탄올은 위에 들어가자마자 흡수되고 위에서 흡수하는 양은 10~20퍼센트에 달한다. 알코올이 목구멍을 통과한 뒤 5~10분이면 혈액으로 들어가 신체에 영향을 미치기 시작한다.

에탄올은 프리패스 통행증으로 체내 아무 곳이나 무사통과

에탄올은 혈액에 들어가더라도 즉시 대뇌에 영향을 미치지는 않는다. 알코올이 대뇌를 지나야 비로소 '효과'가 나타난다. 혈액에서 뇌까지 이르는 데는 혈액뇌장벽blood-brain barrier, BBB이라는 관문을 지나야 한다. 이 관문은 뇌를 보호하는데 아무 물질이나 마음대로 들락거리지 못하도록 하고 특정 분자만 통과시켜 뇌에 들어가게 해준다. 에탄올은 분자가 매우 작아서 막힘 없이 매우 빠르게 혈액뇌장벽을 통과하여 대뇌의 신경전달 기능에 영향을 미친다.

에탄올은 대부분 간에서 대사되는데 먼저 알코올탈수소효소alcohol dehydrogenase, AHD 대사를 거쳐 독성을 지닌 아세트알데히드acetaldehyde가 된 다음 알데하이드탈수소효소aldehyde dehydrogenase, ALDH 대사를 거쳐 아세트산이 되어 체외로 배출된다. 이 효소는 제한적이고 신체가 에탄올을 대사하는 속도도 정해져 있어서 한 시간에 10~15그램만 대사된다. 그러므로 완전히 대사되려면 최소한 8시간에서 24시간이 소요된다.

알코올은 뇌에서 온갖 변화를 일으키는 역할을 한다

알코올은 뇌에 들어간 뒤 중추신경을 억제하여 수면, 진정, 이완 효과를 가져다준다. 누군가는 이렇게 말할지도 모른다. "아닌데. 술을 마시면 더 충동적이 되던데!" 이는 음주량이 많지 않을 때의 상황이다. 알코올은 먼저 '충동을 억제'하는 뇌 영역의 기능을 억제한다. 그래서 충동을 억제하는 힘이 약해졌을 때 자신도 모르게 말소리가 커지고 자신감이 생기며 동작도 커지는 것이다. 음주 후의 '얼큰한 느낌'은 가벼운 주취 상태다.

얼큰한 상태에서는 감정 표현이 더욱 풍부해지고 감정의 기복이 더욱 심하며 즐겁고 극도로 흥분된 느낌이 항상 뒤따른다. 이런 현상이 나타나는 이유는 주로 알코올이 뇌내 도파민dopamine을 잠시나마 증가시켜 흥분되고 즐거운 감정이 생기게 해주며 도취와 황홀한 상태에 빠지게 하고, 강렬한 갈망을 일으켜 더 마시고 싶은 욕망을 억제하기 어렵게 만들기 때문이다.

얼큰한 상태가 지나면 알코올의 영향은 점차 뇌의 다른 영역까지 확산하여 더 크고 복잡한 결과를 가져온다. 알코올은 짧은 시간 진정 효과를 보여 잠드는 데까지 필요한 시간을 단축해 주어 술을 마시면 숙면에 도움이 되는 것으로 오해하게 하기도 한다.

하지만 알코올은 빨리 잠들게 하는 효과 말고는 수면 주기에 영향을 미쳐 깊은 잠을 자지 못하고 꿈을 많이 꾸게 하여 수면의 질을 악화시킨다. 이는 '취함'과 '꿈'이 동시에 나타나는 이유다. 음주는 잦은 꿈, 주취로 인한 얕은 잠을 유발한다. '취한 것 같고 꿈꾸는 것 같다(여취여몽如醉如夢)', '술에 취한 듯 살다가 꿈을 꾸듯이 죽는다(취생몽사醉生夢死)'라는 표현은 당연한지도 모른다. 취함과 꿈이라는 두 상태는 항상 밀접하게 연결되어 있으니 말이다.

알코올대사 단계

온갖 변화를 일으키는 알코올의 작용은 복잡하기 짝이 없다. 수줍어하는 사람이 큰 소리로 떠들고 냉정한 사람이 목놓아 울고, 근엄한 사람이 기뻐 덩실덩실 춤추고…… 이런 현상들이 모두 술을 마셔서 자제력이 약해진 뒤에 나타나는 결과다. 쉽게 잠들게 해준다지만 깊은 잠을 이루지 못하도록 하고 꿈을 자주 꾸게 하고 심지어 일찍 잠에서 깨어나게 하는데 이는 술이 뇌 부위에 은연중에 작용한 결과로 조심하지 않으면 안 되는 영향이다.

알코올 불내증不耐症, alcohol intolerance

혹시 이런 사람이 있는가? 분명 몇 잔 마시지 않았는데 얼굴이 붉어지고 머리가 어질어질하고 구토증이 있으며 온몸이 불편하다. '알코올 불내증'일 가능성이 크다. 어떤 사람은 선천적으로 유전자에 알데하이드탈수소효소가 결핍되어 독성을 지닌 아세트알데히드를 일반대사 방식으로 무독한 아세트알데히드로 바꾸지 못하기 때문이다. 아세트알데히드를 대사하지 못하고 계속 누적되면 얼굴이 붉어지고(가장 자주 나타남), 머리가 어지럽고 구역질이 나고 구토하며 심장 박동이 빨라지는 등 불편한 증상이 나타날 수 있다. 유럽과 미국에는 열 사람 중 한 사람꼴로 이런 유전자를 가지고 있는데, 동아시아에는 열 사람 중 서너 사람꼴로 알코올 불내증 유전자를 가지고 있다. 타이완 사람은 더 많은데 아마 절반가량 될 것이다.

두보

杜甫(712~770)

인생난제, 어찌할 도리 없어! 술로 푸는 수밖에

이백은 즐거울 때도 술을 마셨고 이별할 때도 마셨다. 술을 마시면 마음이 편안하고 유쾌해진다. 즐거운 마음에 자신도 모르게 많이 마시게 된다. 그렇다면 이백과 이름을 나란히 했던 두보는 어땠을까? 두보 역시 술을 좋아했지만 극복하기 힘든 스트레스에 직면했을 때 마셨다. 두보는 도대체 어떤 스트레스를 받았을까? 그가 바라던 대로 알코올은 그의 감정을 정화하고 스트레스를 풀어주는 효과가 있었을까?

스트레스와 술, 두보의 삶에 먼저 뛰어든 것은

두보는 20세 때부터 사방을 유력하며 곳곳에서 친구를 사귀었다. 당시
만 해도 스트레스와는 거리가 멀었고 이렇다 할 번뇌도 없었다. 술은
그저 호방한 기백을 북돋워 주고 좋은 친구를 사귀는 데 도움이 되는
매개체에 불과했다. 하지만 이렇게 마시게 된 술이 수십 년 지속될 줄
두보인들 상상이나 할 수 있었겠는가? 술은 이때부터 그의 일생과 함께
했다. 두보는 연로한 뒤 그 당시를 회고하며 〈장유壯遊〉라는 장편의 시
를 썼다.

지나간 14, 15세 때를 되돌아보니	往昔十四五
난 그때 이미 문사들이 모이는 문단에 드나들었어	出遊翰墨場
당시 문단의 명사로는 최상崔尙, 위계심魏啓心이 있었는데	斯文崔魏徒
모두 나를 한漢나라 때의 반고班固와 양웅揚雄으로 여겼지	以我似班楊
7세에 재치 있게 창작을 구상하고	七齡思卽壯
입을 열면 봉황 같은 인품에 지덕 갖춘 고상한 인사를 노래했지	開口咏鳳凰
9세에 서예를 하였는데	九齡書大字
작품이 쌓여 자루에 가득했어	有作成一囊

성정이 호방하고 술을 좋아했고	性豪業嗜酒
나쁜 일, 나쁜 사람 원수처럼 미워하고, 강직하고 솔직했지	娛惡懷剛腸
또래들은 내 눈에 차지 않았어	脫略小時輩
교제하는 사람은 모두 박식한 노학자들이었지	結交皆老蒼
술 마시고 흥겨우면 천지와 우주를 굽어보았고	飮酣視八極
인간과 만물이 저속하고 아득하다 여겼지	俗物都茫茫

이 시에서 두보는 7세에 시를 읊고 9세에 글을 쓰고 14, 15세에 당대의 문인·선비들과 교류했다고 한다. 또 성정이 호쾌하고 시원시원한 그는 젊은 나이에 술을 즐겼으며 세속의 사물들을 염두에 두지 않았다.

두보는 젊고 유능하며 기고만장했고 안하무인이었다. 그때만 해도 그는 어떤 도전이 자신을 기다리고 있는지 알지 못했다. 그리고 당시 술은 이미 그의 삶에 깊숙이 들어와 있었고 점차로 없어서는 안 되는 친구가 되었다.

장기간의 실업 스트레스: 주연이 끝났는데 이 몸만 돌아갈 곳 없어, 홀로 막막한 황혼 속에 서서 시를 읊는다

두보의 삶에서 첫 번째 직면한 것은 실업이 가져다준 스트레스였다. 그는 23세에 공거(貢擧, 지방에서 선비를 중앙에 천거하는 제도)에 응시했는데 낙방했고, 35세에는 제거(制擧, 황제가 주관하는 시험)에 응시했으나 낙방했다. 이 10여 년 동안 두보는 과거 낙방과 실업으로 인한 복잡다단한 감정에 휩싸였다. 그는 고관대작들에게 면회를 신청하여 고관과 귀인들의 눈에 들어 그들의 추천으로 관리가 되기를 바라기도 했다.

두보는 39세에 '부賦를 지어 올리는' 방법을 동원했다. 황제가 문학적 재능을 알아보고 주목해주기를 바라는 간절한 마음에서였다. 황제는 그의 작품을 보고 매우 좋아했으며, 관직에 결원이 생기면 그를 발탁하려고 한 것 같았다. 취직을 기다리던 그해 두보는 〈낙유원기樂遊園歌(낙유원의 노래)〉를 썼다. 먼저 당시 연회의 성대한 분위기를 묘사했고 당현종唐玄宗이 나들이할 때의 웅대한 위풍과 기세를 묘사했다. 그러다가 갑자기 화제를 돌려 다음과 같이 썼다.

지난 세월 되돌아보니 매해의 오늘 대취했었지	却憶年年人醉時
오늘은 취하기도 전에 서글픈 마음이 먼저 든다	只今未醉已先悲
성겨가는 백발을 피할 수 있는가	數莖白髮那抛得
술잔 가득 따라주는 수많은 벌주도 사양하지 않으련다	百罰深杯亦不辭
조정에서도 이 미천한 선비가 추하다는 것을 알고 있지만	聖朝亦知賤士醜
하찮은 미물도 황제의 자비를 입는데 ……	一物自荷皇天慈
주연이 끝났는데 이 몸만 돌아갈 곳 없어	此身飲罷無歸處
홀로 막막한 황혼 속에 서서 시를 읊는다	獨立蒼茫自詠詩

두보는 성대한 연회에서 의기소침하여 말한다. "매해 오늘을 되돌아보니 사람마다 흡족히 마시고 대취했었다. 하지만 오늘의 연회에서는 아직 취하지도 않았는데 내 마음이 슬프구나. 나의 성성한 흰머리와 나이 그리고 이런 서글픔을 마주하고 보니 백 잔의 벌주라도 사양하고 싶지 않구나." 두보는 술을 마시고 울적한 마음을 조금이라도 풀고 싶었

으나 갈수록 마음은 답답하고 괴로웠다. 그는 세월은 흐르고 나이 먹고 늙어감을 탄식하는 한편 자신을 괴롭히는 스트레스의 근원이 무엇인지 솔직히 밝혔다.

"내가 도의가 충만한 성스러운 도읍 장안長安에 살면서도 오랜 기간 빈천하다 보니 조정에서도 나를 등용하지 않는구나. 그저 황제께서 내리신 맛 좋은 술을 단숨에 마셔 버리는 것 말고는 아무것도 할 수 없구나." 두보는 관리로 임용되지 못하고 할 일도 없어 술자리가 파한 뒤에 돌아갈 곳이 없었다. 선비가 되어 뜻을 얻지 못하고, 한 가지의 일도 이루지 못하고 오랜 기간 실업 압박에 시달려 술을 마셔도 해소되지 않았다. 두보는 시를 빌려 이런 심정을 기록하는 것 말고는 할 수 있는 일이 없었다.

두보는 청장년기의 실업 스트레스로 몹시 우울했다. 이런 상황에서 음주는 풀기 어려운 스트레스와 그림자처럼 따라다니는 답답함과 괴로움을 많이 누그러지게 해주었다.

전란 속의 삶과 경제난, 나보다 더 비참한 사람이 있을까?

두보는 수도 장안에 있는 10년 동안 시종일관 자신에게 맞는 일을 찾지 못했다. 그는 권세 있고 지위 높은 자들에게 빌붙고 싶지 않았다. 그렇다고 허유許由나 소부巢父(고대 중국의 전설적인 은자들)처럼 속세를 벗어나 은거할 수도 없었다. 그는 부끄러웠고, 이런 심정을 표현했다.

술을 마셔 번민을 달래고   沉飮聊自遣

큰 소리로 노래 불러 울분을 풀었다오 放歌破愁絶

_〈자경부봉선현영회오백자自京赴奉先縣詠懷五百字〉(장안에서 봉선현으로 가면서 500자로 마음속에

품은 생각을 읊다)

그는 술을 마실 수밖에 없었다. 술을 마셔야만 갑갑증이 풀리고 시를 지어 고성방가해야만 그나마 근심 걱정이 해소되었다.

두보는 43세에 하서河西의 현위縣尉에 임명되었다. 하지만 자기에게 맞지 않다고 생각하여 부임하지 않았고, 얼마 후 '우위솔부주조참군右衛率府冑曹參軍' 관직을 받아들였다. 그는 이 관직을 받아들인 이유가 술을 살 돈 때문이라고 자조했다.[1] 발령이 확정된 뒤 두보는 755년 10월에서 11월 사이에 장안을 출발하여 아내와 아들을 찾아보기 위해 고향인 봉선奉先으로 돌아갔다. 가는 길에 목격한 참혹한 상황을 〈자경부봉선현영회오백자〉에 다음과 같이 썼다.

문벌 귀족의 집에는 먹다 남은 고기가 썩어 고약한 냄새가 나는데 朱門酒肉臭
길에는 추위와 굶주림에 죽은 사람의 뼈가 구른다 路有凍死骨

이 와중에 당현종은 여산驪山에서 빈둥거리고 있었다. 집으로 돌아간 두보는 받아들이기 어려운 슬픈 상황을 마주하게 된다. 아이가 굶어 죽은 것이다. 이웃들도 슬퍼했다.[2] 이런 생이별로 그의 스트레스는 더욱 크고 복잡해졌고 마음은 슬프고 괴로웠다.

잘 가라는 말 한마디 못하고 아이를 떠나보낸 그해 연말에 안사安史의 난이 일어났다.

전란이 일어나자 두보도 다른 사람들과 마찬가지로 가족을 거느리고 피란길에 올랐다.

어린 딸은 배가 고파 나를 물어뜯는다	癡女饑咬我
아이 울음소리 범이나 이리가 들을까 봐	啼畏虎狼聞
품에 안고 입을 틀어막으니	懷中掩其口
몸부림치며 더 큰 소리로 운다	反側聲愈嗔
어린 아들은 그래도 사리를 안답시고	小兒强解事
쓰디쓴 오얏(자두)이나마 찾아 입에 넣는다	故索苦李餐

45세의 두보는 〈팽아행彭衙行(팽아를 지나며)〉에서 배고픔과 추위에 시달리는 가족의 생활을 절실하게 묘사했다. 다행히도 친구의 도움으로 가까스로 곤경에서 벗어날 수 있었다. 곤궁하고 구차한 생활을 하면서 정처 없이 떠돌던 어느 날, 그는 비를 무릅쓰고 친구 소단蘇端의 집에 갔다. 소단의 친절하고 후한 대접을 받은 두보는 이렇게 썼다.

탁주까지 빼놓지 않고 차려 놓아서	濁醪必在眼
흠뻑 취해 속마음 털어놓았다오	盡醉攄懷抱

_〈우과소단雨過蘇端(빗속에 소단을 찾아가다)〉

술이 눈앞에 차려져 있어 알코올의 마력을 빌려 두보는 술을 실컷 마시고 자신의 이상과 포부를 마음껏 펼쳤고, 잠시나마 근심 걱정과 스트레스에서 벗어날 수 있었다. 전란 속의 생활과 경제적 압박을 마주한 두보에게 술은 근심 걱정을 없애주고 스트레스를 일소해주는 좋은 친구였다.

세상 물정에 어두운데 업무 스트레스까지

안사安史의 난 후, 46세의 두보에게 마침내 할 일이 생겼다. 숙종肅宗이 그에게 '좌습유左拾遺' 벼슬을 내린 것이다. 이 직책은 조정의 문제점이나 결점을 찾아 의견을 개진하는 것으로 간관의 역할이라고 할 수 있다. 업무는 모처럼 순탄했다. 하지만 의견이 받아들여지지 않은 데다 동료나 상관과의 대인관계로 스트레스가 질금질금 쌓이기 시작했다. 이해 늦봄에 그는 〈곡강이수曲江二首〉를 썼다.

꽃잎 하나 떨궈 날리며 봄이 저만치 가네　　　　　　一片花飛減卻春

바람에 꽃잎 마구 떨어지니 마음 아파라　　　　　　風飄萬點正愁人

떨어지는 꽃들과 함께 가는 봄이 눈앞을 스치니　　且看欲盡花經眼

술 마시면 서글픔 더해질까 저어하지 말고 마시자　莫厭傷多酒入脣

_〈곡강이수〉의 제1수

두보는 꽃이 바람에 날려 떨어지는 것을 보고 봄이 가는 것을 아쉬워하며 자기도 모르는 사이 마음에 근심이 가득 쌓였다. 자신의 업무를 떠올렸기 때문이었을까? 꽃잎이 한 잎 두 잎 날리는 것을 보니 마음이 쓸쓸하기 짝이 없었다. 어차피 술은 아무리 마셔도 부족한 것, 그는 한 잔, 한 잔 술잔을 기울였다. 두보는 업무가 뜻대로 진행되지 않아 술로 시름을 달랜 것이다.

〈곡강이수〉 두 번째 시에서도 스트레스를 술로 풀었음을 볼 수 있다.

퇴청하고 돌아오는 길이면 봄옷을 잡혀   朝回日日典春衣

날마다 곡강 어귀에 가서 흠뻑 취해 돌아온다   每日江頭盡醉歸

가는 곳마다 깔린 술빚이야 예삿일이지만   酒債尋常行處有

인생 칠십까지 사는 것은 예로부터 드물었지   人生七十古來稀

_〈곡강이수〉의 제2수

관리가 된 두보는 퇴청한 뒤 매일 전당포에 옷을 잡혀 돈을 마련하
여 곡강에 가서 술을 마셨다. 그에게 곳곳마다 깔린 술빚은 예사로운
일이었다. 일터에서 뜻을 얻지 못했고 인생도 그리 길지 않으니(70세까지
사는 것도 매우 드문 일이다) 술에 취해 마음껏 즐기다가 집에 돌아가는 게 낫
지. 이 시의 마지막 연에서 두보는 큰 소리로 외친다.

아름다운 봄날의 풍광이여 함께 흘러가자구나   傳語風光共流轉

짧은 봄 경치나마 즐기자는 바람 어긋나지 않도록   暫時相賞莫相違

아름다운 봄 경치여, 내가 여기에서 널 감상할 수 있게 해다오. 잠깐
이라도 좋으니 나의 이 바람이 어그러지지 않도록.

매일 마음껏 즐기며 술을 마신 것처럼 보이지만 두보는 업무상 스트
레스가 많았고, 대인관계가 원활하지 못해 일을 계속하기 어렵다는 것
을 어렴풋이나마 느끼고 있었다. 그는 친구에게 보내는 서신에 다음과

같이 썼다.

> 그대 내가 아직 벼슬살이 하는지 물었다지요 　　　　　　聞君話我爲官在
>
> 머리 하얘지고 정신 가물가물하여 취해 잠만 잔다오 　　　頭白昏昏只醉眠
>
> _〈인허팔봉기강녕민상인因許八奉奇江寧롯上人(허팔을 통해 강녕의 민상인에게 부치다)〉

관리였던 그는 거의 매일 잠에 취했는데 이런 태도는 어쩌면 업무에도 영향을 미쳤을 것이다. 아닌 게 아니라 그해 늦봄에 〈곡강이수〉를 쓴 후 6월에 화주華州의 사공참군司功參軍으로 좌천되어 장안을 떠났다.

장안을 떠나면서 두보는 업무 스트레스에서 잠시 해방되었다. 화주華州에 부임하기 전 두보는 젊은 시절의 친구인 위衛씨 성을 가진 처사處士를 찾아갔다. 오랜 친구는 만나자마자 이야기 나눌 틈도 없이 아이를 시켜 술자리를 마련했다. 두보는 이런 마음에서 우러나오는 우의를 〈증위팔처사贈衛八處士(위팔처사에게 바침)〉에 썼다.

> 그대는 다시 보기 어려울 것이라며 　　　　　　主稱會面難
>
> 한꺼번에 열 잔을 거푸 권하는데 　　　　　　一擧累十觴
>
> 열 잔을 마셔도 술은 안 취하고 　　　　　　十觴亦不醉
>
> 옛 동무와 나누는 정만 마음 깊이 새겨지는구려 　　感子故意長

주인은 어렵사리 만났다며 연거푸 열 잔을 권했다. 열 잔이나 마셨는데도 취하지 않았다. 두보는 옛 친구의 깊고 오랜 정에 진심으로 고마워했다. 말은 이렇게 했지만 두보는 술을 마시며 무엇을 생각했을까?

날 밝으면 우리 다시 헤어질 텐데	明日隔山嶽
세상일 생각하면 다시 만날 일 아득하기만 하다오	世事兩茫茫

두보는 개탄했다. 내일이면 두 사람이 헤어질 것이고 앞으로 어떤 운명을 마주칠지 서로 알 수 없지 않은가! 장안을 떠나 미지의 세계로 들어가야 한다는 압박감에 두보는 이런 기회에 한 잔, 또 한 잔 연거푸 잔을 기울이며 우울한 마음을 달래고 삶의 압박에서 멀어지고 싶었다.

만년에 병마에 시달리며 받은 스트레스

수도 장안을 떠난 뒤, 두보의 스트레스는 많이 줄었다. 하지만 생애 마지막까지 여전히 오랜 기간 그를 따라다니는 스트레스가 있었는데 그것은 바로 '병'이었다. 자신의 건강 문제가 주는 스트레스였다. 두보가 무슨 병에 들었는지 알려면 그가 장안에 있으면서 실업 상태에 있던 10년 세월로 돌아가야 한다. 당시 대략 40세였던 그는 몸이 불편하다고 언급했었다.

가을 석 달을 학질로 누웠으니 누군들 견뎌낼까요	瘧癘三秋孰可忍
추웠다 더웠다 백일 동안 전쟁처럼 반복되었습니다	寒熱百日相交戰
머리 하얗게 세고 눈은 침침하고 엉덩이엔 굳은살이 박였고	頭白眼暗坐有胝
살 누렇게 뜨고 피부는 쭈글쭈글 목숨이 실날과도 같았습니다	肉黃皮皺命如線

_〈병후우왕의음증가病後遇王倚飲贈歌(병을 앓고 난 뒤 왕의를 만나 술자리에서 바친 노래)〉

가을 내내 나는 학질의 고통을 견뎌냈다. 100일 동안 몸 구석구석이 추웠다 더웠다를 반복했다. 나는 지금 머리가 모두 새하얘지고 눈도 흐려졌다. 앉아만 있었더니 엉덩이에 굳은살이 박였고 얼굴은 온통 누렇게 뜨고 수척해졌다. 피부는 쭈글쭈글해지고 마치 나뭇가지 사이의 거미줄처럼 목숨이 한 가닥 실에 걸려있는 것 같다.

이뿐 아니었다. 두보의 병세는 매우 많고 복잡했는데, 그냥 '병이 많다'라는 말로 복잡하고 많은 병을 표현했다. 그가 43세 때 쓴 시에 이런 구절이 있다.

장경長卿은 오래 병을 앓았다오   長卿多病久

_〈상위좌상이십운上韋左相二十韻(위좌상에게 드리는 20운)〉

장경은 사마상여司馬相如다. 장경병長卿病은 사마상여가 앓았던 소갈증을 가리키는데 오늘날의 당뇨병이다. 두보가 50세 이후에 쓴 시에는 '폐병', '폐기肺氣', '폐고肺枯' 등 폐와 관련된 병세를 표현한 말이 자주 나온다. 요즘으로 치면 만성 폐쇄성 폐 질환 증상을 표현한 것 같다.

신경 계통의 증상도 그와 식구들의 걱정거리였다. 그가 52세에 쓴 시에는 이런 구절이 있다.

아내는 하지 마비증을 걱정했고   老妻憂坐痺

어린 딸은 격렬한 두통을 물었지요   幼女問頭風

_〈견민봉정엄공이십운遣悶奉呈嚴公二十韻(울적함을 풀고 엄공에게 받들어 올리는 20운)〉

'비痺'**3**는 지체 동통이나 마비를 의미한다. '좌비坐痺'는 하지 마비다. 그리고 '풍風'**4**은 신체가 풍사의 침입을 받은 것이다. '두풍頭風'은 풍사의 침입이나 경락이 통하지 않아 오락가락하는 두통이나 어지럼증을 유발하는 것을 말한다. 나이가 들어감에 따라 두보는 눈과 귀도 제 기능을 발휘하지 못한다고 언급했다.

> 나이 드니 꽃이 안개 속에 보이는 듯하다오　　　　　　老年花似霧中看
>
> 〈소한식주중작小寒食舟中作(소한식날(한식 전날) 배 안에서 짓다)〉

두보는 두 눈이 침침하여 생활과 행동에 많은 제약을 받았다.

질병과 스트레스는 날이 갈수록 커졌고, 건강 상태 역시 갈수록 나빠져 두보는 58세에 세상을 떠났다.

병든 몸으로 술을 마셔야 하나 말아야 하나?

두보는 만년에 여러 차례 학질에 걸렸고 당뇨병, 폐병 등 만성 질환을 달고 살았다. 엎친 데 덮친 격으로 귀는 어두워지고 눈은 침침해졌으며 몸은 말을 듣지 않았다. 이렇게 많은 질병과 스트레스로 그의 마음은 분명 괴로웠을 것이다. 그 몇 년 동안 술은 어떤 역할을 했을까? 두보가 55세에 쓴 명작인 〈등고登高〉를 보자.

> 바람 세차고 하늘은 높은데 잔나비 울부짖는 소리 구슬프고　　風急天高猿嘯哀
>
> 맑은 물 흐르는 강 가운데 하얀 모래톱 위를 새들이 맴돈다　　渚清沙白鳥飛回

가없이 늘어선 낙엽목 우수수 잎새 떨어지는데	無邊落木蕭蕭下
끝없는 장강의 물 굽이쳐 흘러 내려온다	不盡長江滾滾來
만 리 밖 서글픈 가을 여전히 타향을 떠돌아	萬里悲秋常作客
평생 질병에 시달리는 몸 오늘 홀로 망대에 올랐다	百年多病獨登臺
간난의 고통 한스러움에 귀밑까지 백발이 성성해	艱難苦恨繁霜鬢
노쇠하고 병약한 몸이라 또다시 탁주 잔을 멀리하기로 했다	潦倒新停濁酒杯

이 시에는 두보의 비련이 낱낱이 드러나 있다. 그는 중양절(9월 9일)에 높은 곳에 올라 먼 곳을 바라보았는데, 눈 앞에 펼쳐진 가을의 경치를 감상하며 상념에 잠겼다. 머릿속이 복잡했다. 오랜 세월 나그네 되어 타향을 떠돌며 온갖 스트레스에 시달린 것을 생각하니 개탄스러웠다. 여러 가지 질병을 달고 산 데다, 수염과 머리카락이 모두 허옇게 센 나이가 되도록 온갖 간난을 겪고 통한의 세월을 보냈으며, 생명은 막다른 골목에 이르게 되다니. 이제 유일하게 할 수 있는 일은 결국 "또다시 탁주 잔을 멀리하는 것" 뿐이라니!

금주를 생각하다니. 두보의 건강 상태는 더 이상 술을 마실 수 없을 만큼 나빠졌을까? 아니면 술을 끊으면 건강이 더 나빠지지 않고 조금이나마 인생을 만회할 수 있을 거라고 생각했을까?

두보는 심사숙고 끝에 '또다시 탁주 잔을 멀리하기로 했다'라고 했다. 원문의 '신新'자는 '지금 막, 방금' 금주하기 시작했다는 뜻이다. 병으로 인해 술을 마실 수 없으므로, 근심 걱정을 달래주는 묘약이라는 술로도 어찌해볼 수 없었던 것이다. 두보는 분명 더욱 괴로웠을 것이다. '신'자를 쓴 것은 술을 끊기 시작한 지 얼마 되지 않았음을 의미한다.

두보는 정말로 술을 끊었을까? 끊었다면 순조롭게 끊었을까? 그의 시에서 이에 관련된 증거를 찾을 수 있다. 중양절에 높은 곳에 오르기 전날, 두보는 〈만청오랑견과북사晚晴吳郞見過北舍(해질 무렵 비가 내리다 그치자 오랑이 양서초당으로 찾아와서)〉라는 시를 썼는데 다음과 같은 구절이 있다.

날 밝으면, 중양절에 쓰려고 빚은   明日重陽酒

순정하고 진한 술로 (벗을) 맞이하련다   相迎自醱醅

내일은 9월 9일 중양절이다. 두보는 친구와 함께 술을 마시려고 한다. 그렇다면 '또다시 탁주 잔을 멀리하기로 했다'라는 말과는 모순된다. 두보는 병으로 인해 금주를 원하면서도 한편으로는 친구가 찾아오니 한 잔 마시지 않을 수 없다고 생각한다. 술을 끊어야 하는데……, 친구가 온다는데……, 두보도 선택하기 어려웠을 것이다.

두보가 이때 술을 마셨는지 아닌지는 그의 시에서 찾을 수 있다. 높은 곳에 오른 그날, 두보는 〈구일九日〉이라는 제목의 시 5수를 썼는데 그 안에 유력한 증거가 숨어 있다. 첫 수의 첫 구절은 이렇다.

중양절에 술잔에 든 술을 홀로 마셨다   重陽獨酌杯中酒

그날 그가 초대한 친구는 오지 못한 것 같다. 두보는 '순정하고 진한 술로 친구를 맞이하려' 했다가 '술잔에 가득한 술을 독작'하여 홀로 술을 마신 것이다.

어떻게 같은 날에 술을 끊기도 하고 또 독작할 수도 있었나? 아마 막 술을 끊은 지 얼마 되지 않았든지, 아니면 시를 쓴 뒤에 바로 다시 마시기 시작한 것이 아닐까? 어쨌든 두보의 술에 대한 가장 진실한 갈등을 볼 수 있다. 이런 각도에서 한 발짝 더 나아가 생각하면, 두보의 '또다시 금주'는 아마도 첫 번째 금주는 아닌 것 같다. 오랜 기간 병에 시달린 발자취를 살펴보건대, 셀 수 없을 만큼 '또다시 금주'를 반복했을 것이다. 두보는 병으로 금주했다가 조금 좋아지거나 우울할 때면 다시 마시기를 반복했을 것이다. 때로는 금주했다가 다시 마시고……, 질병, 스트레스, 번민과 음주. 이런 문제들은 만년에 이른 두보에게 가장 큰 인생 난제였다.

스트레스를 풀다—음주와 스트레스 해소의 상관관계

수십 년 시달린 두보의 스트레스를 하나하나 파헤쳐 보면 그가 왜 술에
서 벗어날 수 없었는지 이해할 수 있다. 스트레스를 받아 술을 마시면
정말로 갑갑증이 풀리고 기분전환이 될까? 아니면 그 반대일까? 스트
레스가 꼬리에 꼬리를 물고 끊임없이 이어졌을 때, 음주는 두보의 정서
와 스트레스에 대한 대처 행위에 어떤 영향을 끼쳤을까?

음주는 스트레스를 풀어주고 근심을 덜어주는 것처럼 보인다

신체는 스트레스에 일련의 반응을 보인다. 스트레스를 받을 때 대뇌에
서 이런 감각을 통합해 스트레스에 대처하는 시스템을 작동한다. 시상
하부·뇌하수체·부신 축hypothalamic-pituitary-adrenal axis, HPA axis으로 대응하여,
신체의 심혈관, 소화, 내분비, 면역 등 체계의 반응을 조절한다. 인류는
스트레스에 정서와 심리상의 반응을 보인다. 즉 스트레스를 받을 때 긴
장, 초조, 공포 등 부정적인 정서를 갖게 된다. 아울러 스트레스는 정서
반응을 민감하게 하거나 심하면 과도한 반응을 보이게 만든다.

정상적인 상태에서 인류는 대뇌의 이마엽(전두엽frontal lobe)을 '이성 통
제센터'로 삼아 감정, 충동, 주의력을 조정한다. 하지만 스트레스를 받

는 상황에서는 시상하부·뇌하수체·부신 축이 더 빠른 속도로 반응하여 원래 통제를 담당하는 이마엽의 기능을 떨어뜨린다. 그래서 스트레스를 받으면 통제를 인식하는 이성 반응이 감정을 구동하는 반응으로 전환하여 즉각 긴장과 공포를 줄여주는 기제를 채택하는 경향이 있다. 이때 술을 마시면 알코올이 즉시 자기 치료self-medication 역할을 담당한다. 음주를 통해 감각을 마비시키고 부정적인 감정을 감소시켜 스트레스 발산 효과를 보이는 것이다. 이렇게 '술을 통해 감정을 풀고', '술을 빌려 발산하는' 것은 일종의 즉각적인 (먼 훗날의 뒤탈을 상관하지 않는) 자아 보호 방식이다.

음주는 스트레스 적응 기능을 감퇴시키고 감정 조절 능력과 이성적 사고 능력을 저하시킨다

알코올은 이마엽의 기능에 영향을 미쳐 통제력과 판단력을 떨어뜨리고 감정의 기복을 더 크고 민감하게 만든다. 그런데 안타깝게도 음주 당시에는 알코올이 초래하는 뒤탈을 신경 쓰지 않는다. 음주가 오래 지속될수록 스트레스를 풀어주는 효력이 떨어진다. 원래 기대했던 '즉각적인 자아 보호' 방식이 오히려 장기적인 악순환의 발단이 되고 만다. 더 무서운 것은 알코올은 감정과 스트레스를 조절하는 대뇌 이마엽의 기능을 떨어뜨리는데 이 기능은 한 번 떨어지면 회복할 수 없다.

　스트레스를 받으면 원래 술을 별로 마시지 않는 사람도 술을 마셔 스트레스를 달래고 싶어 하며, 평소 자주 술을 마시는 사람은 더 많이, 더 자주 마시게 된다. 스트레스의 근원은 아마도 '사회적 좌절' 경험일 것이다. 예컨대 일자리를 얻지 못하거나 경제난에 봉착했거나, 동료와 업무상의 갈등이 있다면 사회적 좌절이라고 할 수 있다. 이런 좌절을 잘 극복하는 사람도 있지만 심신에 큰 영향을 받는 사람도 적지 않다. 이런 스트레스가 바로 자기도 모르는 사이에 술을 많이 마시게 하는 주범이다. 스트레스를 많이 받을수록 술 마실 가능성이 더 크다.

'사회적 좌절'이 주는 스트레스 외에 각종 질병이 주는 스트레스도 적지 않다. 술을 많이 마시는 사람 가운데는 두보처럼 어쩔 수 없이 금주하는 사람도 있을 것이다. 하지만 알코올이 건강에 좋지 않은 영향을 미친다는 사실을 밝히 알면서도, 그리고 금주가 건강에 이롭다는 것을 잘 알면서도 이러지도 저러지도 못하다가 두보처럼 다시 술을 마시는 사람이 적지 않다.

이 모든 것이 술 마시는 사람의 개인적인 문제일까? 그들의 의지가 강하지 않아서일까? 알코올 중독 과학의 측면에서 보면 다 그렇지는 않다. 음주가 오래 지속되면 대뇌 이마엽의 기능이 저하되고, 이에 따라

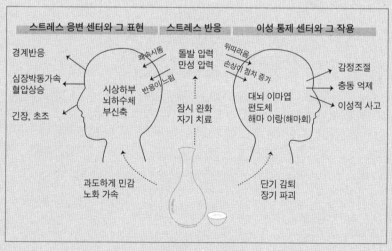

알코올과 스트레스 적응

감정을 조절하는 능력도 약해지며 이성적 사고와 판단 능력도 예전보다 못하게 된다. 스트레스가 쌓일 때 이를 풀 수 있는 좋은 대안을 미리 준비하지 않으면 술 마시는 사람은 거의 음주라는 방법을 택하게 된다. 그리고 일단 술을 입에 대면, 술이 건강에 어떤 영향을 미치는가 하는 문제를 생각할 여지가 없게 된다.

유영

柳永 (987~1053 추정)

북송의 슈퍼 아이돌, 밝히지 않은 음주의 폐해

당나라의 시인 두보는 지긋지긋한 스트레스와 태산 같은 걱정 근심을 해소하려고 술을 마셨다. 송宋나라의 문인 유영도 술을 빌려 시름을 씻으려고 했다. 그는 사詞 작품에서 연회宴會와 음주를 자주 언급했다. 알코올은 그에게 없어서는 안 될 좋은 친구였다. 유영은 사로 음주의 아름답고 좋은 점을 찬양했고, 언제나 작품에서 알코올이 가져다주는 영향을 언급했다. 도대체 어떤 영향이었을까? 그의 신체와 심리의 두 가지 측면에서 살펴보자.

유영은 북송 시기 가요계의 아이돌이었다. 단순히 사詞를 쓰는 데 그치지 않고 신곡도 작곡하였다. 가사를 쓰고 작곡하거나 편곡하여 가기(歌伎, 노래와 춤을 업으로 삼던 여자)들이 노래하도록 곡을 주었다. 당시 가기들이 그를 좋아한 것은 조금도 이상한 일이 아니었다. 유영은 벼슬길에서는 뜻을 얻지 못했다. 덕분에 조정 정무의 속박에서 벗어날 수 있었으며 종일 고리타분한 공문을 쓰지 않아도 되었고 더 많은 시간을 민간 속에 들어갈 수 있었다. 수도의 번화한 도시 생활, 주루酒樓(술집)와 가기, 시정의 저속하고 비루한 소시민 등 유영은 이들과 폭넓게 접촉했다. 이런 일상적인 경험으로 그가 창작한 사와 곡은 낭만적인 숨결이 가득했다. 또한 인정에 밀착되어 있으므로 후세 사람에게 '무릇 우물이 있는 곳이면(사람이 많이 모이는 곳) 유영의 사를 노래하는 소리를 들을 수 있었다'[1]라는 말이 전해진 것도 전혀 신기한 일이 아니다.

유영의 사는 여성이 남성에게 하는 하소연을 대변한 규원시閨怨詩(사랑하는 이에게 버림받은 여자의 한을 노래한 시가)도 있고, 시각을 전환하여 남성의 여성에 대한 사모와 사랑의 감정을 쓴 사도 있다. 그의 사는 당시 사람들의 정서에 밀착하고, 사람들의 심금을 울려 남녀 모두의 뜨거운 환영을 받았다. 유영의 창작은 주로 자신의 감정 발산에서 비롯되었는데, 많은 사가 유영 개인의 진솔한 체험을 그린 것이다. 그는 200여 수의 사

를 썼는데 '주酒'라는 글자를 언급한 작품은 60수가 넘는다. 술은 유영
의 감정 표현에 매우 중요한 매개체였고, 시도 때도 없이 많은 상황에
서 자연스럽게 그와 함께했던 당연한 존재였다. 유영이 어떻게 술을 생
동적이고 핍진하게 표현했으며 알코올이 미친 영향을 세밀하고 조리
있게 그렸는지 살펴보자.

술의 힘을 빌렸으나 전혀 도움이 되지 않아─성 기능에 대한 영향

유영은 주로 청루靑樓(기생집)와 주사酒肆(술집)에서 사를 썼다. 술 마시는
즐거움과 연회에서의 음주는 그의 삶에서 빠져서는 안 되는 요소였다.
연회에는 술이 있고 가기가 있고 무의식중에 드러나는 감정이 있다. 유
영은 가기들을 위해 사를 썼다. 이 여인들의 풍정風情, 재능, 기예를 묘
사했고 때로는 성애도 언급했다.

　유영은 젊은 시절에 사를 쓰면서 자신의 성생활을 직접적으로 묘사
하기도 했고 술의 역할을 언급하기도 했다.

주연이 끝난 규방의 휘장 안은 고요하기만 하다 ……	洞房飲散簾幃靜
분별없는 생각 주흥에 끝이 없구나	無限狂心乘酒興
이 기쁨	這歡娛
갈수록 아름다운 경지로 들어서는 마당에	漸入嘉景
이웃집 닭이 원망스럽고	猶自怨鄰雞
짧은 가을밤이 아쉽기만 하구나	道秋宵不永

　　　　_〈주야락晝夜樂〉(수향가주도화경秀香家住桃花徑)

그는 신방의 그윽하고 고요하며 어렴풋함과 온난함과 느긋함을 자세히 묘사한 후, 취흥에 힘입어 밤이 새도록 마음대로 유쾌하고 즐겁게 지낼 수 있다고 했다.

유영은 이런 감흥을 상세히 묘사했다.

이어 향로의 훈향이 휘장 안으로 그윽하게 퍼진다　　　　　旋暖熏爐溫斗帳

품위 있고 영준한 남자, 옥으로 만든 나뭇가지처럼 날씬하고 아름다운 여자

차츰 서로 의지하고 기댄다　　　　　　　　　　玉樹瓊枝 迤邐相偎傍

취기가 진하게 올라오니 애모의 정이 넘실댄다　　　　酒力漸濃春思蕩

붉은 색실로 원앙 수 놓은 이불이 엎치락뒤치락 마치 붉은 물결이 출렁거리는 것 같다　　　　　　　　　　　　　　　鴛鴦繡被翻工浪

_〈봉서오鳳棲梧〉(촉금지의사보장蜀錦地衣絲步障)

두 사람은 향로에 불을 붙여 휘장 안을 따뜻하게 했다. 그리고 서로 껴안고 다정하게 애무했다. 취기가 오를수록 감흥이 고조된다. 수 놓은 이불이 엎치락뒤치락 마치 붉은 물결이 출렁거리는 것 같다는 말은 운우지정雲雨之情이 고조에 달했음을 가리키는 것으로, 방사 중 감각기관의 자극과 즐거움을 또렷하게 묘사한 것이다.

하지만 계속되는 장기간의 음주로 유영이 나이가 든 후에 쓴 사에는 더 이상 이런 일은 없다.

유락의 재미는 이제 낯설기만 하구나　　　　　　　　狎興生疏

함께 마시던 술꾼들은 모두 흩어지고　　　　　　　　酒徒蕭索

더는 젊을 때와 같지 않다　　　　　　　　　　　　　　　　　　不似少年時

_〈소년유少年遊〉(장안고도마지지長安古道馬遲遲)

　　이전에 쓴 사의 내용과 달리 지난날 유영과 함께 술을 마시던 술친
구들은 이제 없다. 더는 흥도 나지 않고 마음도 쏠리지 않으며 그 옛날
의 재미(와 성욕)도 없다. 그는 탄식한다. "정말이지, 그 옛날 젊고 아름다
운 시절 같지 않구나" 유영은 젊은 시절 "술의 도움으로 성애의 발동을
걸고 술의 힘을 빌려 성애를 했다" 알코올의 촉진 작용을 빌려 즐거움
과 성욕을 끌어올렸다. 하지만 얼마 후부터는 아무런 도움이 되지 않았
고 갈수록 바라던 목적을 이룰 수 없었다. 도대체 무슨 일일까?

술의 힘으로 시름을 풀려 했으나 도움이 되지 않아—정서에 끼친 영향

근심과 괴로움에서 멀어지고 싶고 즐거움을 추구하는 것은 인생의 본
능이다. 유영은 술이 최고의 처방이라는 사실을 일찍부터 깨달았다.

　　마음껏 한 번 크게 취해보고 싶어　　　　　　　　　擬把疏狂圖一醉

　　술을 마주하고 노래하지만　　　　　　　　　　　　對酒當歌

　　억지로 즐기려니 밍밍하니 아무런 재미가 없구나　　强樂還無味

_〈봉서오鳳棲梧〉(저의위루풍세세佇倚危樓風細細)

　　유영은 봄 경치를 보며 감흥이 일어 마음속에 말로 다 할 수 없는 서
글픔이 밀려왔다. 그래서 한바탕 양껏 술을 마시고 즐겁게 노래 한 곡

부르며 술에 취하여 시름을 덜고 싶었다. 술에 취해 억지로나마 유쾌하고 기쁜 감정을 느끼려 하였으나 진정한 즐거움을 느낄 수가 없었다. 유영은 '취해보고 싶다', '억지로 즐기다', '밍밍하니 아무런 재미가 없다'라는 어휘로 잠시나마 근심 걱정을 달래고 짧은 시간이나마 의식을 마비시키려고 하였으나 사실은 술이 아무런 도움이 되지 못함을 깨달은 심정을 매우 감동적이고 또렷하게 표현했다.

음주는 유영의 근심을 해소하는 데 아무런 도움이 되지 않은 것 같다. 그렇다면 혹시 유영은 술이 깰 때 정서상의 위안을 얻은 것은 아닐까? 술이 깬 뒤 시름과 번민이 해소되었는지 아닌지에 대해 유영은 여러 차례 묘사했다.

꿈에서 깨어난 것은	夢覺
한 줄기 바람이 창틈으로 들어와	透窓風一線
외로이 타오르는 등불을 꺼버렸기 때문	寒燈吹息
이렇게 술이 깨어버리면	那堪酒醒
술 깬 뒤의 서글픔이야 그렇다 하더라도	又聞空階
섬돌에 떨어지는 밤빗소리를 어떻게 참아낼 수 있을까?	夜雨頻滴
아아, 방황하며	嗟因循
오랫동안 나그네 신세를 면치 못하고	久作天涯客
아름다운 사람과의 굳은 맹세 몇 번이나 저버렸던가	負佳人 幾許盟言
달콤했던 만남이 돌연 슬픔으로 변했으니	便忍把 從前歡會
어떻게 견뎌낼 수 있으리	陡頓翻成憂感

_〈낭도사만浪淘沙慢〉(몽각夢覺)

술에 취해 잠을 자던 유영은 한밤중에 꿈에서 깨어났다. 밤비에 스며 들어오는 찬바람에 술기운이 가신 그는 현실로 돌아왔다. 지난 일을 생각하니 마음에 솟아오르는 서글픔을 금할 수 없고 근심이 그치지 않는다. 술에 취한 상태나 깬 상태나 이런 근심 걱정은 해소되지 않는다.

유영은 다른 사 작품에서 이렇게 읊었다.

아무런 감정도 일지 않아	當無緒
사람 소리 들리지 않고 괴괴하기만 한데 술에서 막 깨니	人靜酒初醒
하늘 저 끝을 나는 기러기	天外征鴻
뉘 집 서신을 전하는지	知送誰家歸信
구슬픈 울음소리 구름 뚫고 들려온다	穿雲悲叫

_〈경배傾杯〉(수향천기水鄉天氣)

그는 한밤중에 술이 깼는데 마치 아무런 감정 기복이 없는 것 같았다. '아무런 감정도 일지 않았다'라고 큰소리쳤지만 하늘을 나는 기러기의 울음소리를 듣고 슬픈 정서를 드러내며 우수에 젖는다. 이 사의 마지막 구절은 다음과 같다.

무료하고 느른한 이 밤	此夜厭厭
복잡한 감정 알 수 없어라	就中難曉

우울하고 기운 없는 밤이다. 유영의 마음속에 이는 상념과 정서는 자못 복잡하여 명확하게 설명하기 쉽지 않다.

술에서 깬 뒤에는 어떤 느낌이었을까? 유영의 사에는 술이 깬 뒤의 상태를 세밀하게 묘사한 구절이 있다.

밤이 되니 술자리 끝나 　　　　　　　　　　　　　　　 夜来匆匆飲散
베개에 비스듬히 의지하고, 등불을 뒤로 하고 잠이 든다 　 欹枕背燈睡
취기가 가시니 　　　　　　　　　　　　　　　　　　 酒力全輕
취몽醉夢에서 깨어난다 　　　　　　　　　　　　　　 醉魂易醒
바람이 발을 흔든다 　　　　　　　　　　　　　　　 風揭簾櫳
꿈은 끊겼고, 옷을 걸치고 일어나 　　　　　　　　　 夢斷披衣重起
더는 잠들지 못한다 　　　　　　　　　　　　　　　 悄無寐

_〈몽환경夢還京〉(야래총총음산夜来匆匆飲散)

술을 마신 뒤 얕은 잠이 들어 쉽게 깨어 사람 소리 들리지 않는 고요하고 깊은 밤에 일어나 사를 쓴다.

술이 깨니 　　　　　　　　　　　　　　　　　　 酒醒
꿈도 갠다 　　　　　　　　　　　　　　　　　　 夢才覺
작은 누각, 향불이 타 한 줄기 연기 피어오르고 　 小閣香炭成煤
침실에 드는 달빛에 달그림자가 서서히 옮겨간다 　 洞户銀蟾移影

_〈과간헐근過澗歇近〉(주성酒醒)

술에 취해 꿈을 꾸었다. 술이 깨고 꿈도 깨면 몸을 일으켜 느릿느릿 옮겨가는 달그림자를 보는 것 말고는 딱히 할 게 없다. 새벽까지 잠을 이루지 못한 것을 보니 술이 깬 시간은 대략 한밤중일 것이다. 한밤 중에 술이 깬 유영은 다시 잠들지 못했다. 이럴 때 할 수 있는 일이라곤 '술 깬' 뒤의 상태를 사람들이 공감할 수 있는 글로 남기는 것이다.

유영은 시름을 떨쳐버리려고 수없이 노력했는데 술을 마시는 것이 자신을 빨리 마비시키는 가장 좋은 방법이었다. 그의 사를 보면, 그의 정서는 술이 깬 뒤 일파만파로 용솟음쳤고 마음은 갈수록 우울해져 수면에까지 영향을 미쳤다.

유영은 근심과 괴로움에서 멀어지려고 술을 마셨는데, 술을 마시고 깰 때마다 아무런 도움이 되지 않는다는 것을 피부로 느꼈다. 술이 깬 뒤에 우울한 감정이 그를 휘감은 것이다. 그가 술 깬 뒤 썼던 사들을 보면, 술을 마신 뒤에 엄습하는 근심과 번민이 술 마시기 전보다 더 진하고 깊은 것 같다.

정신을 진작하려 했으나 오히려 더 피폐해져—신체에 미친 각종 영향

〈척씨戚氏〉는 유영이 창작한 사패詞牌(송대宋代에 성행한 한시漢詩의 한 장르인 사는 곡조가 있어 그에 맞춰 사구詞句를 채워 넣는데 이 곡조인 악보를 사패라 한다. -역자 주) 로, 그의 사 가운데 가장 긴 작품 중 한 수다. 이 사의 제3첩疊은 과거의 추억에서 현재의 광경까지 묘사하고 있는데 유영 일생의 축소판이라 할 수 있다. 여기에서 술은 그의 일생에 중요한 역할을 하는데 유영은 음주 후의 영향을 에둘러 묘사했다.

경성의 아름다운 풍광 보니 　　　　　　　　帝里風光好

그 옛날 젊은 시절이 떠올라	當年少日
저녁에 연회 열어 아침까지 즐겼지	暮宴朝歡
게다가 자유분방하고 오만한 친구들은	況有狂朋怪侶
노래와 술로 긴 시간 보내며 돌아갈 줄을 몰랐어	遇當歌 對酒競留連
그러나 이별하고 나니 세월은 화살처럼 빨라	別來迅景如梭
지난날의 유흥과 향락은 꿈만 같고	舊遊似夢
물안개 자욱한 물길의 끝은 어디런가	煙水程何限
명리名利를 좇다 보니	念利名
초췌함이 내 몸을 온통 휘감고 말았어	憔悴長縈絆
지난날을 추억하면	追往事
부질없이 슬퍼하고 근심 서린 얼굴이었지	空慘愁顔
물시계 침이 옮겨가니(세월 흐르니)	漏箭移
조금씩 한기가 스미고	稍覺輕寒
울다 보니 점점 목이 메는데	漸嗚咽
뿔피리 소리 몇 번 울리고 잦아들고 만다	畵角數聲殘
하릴없이 창을 마주하고	對閒窗畔
등잔불을 끄고 날 밝기를 기다리지만	停燈向曉
짝이 없는 고독한 사람 잠 못 이룬다	抱影無眠

_〈척씨戚氏〉(만추천晚秋天)

유영은 당시 경성의 아름다운 풍경을 보며 젊은 시절을 회상했다. 새벽부터 밤늦게까지 연회를 찾아다니며 향락을 추구했다. 뜻이 통하고 의기투합하는 친구들은 모두 자유분방하고 얽매임이 없었다. 술을 마주하고 노래를 즐기며 방탕한 생활에 집에 돌아갈 일을 잊을 정도로 푹 빠져 정신을 잃었다. 하지만 베틀의 북이 오가듯이 세월이 쏜살같이 지나고, 서로 뿔뿔이 흩어진 뒤에는 지난날 놀며 즐기던 시절이 아련한 꿈결이런가. 눈앞에 펼쳐진 물안개는 아득하기만 한데 두 곳이 얼마나 멀리 떨어져 있는지 알 수가 없다. 공명을 좇다가 그 굴레를 벗지 못해 이토록 초췌해진 것이다. 지난 일을 되돌아보니 수심에 찬 얼굴만 남았구나. 세월이 소리 없이 흘러가니 오싹 한기를 느낀다. 그리고 점차 멀리 뿔피리 오열하는 소리가 들린다. 나는 조용히 창을 마주하고 등불을 끄고 내 그림자를 바라보며 묵묵히 여명을 기다린다. 이렇게 잠 못 이루는 하룻밤이 또 지났다.

유영은 젊은 시절 친구들과 술을 마시고 향락을 뒤쫓으며 세파에 시달린 결과 초췌함이 온몸을 휘감게 되었다. '초췌憔悴'란 몸이 쇠약하고 얼빠지며 지칠 대로 지친 모습을 말한다. 그는 갈수록 건강을 잃게 된 이유를 공명에 대한 갈망 때문이라고 둘러대지만 그것 말고도 언급하지 않은 다른 이유가 있던 것은 아닐까?

알코올은 정서뿐 아니라 신체에도 갖가지 영향을 미친다. 그런데 유영의 사에는 특정 질병이나 특정 증상에 대한 묘사가 거의 없다. 왜 그럴까? 그는 슈퍼 아이돌 유영이고 청루 가기들의 우상이다. 만약 그의 사에 두보처럼 '폐병', '소갈증', '눈에 안개꽃이 만발하고', '이가 아프고' 등의 용어를 쓴다면 얼마나 분위기를 망치겠는가. 그래서 그는 몸이 불편해도 에둘러 각색할 수밖에 없었다.

유영은 사에서 실의에 빠진 자신의 삶을 묘사한 적이 있다.

안타까운 떠돌이 생활   奈泛泛旅跡

지겹고 지겨운 병약함이여   厭厭病緒

_〈정풍파定風波〉(저립장제佇立長堤)

그는 곳곳을 떠돌면서 발자취를 남겼다. 하지만 병약하여 이토록 영락零落하게 되다니, 그는 이 사의 마지막 구절에서 이렇게 썼다.

(그대가) 맹광처럼 어질고 총명하다고 해도   算孟光

어찌 알랴, 내가   爭得知我

나날이 근심과 고뇌로 초췌해지는 것을   繼日添憔悴

그는 아내에게 말한다. "어진 아내여, 내가 나날이 초췌해지는 것을 그대가 어이 알겠는가." 이 사에 나오는 '병약', '초췌'는 모두 외모가 수척한 것을 부각한 말이다. 유영은 몸이 불편함을 묘사하면서도 아름다운 느낌을 주도록 포장했다.

유영은 많은 작품에서 자신의 '초췌'에 대해 썼고 이런 구절도 있다.

규방 깊은 곳의 아름다운 사람이   想繡閣深沉

어찌 알랴 아득히 먼 곳 유랑하는 나그네   爭知憔悴損

몹시 초췌하고 심신이 손상되었음을   天涯行客

_〈경배傾杯〉(목락상주鶩落霜州))

유영은 한탄한다. 그가 그리워하는 사람은 깊은 규방에 있는데, 자신이 이리 뛰고 저리 뛰느라 얼굴이 초췌해진 것을 어떻게 알 수 있겠는가? 유영은 또 이렇게 썼다.

홀로 있으니 잠 못 이루어 초췌해졌어 　　　　　獨自個 羸得不成眠 成憔悴

_〈만강홍滿江紅〉(만한천수萬恨千愁)

　그리워하는 사람과의 바라던 결과가 없어 홀로 있으니 심신이 지친 것이다. 이 사의 전단에 유영은 홀로 잠 못 들어 하는 원인을 밝혔다.

어수선한 꿈은 깨고 　　　　　　　　　　　殘夢斷

외롭고 쓸쓸한 객사에서 술이 깨니 　　　　　酒醒孤館

긴긴밤 밍밍하니 재미가 없다 　　　　　　　夜長無味

　술 때문에 긴긴밤 잠을 이루지 못한 것이다. 이 구절을 음미해보면 유영의 건강 상태가 좋지 않음을 발견할 수 있다.

다량의 알코올이 생리 시스템에 미치는 영향

알코올이 정서와 신체 외에도 많은 면에 영향을 미친다는 사실을 송나라 시대에는 잘 몰랐거나 시나 사로 묘사하기 쉽지 않았을 것이다. 반복되는 음주로 알코올의 영향이 갈수록 커지는데도 말이다.

　경성의 교외에 장막을 세우고 송별연을 여는데 통쾌하게 마시고 싶은 심정

이 일지 않는다   都門帳飮無緖

　헤어지기 섭섭하여 미적미적하는데   留戀處

　목란 배는 떠나자고 재촉하는구나   蘭舟催發

　성 밖의 송별연 술자리에서 유영은 술을 마시고 싶은 마음이 별로 없다. 아쉬움에 차마 헤어지지 못하는데 배는 떠나려고 한다. 유영의 〈우림령雨霖鈴(빗속에 울리는 말방울 소리)〉으로 자주 보이는 이별의 정경을 묘사한 사다. 이 사의 뒷부분에서 유영은 천고에 전해지는 명구를 채워 넣었다.

　오늘 밤 술이 깨면 이 몸은 어디에 있을까?   今宵酒醒何處

　버드나무 우거진 강기슭에서   楊柳岸

　새벽바람 맞으며 서산으로 넘어가는 희미한 새벽달을 보고 있겠지   曉風殘月

　오늘 밤 술이 깨면 다 떠나고 나는 홀로 남은 가을 풍경과 벗하겠지. 버드나무 가지들은 산들바람에 하늘거리고, 달은 새벽 속으로 숨어들겠지. 유영은 술 깬 뒤의 평온하고 그윽한 장면을 묘사했다. 그리고 계속해서 다음과 같이 썼다.

　이렇게 세월이 흐르면   此去經年

　좋은 시절 아름다운 경치도 부질없으리   應是良辰好景虛設

　갖가지 그윽한 정취 생긴다 한들   便縱有千種風情

　누구와 이야기할 수 있으리   更與何人說

아름다운 시절과 경물도 모두 헛되이 낭비했구나. 이런 심사를 누구에게 하소연할꼬? 술 깬 뒤의 유영은 종일토록 감흥 없고, 마음이 답답하고 울적했음을 엿볼 수 있다.

유영은 원래 술의 힘을 빌려 성 기능을 유지하고 시름을 풀려고 했다. 술 때문에 초췌해져도 후회하지 않겠다고 했다.

허리띠 느슨해져도 끝내 후회하지 않으리　　　　　衣帶漸寬終不悔

_〈봉서오鳳棲梧〉(저의위루풍세세伫倚危樓風細細)

하지만 오랜 기간 알코올의 영향을 받아 정서, 수면, 심지어 생리 상태까지 심각한 문제가 생기고 말았다. 그리고 오랜 세월이 지나서는 알코올에 의존하지 않으면 잠들 수 없게 되었다. 이는 유영을 위시한 음주자들의 전형적인 증상인데 의학에서 관련 해답을 찾을 수 있다. 시름을 풀려고 술을 마셔도 술 취한 뒤에는 더 시름이 커지며, 술 깬 뒤에는 더 갈피를 잡을 수 없거나 억지로 즐기려 해도 재미가 없게 된다. 심하면 이런 지경에 이를 수 있다.

그댈 위해서라면 몸이 초췌해지는 것쯤이야　　　　　爲伊消得人憔悴

알코올이 사람에게 미치는 영향은 예나 지금이나 다름이 없다.

| 진찰록 |

초췌한 것은 당연해─음주 후 신체와 심리가 받는 영향

음주의 생리적 영향

알코올은 신체의 근육을 이완시켜주고 초조감과 어색함을 완화해주며 자신감을 키워주고 더 매력적으로 보이게도 한다. 뇌에는 '충동을 억제하는 신경'이 있는데 알코올은 이 신경을 약화하여 충동을 억제하기 어렵게 만든다. 결국 알코올에 지배되어 자신을 통제하지 못하고 마치 브레이크를 밟아도 듣지 않는 자동차처럼 뒷일을 전혀 생각하지 않고 용감히 전진한다. '음주가 성 기능에 도움이 되는' 가장 큰 까닭은 성적 충동이 억제되지 않아 하고 싶은 대로 다 할 수 있기 때문이다.

알코올의 생리적 영향 가운데 가장 많이 알려진 것은 간 손상이다. 알코올은 대부분 간에서 대사되므로 장기에 부하가 증가하는 것 외에도 간세포를 파괴하는 물질(유리기 등)이 생성되어 점차 지방간, 알코올성 간염으로 발전하며 간경화나 간암으로 이어지기도 한다. B형이나 C형 만성간염의 사람이 습관적으로 음주하면 간에 염증이 생기거나 빠르게 간경화로 이어질 수 있다. 또 알코올이 체내에서 대사물(노폐물)을 생성하여 급성 췌장염을 유발할 수 있다. 췌장에 염증이 생기면 통증이 매우 심해 병원에 가지 않으면 어찌할 방법이 없다. 반복적으로 발작한다면 만성 췌장염으로 이어질 수 있다. 췌장이 지속적으로 알코올의 영향을 받으면 세포의 암화癌化 확률이 높아져 췌장암에 걸릴 수 있다.

알코올은 소화기관에도 큰 영향을 미친다. 알코올은 식도와 위 사이에 있는 근육(분문賁門)의 수축 능력을 떨어뜨려 식도와 위 사이의 통로를 닫지 못하게 한다. 그러면 위산이 쉽게 식도로 역류하는데 이것이 '위산 역류'다. 위산이 역류하면 식도가 화상을 입거나 심하면 병변이 생긴다. 알코올이 위에 들어가면 위벽을 보호하는 위점막을 파괴하여 위산에 저항하는 능력을 떨어뜨린다. 술은 또 위산 분비를 촉진한다. 이 두 가지 현상으로 위궤양과 십이지장궤양이 생길 위험이 커진다. 위궤양이 반복되면 위출혈로 발전되어 위암이 될 위험을 증가시키는 간접적인 원인이 된다. 알코올이 장에 들어가면 장을 자극하여 연동운동을 빠르게 하거나 운동의 폭을 크게 하여 설사를 유발할 수 있다.

알코올은 심혈관 계통에도 부정적인 영향을 미친다. 고혈압, 부정맥 등 심장 질환의 위험을 증가시킨다. 비뇨 생식 계통에서는 빈뇨를 유발하고 요도염 발생 위험을 높인다. 신경 계통에서는 정서적인 영향 말고도 뇌 손상을 유발하여 인지 기능, 판단력과 기억력에 부정적인 영향을 미칠 수 있다. 여성은 월경불순을 유발할 수 있다. 이외에도 알코올이 신체에 미치는 영향은 일일이 설명하기 어려울 만큼 많다.

유영은 세월은 한 번 가면 다시 오지 못한다며 흥미와 능력이 이전 같지 않다고 탄식했다. 이는 알코올의 장기적인 작용의 영향일 수 있다. 성 기능 면에서 남성의 발기 장애, 사정 장애를 포함하여 더 큰 자극이 있어야 오르가슴에 도달할 수 있거나 심하면 오르가슴에 도달하지 못하는 경우도 적지 않다. 원인을 보면 알코올 자극으로 테스토스테론

분비 능력이 저하된 것과 관계가 있다. 이외에도 남성의 정액 생산량이 감소하고 정자 수가 감소하는 것도 장기간의 음주와 상관관계가 있다.

음주의 심리적 영향

유영의 술 마신 뒤의 정서 표현은 의학적인 근거가 있다. 혈청소(헤모시아닌)의 함량과 감정은 상당히 큰 관계가 있다. 연구에 따르면 장기간 음주 후에는 뇌 내 헤모시아닌 농도가 낮아지는데, 헤모시아닌이 감소하면 감정 표현이 불안정하게 되고 우울증이 자주 나타나며 희열을 느낄 수 없게 된다. 이것이 유영이 오랜 기간 음주한 뒤 즐거움을 느끼지 못한 심정, 즉 '밍밍하고 재미없음'을 있는 그대로 묘사했던 이유다.

유영은 술의 힘으로 시름을 덜려다가 오히려 근심이 더 늘어난 것은 아닐까? 오랜 기간 술을 마시면 헤모시아닌이 감소하는 것은 물론이고 신체가 헤모시아닌의 기능 감소를 감지하지 못하여 헤모시아닌의 자극을 받아들이는 신경 수신기가 둔해진다. 같은 양의 헤모시아닌 자극이 있어도 민감성이 떨어져 효과를 보지 못하는 것이다. 헤모시아닌 시스템이 원래의 상태로 회복되지 못하면 감정 표현은 불안정해지고 더 우울해진다.

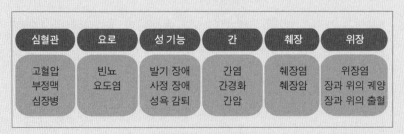

심혈관	요로	성 기능	간	췌장	위장
고혈압 부정맥 심장병	빈뇨 요도염	발기 장애 사정 장애 성욕 감퇴	간염 간경화 간암	췌장염 췌장암	위장염 장과 위의 궤양 장과 위의 출혈

알코올의 생리적 영향

이청조

李淸照(1084~1151 추정)

마시자! 한 잔의 술, 길을 잃고 헤매다

남자 아이돌 유영에서 여신 이청조로 눈길을 돌려보자. 이청조는 중국 문학사에서 찬란하게 빛나는 별로 삶에서 마주한 정경과 섬세한 감성을 사에 기탁하여 고금의 폭넓은 공감을 얻었다.

이청조는 어린 나이에 술을 마시기 시작했다. 다른 사람과 함께 누리기를 즐겼던 그녀는 글을 써서 모든 사람과 나누었다. 청소년의 음주에는 어떤 특징이 있을까? 또 여성의 음주에는 어떤 특징이 있을까? 이청조가 현신하여 자신의 경험을 들려준다.

찾고 또 찾아보아도 　　　　　　　　　　　　　　　尋尋覓覓

한산하고 적막해 　　　　　　　　　　　　　　　　　冷冷淸淸

쓸쓸하고 비참하고 근심만 가득하다 　　　　　　　凄凄慘慘戚戚

　　　　　　　　　　　　　　　　　　　　　_〈성성만聲聲慢〉

이청조의 〈성성만〉은 시작부터 일곱 쌍의 첩자를 사용했는데(尋尋, 覓覓, 冷冷, 淸淸, 凄凄, 慘慘, 戚戚), 이런 구조는 고금을 통틀어 봐도 드물다. 이어지는 구절은 다음과 같다.

갑자기 따뜻해졌다가 다시 추워지는 때라 　　　　乍暖還寒時候

몸조리하기 참으로 어려워 　　　　　　　　　　　最難將息

가을에 접어들면 날씨가 더웠다 추웠다 널뛰듯 하여 적응하기 쉽지 않다. 변덕스러운 기후는 시인들의 마음에 번뇌를 더한다. 이청조는 기분이 극도로 엉망이 되었을 때 무엇을 했을까?

강술 두세 잔…… 　　　　　　　　　　　　　　　三杯兩盞淡酒

그렇다. 이청조는 안주 없이 강술을 마셨다. 엉망이 된 기분을 달랠 생각으로. 하지만 겨우 몇 잔 술로는 어림없다.

어찌 이겨내랴   怎敵他

세찬 밤바람을   晚來風急

찬바람이 부니 마음은 더욱 차갑다. 홀로 술잔을 기울이던 이청조의 눈에 하늘을 날아가는 기러기와 떨어지는 꽃잎이 들어오고, 귀에는 빗방울이 오동잎 때리는 소리가 들린다. 이런 슬프고 처량한 상황에서 이청조는 탄식한다.

어찌 근심 '수'자 하나로 표현할 수 있으리!   怎一個愁字了得

이청조는 송나라 문단에서 가장 걸출한 여류 사인詞人이다. 그녀가 생전에 쓴 작품은 상당히 많다. 하지만 사후 전해지는 사는 고작 50여 수. 그 가운데 〈성성만〉을 포함한 현존하는 작품 가운데 '주酒'자 언급은 20여 수, '취醉'자는 10여 수다. 술이 이청조 문학에서 중요한 자리를 차지하고 있음을 알 수 있다. 술은 이청조의 삶에서 어떤 역할을 했을까?

이청조의 창작을 몇 개의 시기로 나눌 수 있는데,¹ 서로 다른 세 시기의 작품 가운데서 사인과 술의 깊은 인연을 엿볼 수 있고 여성 음주자의 특징을 찾아볼 수 있다.

소녀 때부터 술을 즐긴 이청조

학식이 높은 선비 집안에서 태어난 이청조는 학문하는 가풍의 영향을 받아 어릴 때부터 시문을 좋아했고 이미 소녀 시절에 훌륭한 사를 썼다. 그녀의 사에는 활기찬 청춘의 형상과 소녀의 감성이 드러난다. 이청조는 소녀 때 술을 접했는데 단순히 마시기만 한 게 아니라 술을 마셨다는 사실을 매우 흥분된 감정으로 모두에게 알렸다.

해질녘 시냇가 정자에서 놀던 때를 잊을 수 없어 　　常記溪亭日暮

흠뻑 취해 집으로 돌아가는 길도 찾지 못했지 　　沉醉不知歸路

실컷 놀고 저녁 늦게 뱃머리를 돌렸는데 　　興盡晚回舟

길을 잘못 들었나 봐, 연꽃 무성한 깊은 곳 　　誤入藕花深處

어떻게 빠져나갈까 빠져나가려고 애쓰는 사이 　　爭渡 爭渡

놀란 물새 떼가 날아올랐지 　　驚起一灘鷗鷺

_〈여몽령如夢令〉

이청조는 저녁 무렵 시냇가 정자에서 풍경을 감상하며 노닐었다. 술을 마시고 흥겹게 놀다가 취해 집으로 돌아가는 길을 잃었다. 그녀가 탄 일엽편주는 만개한 연꽃들 사이로 잘못 들어가 오도 가도 못하는 상황이 되고 말았다. 이청조는 어린 나이부터 술에 호탕했던 것 같다. 이 사가 보여주는 화면은 전체적으로 우아하고 아름다우며 시인의 술에 취한 모습이 생생하다. 즐겁게 놀며 웃음꽃 피우는 소리가 귓가에 감도는 것 같다. 이청조는 취기가 가득한 모습을 '흠뻑 취해(沉醉)'라는 어휘로 표현했다. 이청조가 회상한 것은 특정 풍경이나 벗들의 모임이 아니었다. 그녀가 잊을 수 없었던 것은 술 마신 뒤의 자유자재함과 구속에서 해방되었다는 느낌이 아니었을까? 그녀가 얼마나 마셨는지는 알 수 없지만 아마도 판단력과 행위능력에 영향을 받을 정도로 마셨을 것이다. 방향을 분간할 수 없는 것은 물론이고 만약 혼자 배를 탔다면 노를 젓기조차 어렵지 않았을까?

다른 한 수도 이청조가 소녀 때 썼는데, '흠뻑 취해'라는 어휘를 썼으나 사에 드러난 심정은 사뭇 다르다.

술잔이 깊다고, 호박색 술이 너무 진하다고 하지 마라 　莫許杯深琥珀濃

아직 흠뻑 취하지도 않았는데 마음이 스르르 녹아내리고 　未成沉醉意先融
넋이 나간 듯하다

밤바람 타고 종소리 드문드문 들려오고 　疏鐘已應晚來風

용뇌향 점차 사그라드는데, 꿈에서도 그리워 마음이 산란하고 　瑞腦香消魂夢斷

벽한금 비녀가 너무 작아 쪽찐머리 느슨하다 　鬬寒金小髻鬟鬆

잠에서 깨어 붉게 타는 촛불 홀로 바라본다 　醒時空對燭花紅

_〈완계사浣溪沙〉

술잔 깊고 술이 진하다고 잔을 멈추지 마라. 아직 흠뻑 취하기도 전인데 즐겁기 그지없다. 글의 행간을 보면 이청조는 주량이 약하지 않다. 그리고 음주의 목적은 즐겁고 구속에서 벗어나 초탈해지는 것이다.

하지만 근심 걱정으로 꿈속에서도 마음이 안정되지 못하고 꿈에서 깨면 낙담하고 허전하다. 유영柳永이 술의 힘을 빌려 근심을 달래려고 했으나 목적을 달성하지 못한 것처럼 결과는 처음의 기대에 못 미친다. 이청조의 알코올에 대한 묘사는 '마음이 스르르 녹아내림(意融)'에서 '흠뻑 취함(沉醉)'으로의 전환이라고 하는데, 이는 이론적으로 연구한 전문가의 말이고, 그녀가 바라던 것은 그저 흠뻑 취하기 전에 마음이 녹아내리는 것과 자기가 바라는 즐거운 경지에 이르는 것이다. 하지만 술을 마시고 나니 오히려 꿈속에서도 그리워하여 마음이 산란하고 깨어서는 공허하다.

남편의 지방관 부임, 날이 갈수록 수척해지는 이청조와 함께한 것

이청조는 18세에 조명성趙明誠과 결혼했다. 두 사람은 뜻이 잘 맞았고 금슬도 좋았다. 둘은 밖에서는 금석문金文이 실린 서화를 수집하고 집에서는 이를 정리하고 교감했는데 이는 당시 미담으로 널리 전해졌다. 하지만 남편이 지방관으로 부임하여 먼 길을 떠나자 이청조는 홀로 남게 되었다. 보고 싶어도 만날 수 없고 대화할 상대도 찾을 수 없어 마음이 허전하고 쓸쓸했다. 이런 감정을 날카롭게 포착하여 사로 옮겼다.

　　향도 다 타고 먹다 남은 술도 식으니　　　　　　　　　　斷香殘酒情懷惡
마음은 더욱 참담하고 우울해
　　무정한 서풍(가을바람)은 오동잎 지기 재촉하는데　　　西風催襯梧桐落
　　오동잎 떨어지면 온통 가을빛　　　　　　　　　　　　梧桐落 又還秋色
　　나는 또다시 쓸쓸해지겠지　　　　　　　　　　　　　又還寂寞

　　　　　　　　　　　　　　　　　　　　　_〈억진아憶秦娥〉(임고각臨高閣)

마음이 참담하고 우울하다는 것은 술 마신 뒤의 고충을 진솔하게 표현한 것이다. 마음도 편치 않은데 가을을 마주하니 더욱 쓸쓸하다.

국화 핀 동쪽 울타리에서 황혼이 지나도록 술을 마시니	東籬把酒黃昏後
두 소매에 국화 향 가득하다	有暗香盈袖
가을이 되면 공연히 마음 아프고 쓸쓸하지	莫道不消魂
서풍(가을바람)에 주렴 걷히니	簾捲西風
보이는 건 국화보다 더 여윈 사람(작자)	人比黃花瘦

_〈취화음醉花陰〉(박무농음수영주薄霧濃雲愁永晝)

남편과 헤어지고 이청조는 항상 국화를 벗하여 해질녘까지 술을 마셨는데 마음이 참담하고 우울하며 생각이 복잡하여 국화보다 더 수척해졌다. 〈봉황대상억취소鳳凰臺上憶吹簫〉에서는 다음과 같이 썼다.

이별의 정회情懷와 고통이 두렵다	生怕離懷別苦
하고 많은 그간의 사연들	多少事
하소연하려다가도 차마 입을 열지 못한다	欲說還休
요즈음 몸이 야위어감은	新來瘦
술을 너무 많이 마신 때문도	非干病酒
가을을 타서도 아니다	不是悲秋

이청조는 자신이 이토록 야윈 것은 술을 너무 많이 마셔서 병이 난 때문도 아니고 가을을 슬퍼해서도 아니라고 강조한다. 그렇다면 무엇

때문일까?

이청조는 이별의 아픈 마음과 그리운 마음을 거듭 토로한다. 남편은 멀리 떠나고 가까운 벗은 술밖에 없다. 술로써 사를 쓰고, 술을 빌려 시름을 달래는 일은 이 시기 사인의 주된 일상이 되었다. '마시다 남은 술(殘酒)', '술잔을 들고(把酒)', '술을 마시고 만취(病酒)' 등은 모두 '술 없이는 살 수 없는' 자신의 상황을 표현한 것이다. 이토록 술에 의존하면서도 술을 많이 마셔서가 아니라 이별의 아픔 때문에 야위었다고 강조한다. 그녀가 갈수록 야윈 것은 단순히 이별과 애수 때문에 입맛이 떨어져 밥을 잘 넘기지 못해서가 아니었을 것이다. 알코올 과다 섭취의 영향으로 식욕부진 증상이 생기고, 소화기관이 음식물을 원활하게 흡수하지 못한 것이 그 원인 가운데 하나일 것이다.

만년의 이청조, 허구한 날 입에 술을 달고 살아

남쪽으로 이주한 이청조는 전란으로 떠돌며 갖은 고생을 겪었다. 엎친데 덮친 격으로 사랑하는 남편이 43세를 일기로 세상을 떴다. 나라는 망하고 가족은 흩어지는 이중의 타격을 받은 것이다. 그녀의 마음은 근심과 고통으로 더욱 착잡했다. 이 시기 이청조의 사풍詞風이 크게 바뀌고 일상생활에서 알코올 의존도는 더욱 커졌다. 세월의 흐름, 경물의 변환 등은 모두 그녀가 술에 취하는 핑계가 되었다.

이청조는 봄날의 상사일上巳日에 술을 마셨다.

간단하게 차린 술자리 소박하지만　　　　　　　　　　　　　　　随意杯盤雖草草

술은 맛있고 매실은 새콤하니   酒美梅酸

마음이 흡족하실 거예요   恰稱人懷抱

_〈접련화蝶戀花〉(영야염염환의소永夜懨懨歡意少)

이청조는 가을에 국화를 감상하며 술을 마셨다.

술동이 앞에서 마음껏 취함이 어떨지   不如隨分尊前醉

동쪽 울타리 노란 국화 저버리지 마시기를   莫負東籬菊蕊黃

_〈자고천鷓鴣天〉(한일소소상쇄창寒日蕭蕭上瑣窗)

겨울 매화를 바라보며 이청조는 여전히 술을 마셨다.

(소녀 시절) 해마다 눈이 많이 내렸지   年年雪裡

난 매화 (머리에) 꽂고 술을 마셨어   常插梅花醉

_〈청평악淸平樂〉(연년설리年年雪裏)

　계절의 변화는 감성을 촉발하고 마음속의 감흥을 가장 많이 끌어올
리는 요인이 아닐까? 이청조는 감정이 섬세했다. 슬픈 감정이 일면 술
에 의탁하여 자신을 마비시켰다. 그리고 나면 잠시 뒤 더는 번뇌하지
않아도 되었다. 사에서 여러 계절을 언급했는데, 추측건대 좋은 계절이
나 명절과 관계없이 이청조는 항상 종일토록 취한 상태였을 것이다.
　나라가 망하고 가족이 흩어지고, 전란으로 떠돌이 생활을 하던 이청
조는 알코올을 통해 위안을 얻고서야 비로소 억지로나마 세사의 변화

를 받아들인 것 같다. 세월의 흐름을 마주하면서 때로는 알코올이 사람을 편하게 해주기도 하지만 때로는 아무런 도움이 되지 않는다.

술 깨니 (머리에 꽂았던 시든 매화의) 그윽한 향기 봄 잠을 쫓아버린다　酒醒熏破春睡
꿈에서 깨니 (꿈속에서 가고 싶었던 고향에) 돌아갈 수 없게 되었다　　夢遠不成歸
_〈소충정訴衷情〉(야래침취사장지夜來沉醉卸妝遲)

　술 마신 뒤 조각 잠을 청하지만 쉽게 깨어 좋은 꿈을 꾸기도 어렵다. 이청조는 심지어 "술동이 앞에서 마음껏 취하고, 도연명陶淵明을 본받아 동쪽 울타리 노란 국화와 벗하고 싶다"라고 했다. 어떻게 해야 할지 모르겠다. 차라리 취해 소소한 즐거움이라도 누리는 게 낫지 않을까?

평생을 술과 함께한 이청조

온 천지에 국화꽃 쌓였는데　　　　　　　　滿地黃花堆積
시들어 말라비틀어졌으니　　　　　　　　　憔悴損
이제 누가 꺾는단 말인가　　　　　　　　　如今有誰堪摘
_〈성성만〉

　이청조는 일찍부터 술을 마셨으므로 여성 음주의 특징과 청소년 음주의 특징을 모두 지니고 있다. 젊은 시절의 사와 만년의 사를 비교하면 '취醉'자가 차지하는 비율이 '주酒'자보다 훨씬 많아 깊이 연구해 볼 만한 가치가 있다. 젊은 시절에는 그래도 '마음이 스르르 녹아내림(意

融)'과 '흠뻑 취함(沉醉)'의 구분이 있고, 하늘을 나는 듯한 후련하고 상쾌한 느낌을 즐길 수 있었지만, 나이가 든 뒤에는 '취함'만 남지 않았을까? 이청조는 만년에 이렇게 썼다.

강술 두세 잔으로
어찌 이겨내랴
세찬 밤바람을……

몇 잔 마시지도 못했고 술을 마셔도 정서에 별 도움이 되지 않았다. 천지에 가득한 국화가 '시들어 말라비틀어진' 것을 보고 자기 몸이 초췌해진 것을 연상한 것은 조금도 이상한 일이 아니었다. 그녀는 마지막에 말한다.

어찌 근심 '수愁'자 하나로 표현할 수 있으랴!

이청조는 시들어 말라비틀어진 국화처럼 수심이 가득하고 초췌한 심정을 노래할 수밖에 없었다.

쓸쓸하고 처량하고 근심될 때―청소년과 여성 음주의 특징

청소년 음주의 특징

이청조는 18세에 결혼했는데 혼전에 이미 음주와 관련된 작품을 썼다. 미성년 음주임이 틀림없다. 신경학적으로 볼 때 어린 나이에 술을 마시면 뇌 신경 발육에 영향을 받는다. 뇌는 영역마다 성숙하는 시기가 다르다. 정서를 관장하는 영역은 좀 일찍 성숙하는데 대략 12세에서 18세에 완전히 발육된다. 이성적 사고와 판단 능력을 담당하는 대뇌의 이마엽 피질(전두엽 피질frontal cortex)은 뇌에서 가장 나중에 성숙하는 영역으로 25세경에 완전히 발육된다. 그러니까 대학, 혹은 대학원을 졸업하는 나이에 성숙하는 것이다.

　뇌의 입장에서 볼 때 알코올은 외부에서 들어온 자극 물질이다. 아직 성숙하지 않은 뇌의 영역들이 알코올의 자극을 받으면 알코올로 인한 손상을 막을 수 없어 부작용이나 후유증이 생길 수 있다. 그래서 청소년 때 술을 마시기 시작하면 성인이 되어 술을 마시기 시작한 것보다 문제가 더 심각하고 알코올이 끼치는 영향도 더 복잡해진다. 25세 이전에 술을 마시면 알코올이 대뇌의 생장 속도를 늦추어 발육 중인 뇌의 영역을 손상시키며 특히 이마엽(전두엽)의 기능에 좋지 않은 영향을 미친다.

성장 중인 뇌가 알코올의 영향을 받은 후 나타나는 현상을 비교한 논문에 따르면 아직 알코올의 영향을 받지 않은 뇌에 비해 알코올의 영향을 받은 뇌를 가진 사람은 장기적으로 기억력이 감퇴하고 판단력이 떨어지며 주의력이 산만해져 쉽게 집중하지 못한다. 또한 자아 통제 능력도 하락한다. 이런 영향은 여러 방면에서 폭넓게 작용한다. 알코올은 특히 장기적으로 청소년의 학습 능력과 기억 능력에 영향을 미치므로 특별히 주의해야 한다. 청소년 음주의 또 하나의 특징은 알코올의 영향으로 기면 상태에 잘 빠지지는 않는다는 것이다. 그래서 음주 후에 닥치는 위험을 과소평가하기가 쉽다.

타이완 국민건강서國民健康署의 방문 조사 결과에 따르면 타이완 인구 가운데 약 40만 명의 청소년이 알코올음료와 접촉한 적이 있다고 한다. 청소년 음주의 또 다른 특징은 성인에 비해 짧은 시간에 한 번에 많은 양의 술을 마시는 '폭음' 비율이 매우 높다는 것이다. 타이완 인구 가운데 약 100만 명이 폭음하는 것으로 추산된다. 청소년 폭음은 친구의 영향, 혹은 교제나 오락성 음주와 관련이 있다. 폭음한 다음 날은 대체로 피곤하고 머리가 어지러우며 두통 등이 나타나 신체에 미치는 영향도 상당히 심각하다. 조사 결과에 따르면 18세에서 29세의 폭음률은 약 7퍼센트로 모든 연령층 가운데 가장 높다. 사람들의 눈길을 사로잡을 수 있도록 제작된 주류 광고의 영향을 가장 많이 받기 때문으로 추측된다.

청소년 음주의 특징
기억력 감퇴, 판단력 하락, 주의력 산만으로 쉽게 집중하지 못함, 자아 통제 능력 하락 알코올의 영향을 받은 청소년 가운데 적응장애, 위험 행위, 난폭운전, 폭력행사, 심지어 자해와 자살 등의 비율이 약속이나 한 듯 높아지고 있다. 이른 나이부터 술을 마실수록 성인이 되어도 알코올에 의존할 확률이 높아진다. 청소년 음주의 영향은 성인보다 깊고 넓다. 이것이 바로 의사들이 '청소년은 알코올을 멀리해야 한다'라고 강조하는 중요한 원인이다.

여성 음주의 특징

전통적인 유가 사회에서는 여성에게 남편을 내조하고 자녀를 교육하는 역할을 부여했다. (여성의 사회 활동이 용인되지 않았으므로) 설령 여성에게 음주와 관련된 문제가 있다고 해도 거의 드러나지 않았다. 만약 이청조가 기꺼이, 그리고 감히 술과 관련된 사를 쓰지 않았다면 오늘날 이처럼 입체적인 예술 형상을 접하기 어려웠을 것이다.[2]

이청조는 소녀 시기부터 꽤 많은 음주를 체험했다. 쾌락을 추구하기 위함인지 아니면 시름을 달래기 위함인지는 모르겠지만 그녀가 의존한 것은 술이었다. 선천적으로 알코올에 대한 내성이 낮은 여성이 너무 어린 나이에 알코올을 접한 게 문제였다. 소녀 이청조는 많은 양의 술을 마시지 않아도 흠뻑 취했다. 현대 의학의 관점에서 보면 여성은 신체를 구성하는 성분 중 하나인 수분의 비율이 남성보다 낮다. 알코올을 대사할 수 있는 수분이 적기 때문에 술을 마시면 알코올 농도가 남성보다 훨씬 높아진다. 또한 여성의 몸에는 알코올탈수소효소가 적다. 이는 인체에서 에탄올(알코올)을 대사하는 효소로 여성의 알코올 대사는 남성보다 느리고 알코올 분해량도 적어 알코올 농도가 계속 높은 수치를 유지

한다. 그래서 더 쉽게 취한다.

이청조의 이런 음주 행태는 결혼 후에 더 심각해졌다. 이별 때문인지 불안과 두려움 때문인지 음주량도 많아지고 음주의 빈도도 증가했으며 전체적으로 음주 시간도 길어졌다. 음주는 이미 이청조의 삶의 중심이 되었다. 알코올 중독에 이르게 된 것이다. 여성은 남성보다 더 쉽게 알코올 중독이 된다.

술을 아무리 마셔도 잘 취하지 않는 것을 알코올 중독 의학에서는 알코올 '내성tolerance'이 커졌다고 한다. 인체 내에서 감당할 수 있는 알코올의 양이 증가한 것으로 사람들은 주량이 커졌다고 한다. 주량이 커지면 이전보다 더 많은 양을 마셔야 이전과 같은 효과가 나타난다. 이런 현상은 뇌 신경이 술의 자극을 받았을 때 나타나는 정상적인 반응이다. 여성은 남성보다 알코올 내성이 작다. 신체가 알코올의 자극을 받고 얼마간의 시간이 지나면 남성의 경우는 주량이 크게 늘 수 있다. 하지만 여성의 주량 증가 폭은 남성보다 작다. 여성은 주량이 증가한 것처럼 보이고 이전보다 잘 마시는 것처럼 보여도 실제로 알코올을 대사하는 능력은 크게 늘지 않아 신체의 부담은 마찬가지로 크다. 그래서 여성의 음주는 알코올 중독으로 흐르기 쉽고 간과 소화기에 합병증이 증

폭음

영문으로 bringe drinking, 혹은 heavy episodic drinking이라고 하는 폭음은 짧은 시간에 많은 양의 알코올을 섭취하는 것을 뜻한다. WHO는 폭음을 "지난 1개월 내 특정 장소나 상황에서 6 표준잔 이상의 술을 마신 것"으로 정의한다. 미국 국립 알코올 남용 및 중독 연구소NIAAA는 "음주로 혈중알코올농도가 100밀리리터당 0.08밀리리터 이상이 된 것"으로 정의한다. 성인의 경우 "2시간 이내에 남성은 5 표준잔 이상, 여성은 4 표준잔 이상을 마신 것"을 말한다.

가하며 더 빨리 악화한다. 위생복지부에 따르면 여성의 일일 음주 권고량은 남성의 절반[3]으로 여성의 음주 과량 기준은 남성보다 엄격하다.

나이가 더 든 뒤, 이청조는 나라는 망하고 가족은 흩어지는 고통을 겪으며 걱정 근심을 풀 곳이 없어 술이 없으면 일상생활을 영위할 수 없었다. 만년의 이청조는 여성 음주의 주요 원인인 수면 장애, 우울, 초조 등 정서적인 문제를 한 몸에 모두 지니고 있었다. 안팎의 스트레스에 직면하면 대체로 감정을 억제하는 방식으로 푸는 경우가 많은데 이는 음주의 빈도가 증가하는 주된 원인이 된다.

여성 알코올 중독자는 정서적인 문제 외에도 반드시 다른 방면의 영향도 심각히 고려해야 한다. 육아에 심각한 영향을 받는 것은 물론이고 임산부가 술을 마시면 알코올이 태반에 들어가 태아에 침투하여, 심하면 태아의 알코올 농도가 임산부보다 높아져 기형, 조산, 유산 등의 위험이 커지며, 태아에게 신체적 기형과 정신적 장애가 나타나는 선천성 증후군인 '태아 알코올 증후군fetal alcohol syndrome'을 유발하기도 한다.

남성 음주도 그에 못지않은 무서운 특징이 있다. 남성의 음주는 유전자에 영향을 미친다. 남성은 사춘기부터 음주를 시작하는 비율이 여성보다 높다. 남성이 사춘기 때부터 술을 마시기 시작하면 뒷날 정서에 영향을 미칠 확률, 위험 행위의 발생 확률, 다른 약물을 사용할 확률이 모두 증가한다.

여성 음주의 특징
알코올 대사가 느림, 알코올 내성이 작음, 알코올에 중독되기 쉬움.
임산부의 경우 태아에 미치는 영향이 큼.

하
지
장

賀知章(659~744)

이백과 두보가 만든 주선, 술에 취해 우물에 떨어져

어린 나이부터 술을 마시기 시작한 이청조는 장년이 되어 무슨 문제가 생겼을까? 80세의 하지장이 그 답을 알려준다.

하지장은 술을 마신 뒤 무슨 재미있는 일을 했을까? 그의 망년지교忘年之交인 주선酒仙 이백과 주성酒聖 두보는 그를 어떻게 그렸을까? 그는 자신을 어떻게 보았을까? 음주가 노인의 뇌와 행동 변화에 미치는 영향을 살펴보자.

젊은 시절 고향 떠나 늙어서 돌아왔는데   少小離家老大回

귀밑머리 성성하고 하얗게 세었지만   鄕音無改鬢毛衰

내 말씨는 여전히 고향 사투리

우연히 마주친 동네 아이들, 낯선 나에게   兒童相見不相識

어디서 오셨냐고 깔깔대며 묻는다   笑問客從何處來

〈회향우서回鄕偶書(고향에 돌아와 우연히 쓴 시)〉

하지장이 자기 삶의 편린을 추려내어 노인의 감개를 쓴 것으로 '하지장의 탄식'이라 할 수 있는 시다. 하지장은 30여 세에 진사에 급제하여 50년 동안 고향 월주越州를 떠났다. 노령으로 사직하고 고향에 돌아왔을 때는 80을 훌쩍 넘긴 노인이었다. 고향으로 돌아왔을 때, 원조 토박이인 그가 누구인지 모르는 아이들은 그에게 어디서 오셨냐고 물었다. 금석지감이 들지 않을 수 없었을 것이다.

이야기는 시처럼 단순하지 않다. 사람과 마주쳤는데 알아보지 못하면 보통은 스쳐 지나간다. 특별한 이유가 없었다면 아이들이 멈춰서서 하지장을 구석구석 뜯어보고 웃으며 이렇게 물을 수 있었을까? "어르신(마음속으로는 '늙은 영감태기 참 별나게도 생겼구나'라고 생각하며) 어디서 오셨습니까?" 하지장이 시를 이런 식으로 구성한 것은 특별한 이유가 있을 것이다. 전후 맥락을 이해하기 위해 사서史書에서 단서를 찾아보자.

《당서唐書》에서는 하지장이 사직할 때의 상황을 상세히 묘사했다

《구당서舊唐書》에 다음과 같이 기록되어 있다.

천보天寶 3년, 하지장은 병으로 정신이 혼미해졌다. 그래서 상소하여 자신을 도사로 살게 해달라고 청원했다. …… 고향에 돌아가 고향 집을 내놓아 도관으로 만들었다. 고향에 돌아간 지 얼마 되지 않아 세상을 떴다. 향년 86세였다.

천보 3년(744), 하지장은 86세였는데 병이 들어 정신이 혼미해졌다. 그래서 당현종唐玄宗에게 고향에 돌아가 도사로 살게 해달라고 주청했다. 하지만 고향에 돌아간 지 1년도 되지 않아 세상을 떠났다. 도대체 하지장의 몸은 어떤 상태였을까? 《구당서》에 기록된 정신이 혼미해졌다는 말의 원문은 '황홀恍惚'인데 이는 '마음이 안정되지 않는다', '지각과 의식이 뚜렷하지 않다'라고 해석할 수 있다. 역사서에서 이런 용어를 쓴 것은 예사로운 일이 아니다. 혹시 《구당서》의 기록이 완전하지 않거나 문제가 있는 것은 아닐까? 《신당서新唐書》의 기록을 살펴보자.

천보 초년, 병이 들었는데 꿈에서 천제의 궁전을 노닐었다. 그러고는 며칠이 지나 정신이 돌아왔다. 고향에 돌아가 도사가 되게 해달라고 주청했다. 황제가 조칙을 내려 허락했다. 하지장은 가택의 이름을 '천추관千秋觀'이라고 바꾸고 그곳에서 거주했다. …… 86세에 세상을 떴다.

80세가 넘은 하지장은 한바탕 중병을 앓았다. 병고에 시달려 꿈속에서 천제의 궁전을 보았다. 며칠 계속된 혼수상태에서 깨어나고 꿈에서 깬 뒤 고향에서 도사로 살고 싶다며 사직을 청하자 황제는 윤허했다.

하지장은 어찌 된 일일까? 지각과 의식이 뚜렷하지 않다가, 또 며칠 동안 꿈을 꾸며 정신이 혼미해지다니. 이런 현상은 '동네 아이들이 낯설게 여긴 까닭'과 관계가 있을까? 하지장의 그 몇 해 동안의 생활에 특별한 면이 있었는지 알아보자.

이백과 두보가 힘을 모아 만들어 낸 '주선酒仙'

앞에서 인용한 사료 외에 주변 사람들의 평가를 통해 하지장이 어떤 사람이었는지 알아보자. 하지장은 후배들을 잘 돌본 선배였다. 그보다 40여 세 아래인 이백은 하지장이 세상을 뜬 지 1~2년 뒤 글을 남겼다.

사명산山에 괴짜 하나 있으니	四明有狂客
바로 풍류객 하계진(하지장)이라	風流賀季眞
장안에서 처음 만나	長安一相見
나를 적선인이라 불렀지	呼我謫仙人
지난날 잔 속의 물건(술)을 그리 좋아하더니	昔好杯中物
지금은 소나무 아래 한 줌 흙이 되었습니다, 그려	今爲松下塵
금 거북을 술로 바꾸던 곳	金龜換酒處
회상하니 눈물이 수건을 적신다	卻憶淚沾巾

_〈대주억하감이수병서對酒憶賀監二首竝序(술을 마주하니 하감(하지장)이 생각난다 2수와 서序)〉의 제1수

이백과 하지장은 나이를 초월한 술친구다. 그들이 처음 만났을 때 하지장은 이백의 시를 보고 찬탄을 금치 못하고 하늘에서 죄를 짓고 인간 세계로 귀양 온 신선이라고 대놓고 말했다. 역사적으로 유명한 '금 거북을 술로 바꾼' 일의 전고도 두 사람의 술친구에게서 나왔다. 하지장은 이백과 술을 마시기 위해 고급 관리나 가질 수 있는 금 거북 장식을 조금도 아까워하지 않고 풀어 술과 바꿨다. 몇 년 전에 함께 술을 마셨던 하지장이 이토록 빨리 세상을 뜨다니. 이백은 탄식하며 이렇게 썼다.

지난날 잔 속의 물건(술)을 그리 좋아하더니 지금은 소나무 아래 한 줌 흙이 되었습니다, 그려

이전에 잔 속의 물건(술)을 좋아했는데 이제는 진토塵土가 되고 말았구나. 하지장의 사인死因과 '잔 속의 물건'은 인과관계가 있을까? 아직은 단정하기 어렵다.

두보와 하지장이 어떤 인연이었는지 알아보자. 두보는 하지장보다 50여 세 아래다. 하지장이 세상을 뜬 뒤, 두보는 천보天寶 5년(746)에 〈음중팔선가飮中八仙歌〉를 썼는데,[1] 하지장을 팔선의 으뜸으로 받들었다. 시에서 묘사한 시기는 대략 하지장이 고향으로 돌아간 그해였다.

하지장은 배를 탄 듯 흔들흔들 말을 타고   知章騎馬似乘船

눈앞이 아물거려 우물에 떨어져 물 아래서 잤다오   眼花落井水底眠

하지장은 술에 취해 배를 탄 듯 기우뚱거리며 말을 탔고, 취한 눈 아

무리 크게 떠도 가물가물하여 우물에 떨어져 바닥의 물속에서 잠잤다.

이 이야기는《홍루몽紅樓夢》의 제62회 〈감상운취면작약인憨湘雲醉眠芍藥裀〉에서 사상운史湘雲이 술에 취해 집 밖 청석판 위에서 잠잔 것과는 다르다. 사상운은 기껏해야 감기에 걸렸을 뿐이다. 하지만 하지장이 "우물에 떨어져 물 아래서 잠잔 것"은 끔찍한 일이다. 두보는 놀라 눈이 휘둥그레지지 않았을까? 보통은 우물에 떨어져 차가운 물이 몸에 닿으면 깨어난다. 그런데 하지장은 아무런 반응도 없었다. 옆에 있던 벗은 그가 다친 곳은 없는지, 정신을 잃고 까무러친 것은 아닌지, 아니면 단순히 술에 취해 깨어나지 못하는 것인지 서둘러 살펴봐야 했다. 꼼꼼히 살펴보지 않았다면 하지장은 일순간 황천길로 갔을 것이다. 다행히 좋은 벗들이 그를 구해냈다. 두보는 이 드러나지 않은 이야기를 음주 미담으로 세상에 전하고 하지장을 주선으로 받들었다. 참으로 기괴한 일이다.

사람들의 도움으로 구조되고 술에서 깨어난 하지장은 어떤 반응을 보였을까? 무척 놀랐을 것이다. 부끄럽고 창피하여 다음에 술을 마실 때는 조심했을 것이다. 만약 우물에 빠진 일을 기억하지 못하거나 말 탄 것조차 생각나지 않는다면 이는 기억을 잃은 것, 즉 필름이 끊긴 것이다. 정말 큰 문제는 기억도 없고 경각심도 없다면 한 번이 두 번, 두 번이 세 번 된다고, 이번에는 운 좋게 재난을 면했지만 다음 번엔 어떤 일이 일어날지 알 수 없다.

이백과 두보는 시에서 미묘하고 중요한 정보를 누설했는데 그것은 바로 '술'이다. 이를 통해 만년의 하지장은 주량이 매우 컸으며 자주 술을 마셨고 방법과 수단을 가리지 않고 술을 마셨으며 더 나아가 위험을 무릅쓰고 술을 마셨다는 사실을 알 수 있다.

거침없이 마셔, 나보다 더 미친 사람은 없을 것

이백과 두보는 하지장이 만년에 술을 즐겼다는 사실을 누설했는데, 그것 말고도 하지장에게는 어떤 특별한 면이 있었을까? "동네 아이들과 마주쳤을 때" 각별히 주의했을까? 《구당서》와 《신당서》이 두 권의 사서에서는 어떻게 묘사했을까?

하지장은 만년에 더욱 호탕하고 방자했으며, 격식에 얽매이지 않았다. 스스로 '사명산의 괴짜'라고 하였으며 '비서외감秘書外監'이라 자칭했다. 마을 골목길을 노닐었다. 술에 취한 뒤 시문을 지었는데 막힘없이 단숨에 써 내려갔다. 글이 흠잡을 데 없이 탁월하고 훌륭했다.

_《구당서》

하지장은 만년에 걷잡을 수 없이 방종했다. 마을 골목길을 어슬렁거렸고, 스스로 '사명산의 괴짜', '비서외감'이라고 칭했다. 취할 때마다 시문을 지었는데 조금도 막힘없이 써 내려갔다. 그의 시문은 모두 탁월하고 훌륭했으며 고치거나 다듬을 필요가 없었다.

_《신당서》

하지장은 은퇴하기 전까지 고위 관직을 역임했다. 태자빈객太子賓客, 비서감秘書監 등 지위가 높고 고매한 관직이었다. 그런데 '사명산의 괴짜', '비서외감'이라고 자칭한 것을 보니, 아마도 스스로 제도권 안의 정식 관직이라 생각하지 않은 것 같고, 하는 일 없이 빈둥거린 게 아니었

나 하는 느낌을 준다. 사서에서 '마을의 골목길을 노닐었다', '마을의 골
목길을 어슬렁거렸다'라고 표현했는데 이 역시 많은 상상의 공간을 제
공한다. 고관이 말이나 가마를 타지 않고 걸어서 수도 장안의 대로와
골목길을 한가로이 싸다니다니.

사서에서 하지장에게 한가로이 싸다녔다는 꼬리표를 붙였는데 하지
장 자신도 이런 사실을 부정하지 않고 한술 더 떠 시에서 밝혔다.

주인과는 일면식도 없지만	主人不相識
이렇게 마주 앉은 것은 정원의 풍광 때문이라오	偶坐爲林泉
술 살 일로 부질없는 걱정일랑 마소	莫謾愁沽酒
내 주머니에도 돈이 있으니	囊中自有錢

_〈제원씨별업題袁氏別業(원씨의 별장에 써 붙이다)〉**²**

어느 날 하지장은 한가로이 발길이 닿는 곳으로 싸다니다가 매우 마

필름 끊김blackouts
음주 후 단편적 기억이 상실되거나 사건 당시의 기억이 전혀 회복되지 않는 상태를 포
함한 음주 당시의 기억이 상실된 것을 말한다. 원인은 단기 기억을 담당하는 영역에서
장기 기억을 담당하는 영역으로 기억을 옮겨 저장하는 기능을 알코올이 잠시 가로막기
때문이다.
알코올이 미치는 영향으로 음주 당시 일어난 일을 정확하게 기억하지 못할 수도 있다.
필름 끊김은 음주 후 자주 발생하는데 음주 당시의 기억이 완전히 지워지기도 한다. 단
시간에 많은 양의 술을 마시면 일어날 가능성은 더욱 커진다. 특히 젊은이에게 이런 현
상이 자주 나타난다. 술을 마시면 더욱 충동적이어서 음주 후 폭력, 성행위, 음주운전 등
위험 행위를 할 수 있는데, 필름이 끊기면 자신이 저지른 일을 전혀 기억하지 못한다. 과
도한 음주는 자신을 해치고 타인에게 피해를 준다. 그보다 더 무서운 것은 재범률이 높
다는 것이다.

음에 드는 별장을 발견했다. 그는 주인에게 말했다. "우리 서로 모르는 사이지만 내가 귀댁에 온 것은 다름이 아니라 숲과 샘이 어우러진 정원의 아름다운 경치를 구경하고 싶어서라오. 술대접할 돈일랑 걱정하지 마오. 내 주머니에 술 살 돈은 충분하니까." 하지장의 언외의 뜻은 이렇지 않을까? 함께 아름다운 경치를 구경하면서(거짓말), 함께 통쾌하게 한잔 마셔봅시다(참말).

만약 그 시절 어느 날, 한 고위 관리가 내 집 정원에 천둥에 개 뛰어들 듯 들어와 대뜸 술 한잔 마시자며 폐는 끼치지 않겠다고 말했다 치자. 일반 서민이라면 어느 누가 서둘러 좋은 술을 준비하지 않겠으며 술을 마시고 술값을 받겠는가? 고위 관리가 내 집에 온 것 자체가 몹시 놀랄 일 아닌가? 이 당시 하지장은 조정의 관리였으나 '마을의 골목길을 어슬렁거릴' 정도로 자유자재했다. 그는 퇴직한 뒤에도 자기 마음대로 발길 닿는 대로 배회하고, 남의 집에 들어가고, 술을 마시자고 하지 않았을까? 하지장의 주변에는 어떤 술친구들이 있었을까? 술친구들의 행위 역시 하지장과 대동소이하지 않았을까?

하지장은 음주 후 섬망이 있었다?

주선 이백, 주성 두보 외에도 하지장에게는 많은 술친구가 있었는데, 이들은 모두 술이 아니면 친구가 될 수 없는 경지에 이른 사람이었다. 이런 사실은 두보의 〈음중팔선가〉에서 찾아볼 수 있다. 하지장은 요즘 말로 하면 음주운전을 하다가 사고를 쳤는데(술 마시고 말 타고 가다 우물에 빠짐), 나머지 칠선도 크게 다르지 않았다.

이 칠선 가운데는 술 마시는 데라면 큰돈을 아끼지 않는 사람, 강물을 다 들이킬 듯 술을 마신 사람, 재계하고 용맹정진하다가 술 마시고 파계한 사람, 술 마시고 장광설을 펼친 사람, 황제가 접견하겠다는데도 거들떠보지도 않은 사람 등 별별 사람이 다 있었다. 팔선 가운데 가장 나이가 적은 사람은 이백이었는데 당시 50을 바라보는 나이였다. 나머지 7선은 모두 이백의 선배였다. 그러니까 두보의 〈음중팔선가〉는 사실은 '술꾼 노인들의 중생상'을 묘사한 것이라고 할 수 있다. 음중팔선의 '술꾼 중생상'은 각기 독특한 면을 지니고 있다. 하지만 어쨌든 총체적으로 말하면 뇌의 통제센터가 망가진 뒤에 나타나는 증상이라고 할 수 있다. 그래서 모두 분방하고 제멋대로였던 것이다.

하지장은 만년에 예사롭지 않은 병을 얻었는데, 심지어 성격까지 변해 자유분방하고 얽매임이 없었으며 '탈억제' 현상이 생긴 늙은이가 되었다. 많은 나이에 음주의 영향으로 자기 몸에 벌어지는 일을 모를 만큼 정신을 잃은 채 사방을 돌아다니며 노닐었는데 이는 섬망delirium 증상일 가능성이 크다. 섬망 증상이 나타나면 즉시 치료하지 않으면 생명이 위태로울 수 있다.

알코올과 직접적인 관계가 있다는 증거가 제시되지는 않았지만, 하지장이 고향으로 돌아가기 전의 상황이 '호탕하고 방자했다', '마을 골목길을 어슬렁거렸다'라고 기록한 점, 그리고 뒤의 단락에 '취한 뒤……', '취할 때마다……'라고 언급한 것을 보면 술이 하지장에게 미친 영향을 가볍게 볼 수는 없을 것 같다. 이백과 두보는 시를 통해 아름답게 포장하여 하지장을 '주선'으로 받들고 그의 음주 행위를 찬양하고 미화했지만, 한편으로는 그의 질병이 알코올과 관계가 있다는 방증을 제공해 주었다. 하지장은 노년 음주의 특징을 그대로 보여주었으며, 노년의 음주는 젊은이의 음주보다 훨씬 위험하다는 사실을 알려주었다.

하지장은 고향 마을에서 마시고 싶으면 마시고 어디든지 가고 싶으면 갔다. 아마 옷차림도 허름했을 것이고 몸도 지저분했을 것이다. 음주 후 섬망이 있었는지는 단정할 수 없지만, 인사불성 상태로 목적도 없이 쏘다니고, 다른 사람의 집에 불쑥 들어가서 다짜고짜 술을 마시자고 하고, 길가에 주저앉아 장광설을 늘어놓고, 사람들과 마주치면 신나서 손짓하여 불러 말을 걸고……. 이러다 보니 어린아이들이 겁도 없이 마치 다른 술고래들을 마주친 것처럼 무척 재미있다고 여기고 어디서 오셨냐고 깔깔대며 놀려 댄 것이다.

기이한 행동의 배후—장기 음주와 노년 음주의 특징

장기 음주는 뇌의 통제센터 기능을 무력화시킨다

두보는 시에서 하지장의 음주 기마 사실을 썼고, 사서에서는 '호탕하고 방자하다', '걷잡을 수 없이 방종했다'라는 말로 하지장을 묘사했는데, 사실은 정서적으로나 행위로나 만년에 자유분방하고 얽매임이 없었던 것은 예교의 규범을 크게 벗어난 일이었다. 하지장을 묘사한 글들을 살펴보면 그에게는 장기 음주의 영향으로 알코올이 초래한 탈억제 disinhibition 현상이 나타난 것으로 추측할 수 있다.

인류에게는 기본적인 욕망과 충동이 있다. 하지만 뇌의 "억제 시스템"이 제 마음대로 하고 싶은 일을 다 하도록 놔두지 않고 최대로 브레이크를 밟아 억제한다. 그런데 알코올은 대뇌의 '욕망과 충동을 억제하는' 시스템을 무력화시킨다. 억제 시스템의 기능이 약해지면 브레이크가 고장 나 욕망과 충동이 빠른 속도로 행위로 이어지는데 이것이 바로 '탈억제' 현상이다.

대뇌의 억제 시스템은 대뇌 이마엽 피질에서 온다. 이마엽은 인지와 집행 기능을 담당하는 것 말고도 정서 조절, 욕망과 충동 통제 등을 주관하는 기능을 지니고 있다. 이마엽은 뇌의 규율 팀장으로, 억제하고 단속하는 지적 통제센터다. 음주는 탈억제 현상을 유발한다. 마치 규율 팀장이 바뀌고 지적 통제센터가 통째로 파괴된 것과 같이 이성적 사고가 사라지거나 더 나아가 성격이 일변하기도 한다.

장기 음주는 영양실조를 초래하고 대뇌 손상을 유발한다

장기간 알코올에 의존하면 뇌에 다중의 영향을 미친다. 그중 하나는 비타민 대사를 촉진하여 체내에 비타민 결핍을 유발하는데 이는 영양실조와 다를 바 없다. 특히 비타민 B1이 결핍되면 급성 베르니케 뇌증Wernicke encephalopathy을 유발하는데, 자주 나타나는 증상은 눈 근육 마비(안근마비ophthalmoplegia), 실조성 파행, 운동 실조ataxia, 의식 혼란global confusion 등이다. 이런 현상은 대량의 비타민 B1의 보충으로 개선될 수 있다. 이 증상 가운데 의식 혼란은 하지장의 '병으로 정신이 혼미한' 상태의 또 다른 표현이라고 할 수 있다.

장기적인 음주는 기억에도 영향을 미친다. 음주가 초래하는 비타민 B1 결핍은 회복 불가능한 '코르사코프 증후군Korsakoff's syndrome'으로 발전될 수 있다. 최근의 일을 기억하지 못하고 이전 일에 대한 기억을 끄집어내지 못한다. 기억에 공백이 생긴 것을 감추려고 스스로 이야기를 꾸며내는 것을 작화作話, confabulation(공상을 실제처럼 말하면서 허위라는 것을 인식하지 못하는 허담증. 공화증이다. -역자 주)라고 하는데 모두 기억 상실 증상이다. 베르니케 뇌증이나 코르사코프 증후군은 모두 비타민 B1 결핍과 관계가 있으므로 이를 '베르니케-코르사코프 증후군Wernicke-Korsakoff syndrome'이라고 한다.

노년 음주가 신체에 미치는 다중 영향

노인이 장기간 알코올에 의존하면 위험하며 문제가 생겼을 때 대처하기 어렵다. 노인은 생활에서 신체의 기능을 다양하게 사용할 일이 없어 음주가 자기 신체에 미친 영향을 인식하기 쉽지 않다. 게다가 병을 인식하는 감각이 떨어져 노년에 알코올이 초래하는 문제를 스스로 발견할 방법이 없다.

대체로 나이를 먹을수록 알코올 내성이 커지기 때문에 주량이 더 커진다. 물론 술이 인체에 미치는 영향도 따라서 커진다. 하지만 나이가 들수록 주량이 줄었다고 낙관하면 안 된다. 절주에 성공해서 그런 것만은 아니다. 건강 상태가 나빠지고 대사 능력이 떨어져 소량의 술로도 같은 효과를 보일 수 있기 때문이다. 이런 현상을 역내성逆耐性, reverse tolerance이라고 한다. 역내성 현상은 신체가 발출하는 중요한 경고성 신호다.

노인 음주가 초래하는 심각한 심신의 문제는 몇 가지로 나눌 수 있다.

먼저, 음주가 유발하는 신체의 증상(자주 보이는 증상은 위장 질환, 간담췌 염증, 손발 떨림)이 젊은이보다 많고 심각하다. 아울러 노인 음주로 인한 영양실조의 뒤탈은 더욱 심각하다. 심리 면에서는 수면 장애, 감정 기복, 우울, 초조 등이 있는데 이는 노년 음주자에게 자주 나타나는 정신 증상이다. 이외에도 노년 음주는 인지 기능, 기억 능력 등에 영향을 미친

> **노년 음주의 특징**
> 신체 증상 증가, 정신 증상이 자주 나타남, 영양실조, 기억력 감퇴, 평형감각 떨어짐.

다. 가장 걱정되는 것은 노년 음주자는 평형감각이 떨어져 쉽게 미끄러져 엉덩방아를 찧고, 걸려 넘어지며 심하면 보행 장애가 생겨 건강이 더욱 악화할 수 있다는 것이다.

더 무서운 것은 음주, 노령, 치매, 건강 악화 등은 모두 섬망의 위험을 증가시킨다. 섬망은 일종의 급성 증상으로 '생리 이상'으로 유발되는 유사 정신병이다. 정신이 오락가락하여 갑자기 정신이 맑아졌다가 갑자기 흐려지며, 어느 날 갑자기 사람, 공간, 시간을 명확하게 설명하지 못한다. 방향감각과 주의력이 떨어지며 헛소리, 수면 주기 실조(밤낮이 바뀜) 등 고위험의 혼란 상태가 된다. 이는 즉각적인 치료가 필요한 증상이다.

이상은

李商隱(812~858)

낭만적 사와 술, 사랑이 깊을수록 상처도 깊어

다정다감한 이상은은 이백이나 하지장처럼 술을 단숨에 벌컥벌컥 마시지 않았고, 이청조처럼 조금씩 홀짝이며 마셨다.

이상은의 시에는 은연중에 술이 언급되어 있다. 그는 술이 가져다주는 황홀함을 갈망했고, 술에 대한 기대는 비할 바 없이 컸다. 그의 기대는 이루어졌을까? 음주의 시간 이력으로 술이 사람에게 미치는 영향을 구분한다면 이상은의 시와 사는 여러 가지 유력한 예증을 제공해 줄 것이다.

이상은은 만당晚唐의 유미파 시인으로 문학사에서는 같은 시기의 인물인 두목杜牧과 병칭하여 "소리두小李杜"라 하며, 그와 풍격이 비슷한 온정균溫庭筠과는 "온리溫李"라 병칭한다. 이상은은 화려한 자구를 구사하고 전고典故를 인용하는 데 뛰어났으며 복잡하고 생동적인 의경意境으로 자아를 휘감고 있는 다정다감함을 묘사하여 수많은 사람의 공감을 불러일으켰다. 하지만 정작 그의 마음속 깊이 묻힌 고뇌를 꿰뚫어 보는 사람은 없다. 불분명하고 모호한 아름다움, 제목을 달지 않은(무제) 시 형식을 빌린 수수께끼에 후인은 찬탄을 금치 못하고 다음과 같이 썼다.

> 시인들은 서곤체西崑體가 아름답다고들 말하는데
> 유감스럽게도 아무도 주해를 달지 않았구나
>
> _원호문元好問 〈논시절구삼십수論詩絶句三十首〉의 제12수[1]

그래서 그의 시를 이해하기 어렵다는 뜻이다. 어차피 이상은을 꿰뚫어 보지 못할 바에는 실제의 시간 축을 넘어 이상은의 잔 속의 물건(술)을 주선율로 삼아 시와 술에 끊임없이 이어지는 생명의 장절章節을 감상해 보자.

음주 당시의 느낌

이 정情(그때의 그 광경)을 왜 지금에야 추억하는지   此情可待成追憶

그때는 온통 허탈하고 막막하기만 했었지   只是當時已惘然

_〈금슬錦瑟〉**2**

    이상은의 시 〈금슬錦瑟〉에서 가장 널리 알려진 명구다. 이 시는 대대로 해석이 분분하다. 어떤 사람은 이상은이 '금슬'이라는 시녀에게 바친 애정시라고도 하고 누구는 작자가 죽은 아내를 그리워하여 유품을 보고 아내를 생각하는 도망시悼亡詩라고도 한다. 또 당시 정치 환경에 대한 실망과 벼슬길에서 뜻을 이루지 못한 심정을 투영한 시라는 설도 있다. 이 시를 쓴 진짜 동기가 무엇이든 간에 시구가 보여주는 '이미 옛일이 되어버린' 아름다웠던 과거에 대한 추억과 슬픔은 읽는 사람의 심금을 울린다.

    관리 사회의 문화를 마주하거나 감정을 직시하면서 답답하고 억울한 심정을 토로하기 어려웠던 이상은은 시에 가탁하여 이런 심정을 토로했다. 이런 상황에서 술은 좋은 친구가 되어 이상은의 진실한 감정을 부채질하고 번민을 풀어주었다. "이 정情(그때의 그 광경)을 왜 지금에야 추억하는지" 구절의 '정情'을 '술'에 대한 정감으로 확대한다면, 이어지는 그의 시에서 술이 어떻게 그를 기대하고 사랑하도록 만들었는지, 그리고 "그때는 온통 허탈하고 막막하기만 했었지"라고 한 것은 어떤 심경에서였는지 엿볼 수 있다.

꽃구경 나섰는데 나도 모르는 사이 유하주(좋은 술)에 취해　　　尋芳不覺醉流霞

해 기운 황혼 무렵 나무에 기대어 깊이 잠들었지　　　倚樹沉眠日己斜

손은 흩어지고 술 깨보니 한밤중, 그제야　　　客散酒醒深夜後

촛불 다시 밝혀 들고 지고 남은 꽃 구경했다오　　　更持紅燭賞殘花

_〈화하취花下醉(꽃 아래 취하다)〉

이 시는 이상은이 모친상을 당하고 집에서 한가하게 지내고 있을 때 썼다. 어느 날 그는 외로움을 견디다 못해 아름다운 꽃에 이끌려 화초의 방향에 도취했다가, 꽃보다 술이런가 자신도 모르는 사이 술에 대취하고 말았다. 해 기운 황혼 무렵에 그는 나무에 기대어 잠이 들었다. 한밤중에 술에서 깨어난 그는 꽃구경에 대한 미련이 가시지 않아 아쉬운 듯 촛불을 밝혀 들고 혼자서 담담하게 꽃구경을 즐겼다.

당시 이상은에게 꽃 구경은 저녁 무렵이든 한밤중이든 술에 취했든 술 깬 후든 관계없이 스스로에게 선물한 즐거움이었다. 술에 약간 취한 상태에서는 매혹적인 꽃의 매력을 더욱 잘 느낄 수 있고, 술에서 약간 깬 상태에서는 지고 남은 꽃도 도취할 만큼 아름다운 법이다. 술의 도움으로 그의 감각기관은 더욱 예민해졌고 마음은 말로 표현할 수 없는 아름다운 경지에 들어섰다.

우뚝 솟은 정자에서 대 표면에 서린 가루로 시를 쓰는데　　　危亭題竹粉

휘돌아 나가는 연못에서 연꽃 향기 코를 찌른다　　　曲沼嗅荷花

여러 날 술 지니고 나가 함께 노닐며	數日同携酒
특히 새벽이면 집을 나서곤 했지	平明不在家
그윽하고 운치 있는 곳 찾았으나 만족스럽지 않아	尋幽殊未極
그저 좋은 시구 찾아내 음미하며 감상했지	得句總堪誇
해 기울어 마지못해 서루에서 내려와	强下西樓去
고개 돌려 바라보니 서루는 저녁노을을 등에 업고 서 있다	西樓倚暮霞

_〈한유閒遊(한가로이 노닒)〉

이상은은 며칠간 계속 술을 지니고 좋은 벗들과 함께 놀러 나갔는데, 새벽 네다섯 시면 사라졌다가 마음껏 놀고 저녁 무렵에 흥이 다하면 돌아왔다. 아름답고 뛰어난 풍경을 보지 못해도 관계없다. 그저 좋은 시 몇 구절을 떠올릴 수 있으면 된다. 그는 즐겁게 시를 읊고 노래한 사실은 시에 썼으나, '술 지니고' 밖에 나갔는데 신바람 나게 해준 것이 무엇인지에 대해서는 분명하게 말하지 않았다. 그를 신명 나게 해준 것은 분명 아름다운 경치와 그와 함께한 좋은 벗들, 그리고 술이었을 것이다. 이상은이 바라던 것은 술 마신 뒤의 느긋하고 편안한 느낌이었다. 그리고 이번 노닒에서는 거나하게 취해 즐거운 그런 편안함을 누렸다. 알코올이 그가 원하는 쾌감euphoric feeling을 키워준 것이다.

중기 음주에는 기대했던 쾌감이 점차 저하된다

| 어젯밤 별빛이 찬란하게 빛나고 한밤중엔 찬 바람이 불었지 | 昨夜星辰昨夜風 |
| 아름답게 꾸민 누대의 서쪽 가, 화려한 저택의 동쪽에서 | 畵樓西畔桂堂東 |

몸에 봉황새 양 날개 없어 나란히 날 수 없어도　　　　　身無彩鳳雙飛翼

마음은 영서(전설상의 신이한 동물 -역자 주)의 뿔처럼 서로 통했지　心有靈犀一點通

자리 건너 갈고리 건네주며 봄술로 마음을 녹이고　　　隔座送鉤春酒暖

편 갈라 감춘 물건 맞히기 놀이하며　　　　　　　　　分曹射覆蠟燈紅

붉은 등 아래 떠들썩 즐겼지

안타깝구나. 오경 알리는 북소리 들리니 출근해야지　　嗟余聽鼓應官去

바람에 나부끼는 쑥대처럼 난대(비서성)로 말 달렸다오　走馬蘭臺類轉蓬

_〈무제無題〉

　이 시의 후반 4구절에서 이상은은 술자리의 떠들썩한 놀이를 묘사했
다. 사람들과 갈고리를 건네며 벌주 마시기 놀이, 감춘 물건 맞히기 놀
이를 하며 떠들썩하고 성대한 술자리를 가지니 생기가 넘치고 즐겁기
그지없다. 하지만 아직 더 마시며 놀고 싶은데 오경을 알리는 북소리가
들린다. 출근해야 한다는 생각에 마음이 급하다. 급히 난대蘭臺(비서성秘書
省)로 말을 달리면서 이상은은 자신이 마치 바람에 나부끼는 쑥대와 같
다고 탄식을 금치 못한다. 술 마신 뒤의 즐거움이 아마도 이상은이 기
대했던 것보다 크지 않았던 것 같다. 시간을 알리는 북소리를 들으니
술 마시며 느꼈던 쾌감이 싹 가시고 신세 한탄이 그 자리를 대신하게
되었다.

버드나무 가지 아직 띠 엮을 만큼 자라지 않았고　　　柳帶誰能結

꽃봉오리 아직 벌어지지 않았어　　　　　　　　　　花房未肯開

나비 한 쌍 나풀나풀 춤을 추는데　　　　　　　　　空餘雙蝶舞

이곳에 오는 사람 아무도 없구나	竟絶一人來
용수초龍鬚草로 엮은 자리 반쯤 펴고	半展龍鬚席
마노 잔에 느긋하게 술을 따른다	輕斟瑪瑙杯
해마다 봄 오는 시기 일정하지 않으니	年年春不定
봄소식 전하는 한매寒梅도 믿을 수 없구나	虛信歲前梅

_〈소원독작小園獨酌(작은 정원에서 홀로 술을 마시다)〉

이상은이 화원에서 혼자 술 마시는 장면을 묘사한 사詞다. 원래는 봄을 즐기려고 했는데 봄꽃은 볼 수 없고 겨울에 피어야 할 매화만 눈에 보인다. 나비가 나풀나풀 나는 모습을 보면서 혼자 조용히 술을 마신다. 이상은은 마노 잔에 느긋하게 술을 따르며 즐거움을 누리려고 했으나, 앞길이 막막하고 기대했던 바가 무산되어 술이 주는 즐거움이 많이 감소했고 그저 침체했던 기분만 약간 풀렸을 뿐이다. 기대했던 음주 후의 즐거움은 줄고, 억지로나마 그런대로 괜찮은 느낌good feeling만 유지되었을 뿐이다.

장기 음주는 울적함을 피할 수만 있을 뿐이다

봄 경치 나와 무슨 상관이라고	春物豈相干
인생은 억지로 즐기는 것일 뿐	人生只强歡
꽃은 밤이 되면 꽃잎 오므리고	花猶會斂夕
술은 봄추위를 잊게 하지	酒竟不知寒
타향의 동풍 습기를 잔뜩 머금고 있는데	異域東風濕

중원의 하늘은 끝없이 넓었지	中華上象寬
누대 위에서 멀리 북쪽을 바라보며	此樓堪北望
목숨 가벼이 여겨 높은 난간에 기대었지	輕命倚危欄
	_〈북루北樓〉

이 당시 이상은은 남방의 계림桂林에 있었다. 봄이 되어 아름다운 경치가 눈앞에 펼쳐졌는데도 자기와는 상관없다고 생각했다. 남방에는 북방처럼 살을 에는 듯한 이른 봄의 추위가 없고 공기는 따뜻하고 습윤하다. 그래서 그는 항상 북방의 생활을 그리워했다. 당시 그는 술을 마셔도 더는 음주 후의 편안함을 느낄 수가 없었다. 표면상으로는 북방과 같은 한기寒氣가 없어 술맛을 돋우지 못했기 때문인 것 같지만, 사실은 음주가 주는 즐거움을 더는 느낄 수 없었기 때문이었다. 이상은은 술에 의존하여 억지로 즐거운 표정을 지으며 애써 웃었지만 시 전체에서 그의 깊은 비탄을 엿볼 수 있다.

이슬이 미세한 싸락눈처럼 앞 연못에 흩뿌리고	露如微霰下前池
가을바람 굽어 도는 연못에 간간이 불어오니	月過廻塘萬竹悲
대들은 소슬함에 슬픔이 인다	
덧없는 인생은 원래부터 슬픔과 기쁨과	浮世本來多聚散
만남과 헤어짐이 많은 것	
붉은 연꽃은 어이하여 시들어 여기저기 흩어져 나뒹구는고	紅蕖何事亦離披
귀향의 꿈 감감하고 아득함을 외로운 등불이 보고 있고	悠揚歸夢惟燈見
영락하여 타향을 떠도는 나의 생애 술이 알고 있지	濩落生涯獨酒知

백발이 성성한 나이까지 이 모양 이 꼴로 살란 말인가? 豈到白頭長知爾

숭산崇山 남쪽 소나무 위에 쌓인 눈과 마음으로 기약했지 嵩陽松雪有心期

_〈칠월이십구일숭양택연작七月二十九日崇讓宅宴作(7월 29일 숭양 빙부의 저택의 연회에서 지음)〉

만년의 이상은은 부평초처럼 떠돌며 이루어지기 어려운 귀향의 꿈을 외로운 등불이 보고, 영락하여 실의에 빠진 인생을 술만이 알고 있다고 말한다. 영락하여 뜻을 펼 기회를 만나지 못할 때 그와 함께한 것은 술이었다. 나이는 들어가고 사방으로 떠돌며 타향살이하는 생활에서 그와 함께한 것은 술뿐이었다. 원래 음주를 통해 기분전환을 꾀했던 이상은은 이 시기 이전에 기대했던 응분의 쾌감이 줄어들자 그의 기대는 여러 발짝 뒷걸음질쳐, 그저 근심을 피하고 시름을 더는 것을 바라는 것으로 만족했다. 이 시기 술은 단지 눈앞의 부정적인 정서에서 벗어나게 해주는dysphoria escaping 역할을 했을 뿐이었다.

이상은의 몇몇 시를 통해 그의 술에 대한 기대와 진정을 다시금 확인할 수 있다. 음주가 주는 쾌감을 기대했을 때부터 쾌감이 점차 약해지고, 그런대로 괜찮은 상태를 유지하다가 단지 부정적인 정서에서 벗어나게 해주는 데까지를 보면 술에 대한 처음 마음은 이제 더는 없다는 것을 알 수 있다. "이 정情(그때의 그 광경)을 왜 지금에야 추억하는지, 그때는 온통 허탈하고 막막하기만 했었지"라는 구절은 그의 술에 대한 탄식이 아닐까?

눈앞에 술이 없을 때의 느낌

봄누에 죽어서야 실뽑기를 그치고   春蠶到死絲方盡

촛불은 재 되어서야 눈물이 마르지   蠟炬成灰淚始乾

_〈무제無題〉3

이상은은 사람뿐 아니라 술에도 진심과 정성을 쏟았다. 그는 "봄누에 죽어서야 실뽑기를 그친다"라고 읊으며 탄식했다. 상대방에 대한 그리움은 죽을 때까지 멈추지 않는다고 생각했다. 그는 또 "촛불은 재 되어서야 눈물이 마른다"라고 읊었다. 그의 눈물은 촛불과 마찬가지로 다 타기 전까지는 끝나지 않았다. 이는 이상은의 감정에 대한 집착으로, 고통이 오래 지속되었어도 끝까지 견뎌 내었다는 사실을 비유적으로 표현한 것이다. 그런데 그리움의 대상이 술로 바뀌었다고 해도 이상은은 마찬가지 마음으로 눈앞의 술잔을 대할 수 있었을까?

음주 초기에는 기대가 크다

경치 아름다운 곳에 있으니 속세의 잡다한 일 다 잊고   地勝遺塵事

심신이 여유로우니 사계의 풍경에 마음 쓰인다   身閒念歲華

맑은 저녁 날 바람이 대숲을 스치고   晩晴風過竹

한밤중 밝은 달은 꽃을 비춘다   深夜月當花

샘물은 어지러이 흩어진 돌 틈으로 졸졸 흘러나오고   石亂知泉咽

경사진 오솔길은 이끼로 덮였다   苔荒任徑斜

즐겁고 편안한 마음으로 　　　　　　　　　　　　　　　陶然恃琴酒

거문고의 운율과 음주 뒤의 흥취에 기탁하니

깊은 산속 인가에 있다는 사실을 잊고 말았지 　　　　　　忘卻在山家

_〈춘소자견春宵自遣(봄밤에 스스로 마음을 달래다)〉

봄밤에 이상은은 바람이 대를 스치는 소리와 샘물이 돌 사이를 흐르는 소리를 듣고, 밝은 달빛 아래 흔들리는 꽃 그림자와 오솔길의 이끼를 보았다. 혼연히 자아를 잊고 거문고를 타며 술을 마시니 자신이 초야의 산속에 있다는 사실조차 잊었다. 이처럼 아름다운 풍경을 보면서 마찬가지로 아름다운 술로 스스로 만족한다. 술을 마시기 전 그는 잔뜩 기대했다. 술을 마시면 도취하고 마음도 느긋해질 것이라고. 그래야 아름다운 경치를 이리 헛되게 하지 않을 것 아닌가!

…… 막 벤 신선한 부추 　　　　　　　　　　　　　　嫩割周顒韭

삶은 통통한 아욱 　　　　　　　　　　　　　　　　肥烹鮑照葵

남촉주 유명탄 말 많이 들었는데 　　　　　　　　　飽聞南燭酒

술 거를 때 먹을 수 있다고 하는군 　　　　　　　　仍及撥醅時

_〈제이상모벽題李上謨壁(이상모 집의 벽에 짓다)〉

이상은은 친구의 집에 갔다. 친구는 최고로 좋은 식재로 만든 음식으로 정성껏 대접했다. 막 벤 신선한 부추, 즉석에서 삶은 아욱도 있었다. 배불리 먹은 뒤, 그곳에 "남촉주"가 유명하다는 말을 들은 이상은은 그냥 넘어갈 수 없어 한 번 맛볼 기회가 있을까 하고 친구의 속내를 떠보

았다. 친구는 아직 술을 거르지 않았으나 충분히 함께 즐길 수 있다고
말했다. 이상은은 즐거운 마음으로 친구와 함께 술을 마셨다. 술과 이런
아름다운 경험이 어우러져 술로 흥취를 더하려는 이상은의 바람은 충
족되었다. 이때 이상은이 술을 대하는 태도는 기대감looking forward이라 할
수 있다.

음주 중기에는 갈망이 생긴다

석양빛에 뒤덮인 담주 관사의 텅 빈 누대에 오르니	潭州官舍暮樓空
고금의 많은 일들 눈 아래 끝없이 펼쳐있다	今古無端入望中
상비湘妃의 눈물에 반죽斑竹은 촉촉하게 젖었고	湘淚淺深滋竹色
굴원屈原의 노래에는 난초 향기 잃음을 거듭 원망한다	楚歌重疊怨蘭叢
도간陶侃의 전함 썩어 없어진 황폐한 백사장에 비가 내리고	陶公戰艦空灘雨
가의賈誼 사당 천장 허물어져 바람 소리만 그 까닭을 호소한다	賈傅承塵破廟風
고택 정원에서 오래 기다렸으나 오기로 한 친구 보이지 않으니	目斷故園人不至
송료주松醪酒 누구와 함께 취하도록 마실까	松醪一醉與誰同
	_〈담주潭州〉

이상은은 담주(현재의 호남성 장사시長沙市 -역자 주)에 가서 옛날 이곳의 뛰
어났던 사람들이 모두 세상을 떠나고 남아있지 않음을 보고 탄식을 금
할 수가 없었다. 오기로 약속한 친구마저 오지 않는다. 높은 누대에 올
라 고향 쪽을 바라보는 그의 심정은 분명 매우 복잡했을 것이다. 하지
만 이상은의 걱정은 다른 곳에 있다. 누구와 함께 마음을 활짝 열고 통

쾌하게 현지의 특산인 송료주松醪酒를 마실까? 친구가 오지 않았으니 함께 술을 즐길 사람이 없다. 이상은은 혼자서 마셨을까? 그는 마셨다. 게다가 한술 더 떠 취할 때까지 마셨다. 친구가 오고 안 오고는 중요하지 않다. 친구를 기다리느라 아직 술을 마시지 않은 이상은은 술을 그리워했고, 술 마시기를 기대했으며, 나중에는 술이 필요했고, 술 마시기를 갈망하는 쪽으로 바뀌었다.

곽진郭震의 〈보검편〉처럼 명주名主를 만나지 못함이 처량하구나	凄涼寶劍篇
타향을 떠돌아다니며 평생을 헛되이 보내다니	羈泊欲窮年
시든 잎 비바람에 떨어지는데	黃葉仍風雨
부귀한 집안은 자기들끼리 풍악을 즐긴다	靑樓自管絃
새로 사귄 친구는 경박한 세속의 비난에 부딪히고	新知遭薄俗
옛 벗은 좋은 인연이 가로막혀 멀어진다	舊好隔良緣
고뇌 끊으려 신풍주 마시련다	心斷新豊酒
시름 없애는 데 술 한 말에 몇천 금인들 어떠리	消愁斗幾千
	_〈풍우風雨〉

〈풍우〉는 이상은 만년의 작품이다. 그는 탄식한다. 새로 사귄 친구는 세속의 비난에 부딪혀 친구 관계를 오래도록 지속할 수 없고, 오랜 친구는 여러 원인으로 가로막혀 소원해진다. 이런 고민을 단절하고 싶은데 술 말고는 다른 방법이 없다. 돈이 얼마가 들든 관계없다. 신풍新豊에서 나오는 맛있는 술로 근심을 덜고 답답함을 해소해 볼까나. 이때의 이상은은 음주를 갈망desiring하는 상태라고 할 수 있는데, 이 상황에서

술은 이상은에게 시름을 달래는데 대체 불가능한 필수품이다.

음주가 장기적으로 지속되면 마시지 않으면 안 되는 홀린 상태가 된다

밤낮없이 이어지는 주연에 백발 성성한 사람 받아주어도	卜夜容衰鬢
막부에서 연 술자리는 고향에서 멀리 떨어진 타향	開筵屬異方
촛불이 흘리는 눈물방울 가기의 부채 위에 떨어지고	燭分歌扇淚
비바람에 저 멀리 술 실은 배에서 술향기 전해온다	雨送酒船香
삼 년이나 강호에 나그네로 떠돌고	江海三年客
넓고 넓은 천지는 수많은 전쟁터로 변했지	乾坤百戰場
누가 곤드레만드레 대취하고 싶지 않겠는가	誰能辭酩酊
오랫동안 청장淸漳 강변에 눕고 싶어라	淹臥劇淸漳

_〈야음夜飮〉

　흰머리 성성하고 쇠약한 이상은은 연회에 참석하긴 했으나, 자기는 타향에서 일하는 사람이라는 사실에 생각이 미치니 마음이 답답하고 울적했다. 마침 멀리 배에서 술향기가 날아와 취한 사람을 더욱 취하게 한다. 이상은은 말한다. 누군들 술을 거절하겠는가? 누군들 한바탕 취하고 싶지 않겠는가? 술에 취해 드러눕는다고 해도 옛날 유정劉楨이 타향에서 오랫동안 병에 시달려 청장 강변에서 병상에 드러누웠던 것보다야 더하겠는가? 이상은은 곤드레만드레 대취하고 싶었다. 음주 말고는 해결책이 없으니 술을 거절할 수가 없었다. 취하지 않으면 오히려 자신에게 미안할 것 같아서 …….

올라가 기댈 누대 있으니	固有樓堪倚
기울일 술 없을 수 있나	能無酒可傾
봄이 오니 산봉우리에 걸린 구름 비를 품고	嶺雲春沮洳
밤이 되니 강에 비친 달 밝고 깨끗하다	江月夜晴明
물고기 어지러이 돌아다니니 서신을 어찌 부탁하며	魚亂書何託
원숭이 슬피 우니 꿈에서도 쉽게 놀란다	猿哀夢易驚
지난 시절 수도 장안에 살았지	舊居連上苑
지금은 한창 인사발령 시기로구나	時節正遷鶯

_〈사귀思歸(고향에 돌아갈 것을 생각함)〉

이상은은 높은 누대에 올라 멀리 고향 하늘을 바라보았다. 영락하여 타향을 떠돌면서 고향에 돌아갈 수 없다고 생각하니 이런 심정에서는 "기울일 술 없을 수 있나"라고 쓸 수밖에 없다. 그러니 술을 안 마실 수 있겠는가? 그랬을 것이다. 술이 없으면 안 되는 그는 온갖 방법을 다 동원하여 술을 손에 넣었을 것이다obsessive and planning to get drug. 이상은은 다른 것을 생각할 겨를이 없었다. 그저 술을 통해 마음의 고민을 없애고 싶었다. 이 시기 음주는 이상은에게 더 이상의 기대감도 갈망감도 아니었고 어쩔 수 없이 선택할 수밖에 없는 방법이었다.

이처럼 이상은의 알코올에 대한 마음은 "봄누에 죽어서야 실뽑기를 그치고, 촛불은 재 되어서야 눈물이 마르지"와 같아 한 단계 한 단계 깊어져 음주를 기대하고, 술과 벗하는 단계에서 음주를 갈망하는 단계, 그리고 한 걸음 더 나아가 마시지 않으면 안 되는 상태에 이르기까지 평생을 한결같이 술 생각이 끊이지 않았다.

그리움에 빠지면 설령 전혀 무익하다고 해도   直道相思了無益

치정에 빠져 평생 슬픔에 젖어도 나는 괜찮다오   未妨惆悵是淸狂

_〈무제無題〉**4**

알코올을 마주하면 이상은이 노래한 것같이 그리움에 빠지면 무익
하다는 사실을 잘 알고 있어도 소용이 없다. 우리 신체의 신경도 반복
적으로 자아 적응을 계속하여 밖으로부터 들어오는 물질─술이 내적 생
리의 기본 기능에 영향을 미치는 것을 용납하지 않기 때문이다. '신경
자아 적응'이 무엇인지 이해하고 싶으면 슬픔에 젖어 술을 마주하고,
치정에 빠져보는 것도 무방할 것이다. 술을 마시기 위해서라면 조금도
아까워할 게 없지 않은가?

'그때 그 광경' 아픈 추억―음주 후 뇌 신경의 3단계 변화

신경 계통의 입장에서 보면 알코올은 원래부터 체내에 있던 물질이 아닌 외부에서 들어온 물질이다. 신경은 외래 물질의 자극으로부터 손상을 피하고 스스로 적응하는 방법을 가지고 있는데 이를 신경 자아 적응neuroadaptation이라고 한다. 이는 모든 사람의 몸에서 자연적으로 발생하는 신경의 반응이다. 신경의 적응 과정에서 신경이 자극받은 시간의 길이에 따라 점진적으로 생리와 정서 반응이 생긴다.

음주할 때마다 주취기酒醉期(술을 마셔서 취하는 단계), 주퇴기酒退期(술이 깨는 단계), 무주기無酒期(술이 완전히 깬 단계) 등의 3단계 과정을 거친다. 알코올 중독 과학의 각도에서 보면 이 3단계는 주취의 "폭음과 중독기binge and intoxication" 주퇴의 "금단과 부정적인 영향withdrawal and negative affect", 무주의 "미혹과 갈구기preoccupation and anticipation, craving"다.

3단계는 각각 서로 다른 뇌 영역의 기능이 발휘된 것으로 서로 다른 뇌 영역의 계주 경기에 비유할 수 있다. 음주의 영향은 한 단계 한 단계 긴밀하게 연결되어 있고 순환한다. 신경에 미치는 영향 또한 끊이지 않고 반복하며 차차로 커진다. 이 3단계에서 각각 알코올 초기, 중기, 장기적인 영향 아래 개인에게 어떤 점진적 반응이 생기는지 알아보자.

주취기: 폭음과 중독기

처음 알코올을 사용하면 편안하고 공중에 떠 있는 것처럼 "알딸딸한" 느낌이 생긴다. 감각기관은 더욱 민감해지고 유쾌하고 즐거운 느낌이 드는데 이를 쾌감快感, euphoric feeling이라 통칭한다. 이는 음주 후에 뇌에서 도파민을 분비하여 쾌감을 만들어 내기 때문이다. 주의할 것은, 이때의 도파민은 단시간 내에 대량으로 분비되는데 신경의 입장에는 과도한 그리고 부정적인 자극이라 할 수 있다.

알코올의 사용 시간이 길어지면 신경은 보호 기제를 작동하여, 알코올이라는 외적 자극 물질에 무뎌 둔감해짐으로써 신경이 반복적으로 입는 손상을 감소시킨다. 이렇게 얼마간의 시간이 지난 뒤에는 갈수록 음주가 유발하는 쾌감이 작아지고 반응은 둔해져 점차 그런대로 괜찮은 느낌good feeling으로 되돌아간다. 음주가 유발하는 쾌감이 떨어지면 같은 효과를 보기 위해, 즉 처음의 쾌감을 회복하기 위해 할 수 있는 방법은 하나밖에 없다. 더 마셔서 신경 자극을 강하게 하고 도파민 분비를 늘려 억지일망정 처음 술을 마셨을 때 생겼던 효과를 유지하는 것이다.

음주가 오랜 시일 지속되면 술 마실 때 느꼈던 긍정적인 정서는 더욱 옅어지고 그런대로 괜찮다는 느낌조차도 바란 만큼 생기지 않는다. 이 단계에서 알코올은 심적 압박감을 잠깐 마비시키고 잠시 감정을 발산하는 작용만 한다. 결국 음주는 울적함을 피하기dysphoria escaping 위한 행위에 불과한 것이 되고 만다. 술의 효과가 사라지면 계속해서 스트레스와 부정적인 정서에 홀로 직면할 수밖에 없다. 더 무서운 것은, 알코올의 이런 마비와 해우解憂 효과는 알코올의 사용 시간이 증가할수록 떨어진다는 것이다.

주퇴기: 금단과 부정적 정서기

주퇴기 전기는 술이 깰 때로 금단 증상이 나타나는 시기다. 술이 깨는 초기에는 활력이 떨어지고 체력이 약해짐을 느끼게 된다feeling reduced energy. 그리고 반응이 무뎌지고 피곤하여 잠이 온다. 음주 후 뇌가 분비한 대량의 도파민을 소모하고, 저장해 놓은 도파민까지 다 써버렸으므로 술이 깰 때 도파민의 분비량이 따라가지 못해 부족해져 활동력의 하락을 초래한다고 상정할 수 있다.

음주 후 일정 시간이 지나면 술 깬 상태가 되어 활력이 떨어지고 잠이 오는 것은 물론 외적 자극에 대한 흥분감도 점차 약해진다feeling reduced excitement. 다시 말하면 원래의 일상생활에서 얻을 수 있는 만족과 흥분감이 신경 자아 적응으로 인해 자극의 강도가 줄어 무료하고 삶의 재미가 감소하며 맥을 못 추고 늘어짐을 느끼게 되는데 이런 증상들은 흥분감이 약해져서 나타나는 것이다.

오랜 시일이 지나면 체력이 저하되고 흥미가 떨어지며, 어떤 일을 해도 열심 나지 않고 심하면 우울, 초조, 불안 등feeling depressed, anxious, restless의 부정적인 감정이 나타나기도 하는데, 이 모두 장기 음주 후 술 깰 때 보이는 전형적인 증상이다. 신경이 자극에 둔감해지고 흥분감이 사라지며 불편한 느낌이 심해지는데, 이런 현상을 표현한 말 가운데 가장 유명한 것은 이백의 "술을 빌려 시름 덜려 했더니 도리어 더 시름이 쌓인다(擧杯銷愁愁更愁)"라는 시구다. 이 시기 그는 장기적인 음주로 이미 무슨 일에도 열심 나지 않아 맥을 못 추고, 즐거움을 느끼지 못하는 상태였는데 술이 깰 때는 더 답답하고 괴로운 상태가 되었다.

무주기: 미혹과 갈망기

평소 술을 마시는 사람은 몸에 알코올기가 없으면 술을 마시고 싶고, 음주가 주는 편안한 느낌을 얻고 싶어 한다. 이런 느낌은 마음에서만 오는 것이 아니라 부분적으로는 신체의 의존성에서 온다. 술을 마시기 전에는 "술을 마시면 편안해지고, 스트레스가 해소되고, 즐거워질 것이다"라고 생각하는데, 이런 기대감이 술을 찾게 하고 술을 마시게 하는 것이다. 초기의 음주에서는 알코올이 주는 효과를 누릴 수 있다.

얼마간의 시간이 지나면 이런 기대감은 신경 자아 적응으로 인해 점차로 통제하기 어려운 갈망감으로 변하는데, 이런 갈망감은 처음의 기대감과는 다른 일종의 절박성, 대체불능성이라고 할 수 있다. 다시 말하면, 좋아서 '원했던' 음주 패턴이 갈망하여 '필요로 하는' 음주 패턴으로 바뀌는 것이다. 중기의 음주에서는 알코올이 갈망을 충족시키는 해약 desiring drug이 되며, 술을 좋아한다는 생각과 음주를 필요로 한다는 생각은 이미 분리되기 시작한다. 이 시기에는 꼭 술을 좋아해서 마시는 것이 아니고 술이 필요해서 마시는 것 같다.

오랜 시간이 지나면 갈망감은 점차 강박감으로 변해 반드시 술을 마셔야만 만족하게 된다. 이 시기에는 마음속에 항상 술이 도사리고 있어 음주를 필요로 하는 양상에서 반드시 마시지 않으면 안 되게 변한다. 이런 식으로 장기간 술을 마시면 알코올에 사로잡히게 될 뿐 아니라 온갖 방법으로 술을 구하게 된다. 자아 통제력이 약해질 때는 강박감이 갈수록 뚜렷해진다. 특히 원래의 술을 좋아하는 감정은 갈수록 멀어지고 마시지 않으면 안 되어 피동적으로 술을 마시는 양상이 된다.

알코올 중독의 3단계는 각각 단기, 중기, 장기적인 알코올 사용으로 초래되는 영향을 서술했다. 술을 마시면 처음에는 마음이 열리고 흥분되며 기대감에 부푼다. 하지만 반복적으로 술을 마시면 신경이 상해를 입지 않으려고 스스로 보호하기 위해 자동으로 신경 자아 적응 기제를 만들어 낸다. 이렇게 오랜 시간이 지나면 결국에는 술을 마시지 않으면 안 되는 상태가 되는데, 술을 마시면 겨우 눈앞의 근심만 해소되고, 순간의 불쾌함만 모면할 수 있을 뿐이다.

알코올 중독 3단계와 뇌의 주요 책임

중독 단계	부위	초기 음주 효과	중기 음주 효과	장기 음주 효과
주취기 폭음과 중독기	기저핵	쾌감	그런대로 괜찮은 느낌	불쾌함 모면
주퇴기 금단과 부정적 정서기	편도체	활력 하락	흥분감이 약해짐.	우울과 초조를 느낌.
무주기 미혹과 갈망기	이마엽 피질	술을 그리워함.	술을 필요로 함.	마시지 않으면 안 됨.

2부

그대, 술잔을 내려놓으시게

술이여, 이젠 안녕이라고 말해야 할 때가 왔구나.
당나라와 송나라의 문인들은 술과 작별하는 내용을 시와 사로 쓰고,
마치 약속이나 한 듯 음주를 중단했다.
도대체 무슨 일이 있었던 것일까?
음주를 중단하면 어떤 어려운 문제와 도전에 직면할까?
그들은 각각 어떤 방법을 동원했을까?
바라는 대로 이루어져 순조롭게 음주를 중단했을까?
만약 그들이 오늘날 우리와 동시대에 살고 있다면
우리가 도울 수 있는 새로운 방법이 있을까?
알코올 중독 전문의와 함께 살펴보자.

백거이

白居易(772~846)

술 권하는 시인, 그의 친구가 되려면

백거이의 시는 평이하여 이해하기 쉽다. 그는 자신이 했던 모든 일에 시를 써서 기록을 남겼다. 심지어 "권주"라는 일상 동작까지도 생동감 있게 그렸다. 그가 어떻게 다른 사람에게 술을 권했으며, 심지어 자기 자신에게까지 술을 권했는지 살펴보자.

그의 시는 지나칠 만큼 성실했다. 그의 시를 빌려 "음주 문제 선별 검사 설문"을 만들어 보자. 이 설문에 백거이는 어떻게 회답할까? 그에게는 음주 문제가 있었을까?

새로 담근 술 부글부글 끓어오르고   綠蟻新醅酒

작은 화로에는 불꽃이 피어난다   紅泥小火爐

날은 저무는데 눈이 내릴 것 같아   晚來天欲雪

한 잔 마시지 않을 수 있겠는가?   能飲一杯無

_〈문유십구問劉十九(유십구에게 물음)〉

엄동설한 추운 겨울, 백거이가 새로 곡주를 담가 화로 위에 올려 술을
데우고 있다. 하늘을 보니 날이 저물어 어둑어둑하다. 그는 유劉선생을
초대했다. "우리 집에 와서 함께 한잔합시다." 시가 평이하고 정이 넘친
다. 따뜻한 우정이 저절로 드러난다. 함께 술 마시자고 초대하는 작은
행동에는 친구에 대한 그리움과 열정이 충만하다.

백거이는 호방했고 손님 접대하기를 좋아했다. 친구들과 자주 모임
을 가졌다. 이런 모임에는 술이 빠질 수 없다. 그는 이런 도취와 편안한
느낌을 좋아했다. 흥이 일면 친구와 함께 시를 읊고 노래로 화답했다.
그래서 많은 시와 사를 남겼다. 송나라 사람 방작方勺은 《박택편泊宅編》
에 백거이의 시가 몇 수인지 계산했다.

백낙천(백거이)은 즐기는 시를 많이 썼다. 2800수 가운데 음주 이야기가 900

수다.

백거이는 전체 작품의 3분의 1에 해당하는 900수의 음주시와 음주사를 썼다.

그는 주연을 벌이면서 친구의 술잔에 바닥이 보이지 않으면 상대방이 마음껏 즐기지 못했을까 염려하고, 상대방의 마음에 차지 않았다고 여겼다. 이럴 때 백거이는 모든 방법을 동원하여 친구에게 술을 권했다. 말이 부족하면 자신의 권주 초식招式을 시로 썼다.

기계백출, 백거이의 권주법

첫 번째 초식은 주변의 좋은 사물로 어필하여 좋은 시절의 아름다운 경치를 헛되이 흘려보내지 말라고 깨우쳐준다.

꽃 아래 아름다운 경치에 취해 돌아갈 때 까맣게 잊고 　　花下忘歸因美景

봄바람에 이끌려 권커니 잣거니 술을 마셨지요 　　尊前勸酒是春風

_〈수가서대견증酬哥舒大見贈(가서대가 보낸 시에 답하여)〉

백거이는 이처럼 먼저 온화한 봄바람을 끌어들여 술을 권한다.

어찌 꽃 아래 잔을 들고 　　何必花下杯

다른 사람이 술 권하기를 기다리는가 　　更待他人勸

_〈화하대주이수花下對酒二首(꽃 아래 술을 마주하고 2수)〉의 제2수

백거이는 화사한 벚꽃을 보며 친구에게 말한다. 모두 벚나무 아래 앉았는데 이런 아름다운 경치에 다른 사람이 술을 권할 때까지 기다릴 필요 있겠는가?

오늘도 어젯밤과 같이 휘영청 밝은 달이 떴는데　　　　　今日淸光昨夜月

와서 한 잔 권하는 사람도 없다니　　　　　　　　　　　竟無人來勸一杯

_〈서원외유향산사수일불귀, 겸욕척서, 대과승사. 시정치좌려수지제, 주필제장구이증

지舒員外遊香山寺數日不歸, 兼辱尺書, 大誇勝事. 時正値坐衙慮囚之際, 走筆題長句以贈之(서원외가 향산에

유람가서 며칠 동안 돌아오지 않아……)〉

달빛이 휘영청 밝고 아름다운데, 와서 술 한잔 권하는 사람도 없다니! 백거이는 눈앞의 경물을 민첩하게 술을 권하는 데 운용했으니, 환경을 충분히 활용했다고 할 수 있다. 당신이 만약 그의 친구라면 안 마실 수 없지 않겠는가.

두 번째 초식은 음주가 얼마나 좋고 아름다운가, 겨우 이것밖에 안 되니 잔을 비우자고 말하는 것이다.

한 잔 마시면 세상 근심 사라지고　　　　　　　　　　一杯驅世慮

두 잔 마시면 자연과 조화되고　　　　　　　　　　　兩杯反天和

석 잔 마시면 만취하여　　　　　　　　　　　　　　三杯卽酩酊

웃다가 미친 듯이 노래 부르게 된다오　　　　　　　　或笑任狂歌

〈권주기원구勸酒寄元九(원구에게 술 권하며)〉

한 잔은 번뇌를 몰아내고, 두 잔은 원기를 회복하고, 석 잔이 뱃속에 들어가면 대취하여 나를 잊고, 웃고 노래함에 아무런 구속이 없게 된다.

그대가 권해 취하니 　　　　　　　　　　　　　　　　　憑君勸一醉

황금 만 냥보다 낫다오 　　　　　　　　　　　　　　　勝與萬黃金

　　_〈파주사한사이수把酒思閒事二首(술잔을 들고 한가로운 일을 생각하며 2수)〉의 제1수

이렇게 취하니 황금 만 냥보다 진귀하지 않은가.

서로 머리가 하얗게 센 걸 봤는데 　　　　　　　　　彼此相看頭雪白

한 잔 술을 거듭 거절할 만한가? 　　　　　　　　　一杯可合重推辭

　　_〈수기우상공동숙화구권주견증酬寄牛相公同話舊勸酒見贈〉

당신이 마시지 못하면 백거이는 이렇게 격려할 것이다. 조금밖에 안 되니 거절하지 말고 마셔 버리라고.
　세 번째 초식은 아무것도 아닌 것을 마치 현묘한 것처럼 꾸미는 것이다. 눈앞의 술을 마신 뒤 자초지종을 알려준다.

술 한 잔 권하니 그대 사양 마시게 　　　　　　　勸君一醆君莫辭

두 잔째 권하니 그대 머뭇거리지 마시게 　　　勸君兩醆君莫疑

석 잔째 권하니 그대 이제 내 뜻을 알겠지 　勸君三醆君始知

오늘 보는 얼굴은 어제보다 늙었고 　　　　　　面上今日老昨日

취했을 때가 깨어 있을 때보다 편하다는 것을 　心中醉時勝醒時

천지는 멀고도 장구하고	天地迢迢自長久
달과 해는 서로 다투듯 달려간다오	白兔赤烏相趁走
죽은 뒤에 북두칠성에 닿을 만큼 황금이 남아있다 해도	身後堆金拄北斗
살아있을 때 마시는 술 한 잔만 못하다오	不如生前一樽酒

_〈권주勸酒〉

백거이와 술을 마시면 그는 석 잔을 권할 것이다. 첫 잔은 사양하지 말고 일단 마셔라. 두 번째 잔은 의심하지 말고 마셔라. 세 번째 잔에 그는 왜 마셔야 하는지 알려줄 것이다. 시간은 총총하여 붙잡을 수 없고 금전은 아무리 많아도 죽을 때 지니고 갈 수 없다. 고민하며 살아가는 것보다 지금의 즐거움을 누리는 게 낫다. 즐겁게 마시고 즐겁게 취하자.

백거이에게는 더 많은 권주 계책이 있었다. 연쇄 변화 초식, 무초식無招式으로 유초식有招式 이기기 등 막으려 해도 막을 재간이 없다.

어디에서도 술 잊기 어려워	何處難忘酒
하늘 끝 먼 곳에서 옛정을 나눌 때야 말해 무엇하리	天涯話舊情
청운의 꿈 이루지 못하고	青雲俱不達
성성한 백발이 갈마드니 서로 놀란다	白髮遞相驚
이십 년 전 헤어져	二十年前別
삼천 리 밖에서 나그네로 다시 만났지	三千里外行
지금 이 순간 술 한 잔이 없다면	此時無一醆
무엇으로 평생의 이야기 풀어내리	何以敘平生

_〈하처난망주칠수何處難忘酒七首(어디에서도 술 잊기 어려워 7수)〉의 제2수

번거롭고 속된 세상에 들어가지 마소	莫入紅塵去
몸과 마음만 수고롭게 하나니	令人心力勞
달팽이 촉각 위에서 서로 싸운들	相爭兩蝸角
얻어봐야 한 가닥 쇠털뿐인걸	所得一牛毛
잠시 분노의 불을 끄고	且滅嗔中火
웃음 속에 칼 가는 짓도 그치시게	休磨笑裡刀
차라리 이리 와 술을 마시며	不如來飲酒
평온히 누워 도도히 취해보세나	穩臥醉陶陶

_〈불여래음주칠수不如來飲酒七首(차라리 이리 와 술이나 마시세 7수)〉의 제7수)

백거이의 〈권주십사수勸酒十四首〉에는 〈하처난망주〉 7수가 들어 있다. 벼슬이 높거나 좌천되거나 젊거나 늙거나 친구와 만나거나 헤어지거나 관계없이 매 수 "何處難忘酒"가 있다. 이는 가는 곳마다 음주와 권주의 좋은 시기라는 것을 나타낸 것이다. 다른 7수는 〈불여래음주〉인데, 농사짓든 장사하든 종군하든 깊은 산에 은거하든 번잡한 세상에 들어가든 모두 고생스러우니 차라리 이리 와 술이나 마시자는 말이다. 백거이는 말한다. 지금 이때 술을 마시지 않고 또 언제까지 기다릴 것인가고.

백거이는 무슨 핑계를 찾아 자작했을까?

백거이는 다른 사람에게 술을 권하는 데 그치지 않고 스스로 술을 즐겨 마셨다.

그리움은 천 리 아득한데   所思眇千里

누가 나에게 술 한 잔 권할 것인가   誰勸我一杯

                                                          _〈북원北园〉

아무도 술을 권하지 않아도 관계없다. 그리움의 이유를 찾으면 된다.

심양의 술은 진하기도 해   潯陽酒甚濃

권할 때마다 취한다오   相勸時時醉

_〈조추만망겸정위시어랑早秋晚望兼呈韋侍御郎(이른 가을 저녁 먼 곳을 바라보며 위시어에게 바침)〉

특별한 이유를 찾지 못해도 관계없다. 술이 이토록 향기롭고 순수하
니 마음 놓고 취하기만 하면 된다.

자기가 술을 좋아한다는 사실을 다른 사람이 모를까 봐 그랬는지, 백
거이는 '취醉'와 관련된 호를 여러 개 가지고 있었다. 그는 40여 세에 강
주사마江州司馬에 부임했는데 자칭 '취사마醉司馬(술 취한 사마)'라고 했다.
60여 세에 하남윤河南尹, 태자소부太子少傅가 되었는데 시에서 자칭 '하남
취윤河南醉尹(술 취한 하남윤)', '취부醉傅(술 취한 스승)'라고 했다. 하지만 이런
별호들은 그가 은퇴 후 자칭한 '취음선생醉吟先生'과는 비교도 안 된다.

그는 도연명陶淵明의 〈오류선생전五柳先生傳〉을 참고하여 〈취음선생전
醉吟先生傳〉을 써 음주와 음시吟詩와 탄금彈琴을 애호하는 은퇴자의 형상
을 생동감 있게 묘사했다. 그는 취음선생이란 호의 유래에 관해 다음과
같이 썼다.

시를 다 읊고 나서는 쓴웃음을 지으며 술 단지를 열어 잇따라 몇 잔을 들이켜 몽롱할 정도로 크게 취한다. 취했다 깨고, 술이 깨면 또 시를 읊고, 시를 읊으면서 또 마시고, 마시면 또 취했다. 취하고 시 읊기를 끊임없이 반복했다. 그래서 일생을 꿈과 환상처럼 살았고, 부귀를 뜬구름처럼 여기고, 하늘을 장막 삼고 땅을 자리로 삼으니, 순식간에 백 년(한평생)이 지나간다. 편안하고 즐겁고 몽롱하여 늙음이 이르는 것도 알지 못한다. 옛사람이 말한 바 "술에 취해 내 몸을 보전한다"이다. 그래서 스스로 취음선생이라 불렀다.

취음선생은 〈영회시詠懷詩〉를 읊고 스스로 한 바탕 조소한다. 그러고는 술 단지를 열어 아직 거르지 않은 술을 떠 몇 잔 마시다가 자기도 모르는 사이에 취해 곯아떨어진다. 이윽고 그는 깨어 또 시를 읊조린다. 시를 읊조리며 또 술을 마신다. 술을 마시니 또 취한다. 이런 식으로 취하고 시 읊기를 끊임없이 반복한다.

그는 삶을 한바탕의 꿈으로 여기고 부귀를 뜬구름으로 여기며 하늘을 발과 장막으로 삼고 땅을 돗자리로 삼으니 순식간에 100년이 흘러간 것 같다. 이렇게 즐겁고 만족해하며 혼미한 상태에서 번뇌를 잊고 사니 늙음이 다가오는 것도 알지 못한다. 아마 옛사람이 말한 술기운을 빌려 제 몸을 보전한다는 것이리라. 그래서 그는 스스로 '취음선생'이라 칭했다.

취했다 깨고	醉復醒
술이 깨면 또 시를 읊고	醒復吟
시를 읊으면서 또 마시고	吟復飲

　이런 삶은 어쩌면 많은 사람이 동경하는 인생일지도 모른다. 종일 아름다운 사물 가운데서 살며 통쾌하게 술 마시고 노래하며 번뇌와 우수를 멀리 날려버린다. 이 문장이 천 년이나 끊임없이 입에서 입으로 전하여 외워지고 심지어 고등학교의 시 낭송 대회와 독해 테스트의 단골이 된 것은 조금도 이상한 일이 아니다. 돌이켜보니 이는 모두 백거이가 술을 마시기 위해 찾아낸 이유가 아닐까.

집안 식구들은 백거이의 음주를 어떻게 대했을까?

백거이가 술을 마실 때 집안 식구들은 어떻게 받아들였을까? 종일 함께 사는 집안 식구들은 그가 술을 마시도록 놔두었을까 아니면 못 마시게 했을까? 백거이 집안 식구들의 저작에서는 이와 관련된 묘사를 찾아볼 수 없다. 하지만 성실했던 백거이는 스스로 글을 남겼는데 바로 〈취음선생전〉이다.

　아내, 딸, 동생, 조카는 내가 지나친 것을 걱정하여, 때로는 나를 비난했으나 나는 아랑곳하지 않았다. 그들이 여러 차례 권면하면 나는 "보통 사람의 천성은 중도를 지키기 어려운 거지. 사람은 특히 좋아하는 것이 있기 마련이야. 나는 중도를 지키지 못하는 사람이야"라고 말했다.

　취음선생의 친척들은 그가 술을 마시고 시 읊조리기를 지나치게 좋아하는 것을 걱정하여 때로 말리기도 했으나 그는 듣지 않았다. 친척들이 거듭 주의를 환기하면 그는 이렇게 말했다. "보통 사람들의 본성은 자기가 좋아하는 일에 영향을 안 받기 어렵지. 반드시 뭔가에 빠지게 되는 거야. 나도 그런 사람이야 ……."

그가 그다음에 무슨 말을 할지 상상하기 어렵지 않다. 취음선생은 자료를 널리 인용하여 사람들이 푹 빠지기 쉬운 다른 일들을 들어 비교하면서, 만약 자기가 좋아하는 게 재산이거나 도박이거나 혹은 선단仙丹을 제조하는 일이라면 집안 식구들이 어떻게 할 거냐고 말한다. 다행히도 자기는 이런 취미가 없으며, 술을 지나치게 많이 마시기는 하지만 품위를 손상할 만큼 큰 문제는 없다고 말한다. 백거이는 집안 식구들을 설득한다. 괜찮아. 나한테 신경 쓰지 마. 난 아무 문제 없어.

취음선생의 말을 들은 집안 식구들의 반응은 어땠을까? 조금이라도 안심되었을까? 아니면 더 걱정되었을까? 백거이는 무슨 일이든 시로 남겼는데, 대부분은 자기만의 시각에서 썼고 어쩌다 한 번쯤 집안 식구들의 생각을 언급하기도 했다. 《백씨장경집白氏長慶集》에서 집안 식구들이 백거이의 음주에 대해 어떤 태도를 지녔는지 찾아볼 수 있다.

〈노거老去〉라는 시에서는 다음과 같이 썼다.

나이 드니 아내와 자식들 보기 부끄러워	老去愧妻兒
겨울이 되니 권면하는 말	多來有勸詞
몸을 따뜻하게 하기 위해서만 술을 마시고	暖寒從飲酒
찬 기운 쐬면서 시 읊지 말라 한다	沖冷少吟詩

집안 식구들이 백거이에게 "몸을 따뜻하게 하고 어한禦寒할 때만 술을 마시고 찬 날씨에 시를 읊지 말라"고 타일렀다. 〈달재낙천행達哉樂天行(그만하면 훌륭하다, 낙천아)〉이라는 시에서는 다음과 같이 썼다.

처자식은 언짢아하고, 조카들은 답답해하는데   妻孥不悅甥侄悶
나는 취해 누워 편안하고 즐겁기만 하다오   而我醉臥方陶然

견딜 수 없을 정도로 가난하여 집안 식구들은 화를 내기도 하고 번민하기도 하는데, 백거이 홀로 편안하게 취해 누워 있다.

그대 내가 아침마다 술을 마시니 이상하다 여기겠지   君應怪我朝朝飲
그 이유 그대에게 말하지 않으니 그대는 모르리라   不說向君君不知
다행히도 몸에 아픈 곳 없으니   身上幸無疼痛處
술 단지 주둥이를 기울여 맛을 볼 때지   甕頭正是撤嘗時
아내는 술을 그만 마시라고 잔소리하고   劉妻勸諫夫休醉
조카는 숙부가 사리를 모른다고 하소연하는데   王侄分疏叔不癡
예순세 살이나 먹은 머리 허연 늙은이가   六十三翁頭雪白
의식 맑고 총기 뛰어난들 무엇을 하겠는가   假如醒黠欲何爲

이 시의 제목 〈가양신숙家釀新熟, 매상첩취每嘗輒醉, 처질등권영소음妻侄等勸令少飲, 인성장구이유지因成長句以諭之(집에서 담근 술이 새로 익어 매번 마시며 취하니 처조카 등이 조금만 마시라고 충고하므로 칠언시七言詩를 써 알린다)〉에서도 볼 수 있듯이 집안 식구들은 항상 백거이에게 술 좀 작작 마시라고 충고했다.

백거이는 집안 식구들이 매일 술을 마신다고 탓하지만 조금도 개의치 않으며 자신만의 변명 이유가 있다고 시에 분명하게 썼다.

백거이에게 묻는다. 음주에 관한 네 가지

백거이의 음주 상태에 대해 오늘날의 〈중국인 음주 문제 선별 검사 설문 조사C-CAGE Questionnaire〉로 그에게 음주 관련 문제가 있는지 없는지를 측정할 수 있다. 다만 백거이가 직접 설문 조사에 참여하여 대답할 수 없으므로 그의 시를 빌려 답하도록 하자.

백거이의 집안 식구들은 그가 취했다가 깨고, 깨서 또 마시는 것을 그다지 찬성하지 않았으며 각각 다른 시간, 다른 상황에서 여러 방법으로 타일렀다. 집안 식구들뿐 아니었다. 백거이는 의원도 말했다고 시에 썼다.

눈이 손상된 지 오래되었는데	眼藏損傷來已久
병 뿌리가 견고하여 고치기 어렵다오	病根牢固去應難
의사는 먼저 술을 끊으라고 하고	醫師盡勸先停酒
함께 수련하는 동무들은 빨리 관직을 그만두라 한다오	道侶多敎早罷官

_〈안병이수眼病二首(눈병2수)〉

만약 백거이에게 〈선별 검사 설문 조사〉의 두 번째 문항인 "집안 식구들이나 친구가 당신에게 술을 적게 마시라고 권면하는가?"를 물으면 백거이의 답은 분명 "그렇다"일 것이다.

집안 식구들이 말하지 않아도 백거이는 자신이 술을 너무 많이 마신다는 것을 알았고, 줄이고 싶었지만 어려웠던 것은 아니었을까? 그는 여러 차례 자신의 음주량을 조절해야겠다고 생각한 적이 있지만 모두 실패했다. 그가 어떻게 썼는지 보자.

두통이 있어 많이 마실 수 없지만   頭風不敢多多飮

인사치레로 조금씩이야 서로 권할 수 있지 않은가?   能酌三分相勸無

      _〈수서삼원외견증장구酬徐三員外見贈長句(서삼원외가 나에게 준 시에 보답하는 7언)〉

평생 시와 술을 좋아했는데   平生好詩酒

이제 버려야 한다오   今亦將捨棄

술은 설사약으로 마셔야 하니   酒唯下藥飮

다시는 즐겁게 취할 수 없다오   無復曾歡醉

      _〈쇠병무취, 인음소회衰病無趣, 因吟所懷(노쇠하고 병들어 재미가 없어 마음속의 생각을 읊조림)〉

작년 처음 병든 뒤가 갑자기 기억나   忽憶前年初病後

이생에서는 술잔을 입에 대지 않기로 했지   此生甘分不銜杯

금년 봄의 일을 누가 예측할 수 있으랴   誰能料得今春事

또 유씨네 집에 술을 즐기러 온 것을   又向劉家飮酒來

  _〈회창원년춘오절구·병후희과유가會昌元年春五絶句·病後喜過劉家(회창원년 봄에 지은 오언절구. 병이 나은 뒤 즐거운 마음으로 유씨네 집에 들르다)〉

백거이는 두통이 왔을 때 술을 마시면 안 되고, 다만 "두통이 막 가라앉은 뒤"에 조금 마실 수 있다는 것을 알았다.[1] 하지만 그는 술 마시고 싶은 욕망을 누르기 어려웠다. 여전히 머리가 아파 불편해도 간단히 한 잔 마시고 싶었다. 원래는 건강이 좋지 않다는 것을 알아 평생 술을 마시지 않겠다고 결심했었다. 하지만 병이 났을 때는 술을 약으로 쓴다며 계속 마셨다. 병이 좀 나아지면 친구와 또다시 술을 마셨다. 그러므로 설문 조사의 첫 번째 문항인 "당신은 처음에는 많이 마시지 않으려고 했으나 나중에는 절제가 안 되어 과음한 적이 있습니까?"에 대한 백거이의 답 역시 "그렇다"일 것이다. 백거이의 입장에서는 음주량을 절제하기 매우 어려웠다. 그래서 그는 이렇게 썼다.

한 잔에 세상 근심 몰아내고 　　　　　　　　　　一杯驅世慮

두 잔에 자연과 조화되고 　　　　　　　　　　　兩杯反天和

석 잔에 만취하여 …… 　　　　　　　　　　　　三杯卽酩酊

술은 마시다 보면 한 잔이 또 한 잔을 불러들여 두 잔 되고, 다시 석 잔이 되므로 절제하기 쉽지 않다.

백거이는 술을 마시면 편안하고 즐거웠지만, 혹시 음주가 그다지 좋은 건 아니라는 생각에 민망하고 심지어 죄책감을 느끼는 복잡한 감정을 지니고 있지는 않았을까? 이에 대해 백거이는 다양한 대답을 내놓았다. 특히 폐병에 걸린 기간에는 모순된 감정을 드러내었다.

술이 있는데 병 때문에 못 마시고 　　　　　　　有酒病不飮

시가 있는데 피곤하여 읊지 못한다오 　　　　　　有詩慵不吟

머리가 어지러워 낚시질도 그만두고   頭眩罷垂鉤

손이 저려 거문고 타지도 못한다오   手痺休援琴

〈병중연좌病中宴坐(몸이 아파 조용히 앉아)〉

눈이 침침한 건 오랫동안 책을 보았기 때문이고   眼昏久被書料理

폐가 마름은 술로 인한 손상이라오   肺渴多因酒損傷

〈대경우음, 증장도사포원對鏡偶吟, 贈張道士抱元(우연히 거울 보며 읊어 장도사에게 주다)〉

폐가 상하니 술 마시는 데 방해되고   肺傷妨飮酒

눈이 아프니 꽃을 보기 꺼려진다오   眼痛忌看花

〈화유랑중곡강춘망견시和劉郞中曲江春望見示(유낭중에게 곡강 춘망을 알려주다)〉

폐병이 있어 잔을 채우기 부끄럽고   病肺慚杯滿

얼굴이 늙으니 거울이 꺼려진다오   衰顔忌鏡明

〈심양세만, 기원팔랑중·유삼십이원외潯陽歲晚, 寄元八郞中·庾三十二員外(심양의 세밑에 원팔낭중과

유삼십이원외에게 부치다)〉

　백거이는 술이 건강에 좋지 않다는 사실을 잘 알고 있었기 때문에
병이 났을 때 술을 마시면 안 된다는 것도 알았다. 폐병은 음주에서 오
는 상해이며 술은 신체에 해롭다는 사실도 알았다. 그런데 그는 원인을
결과로 잘못 알고 있었다. 그래서 폐병 때문에 술을 마실 수 없다고 원
망했다. 병에 시달리는 백거이는 술잔을 가득 채워 마시는 것이 부끄럽
게 느껴져 왜 스스로 건강을 보살피지 못했나 자책했다. 만약 백거이에

게 세 번째 문항인 "음주에 대해 좋지 않다고 느끼거나 죄책감을 느낍니까?"를 묻는다면 바로 답이 나올 것이다. 백거이는 술과 질병의 연관성을 잘 알고 있었다. 앞글에서 언급한 "나이 드니 아내와 자식들에게 부끄러워, 겨울이 되니 권면하는 말"이라는 구절이 확실한 증거다.

마지막 문항은 백거이의 〈묘시주卯時酒〉에서 찾아볼 수 있다.

불가에서는 제호를 칭송하고	佛法贊醍醐
선가의 방사들 밤이슬을 신선의 음료라 자랑하지만	仙方誇沆瀣
술꾼들이 묘시에 마시는 아침술만 못하다	未如卯時酒
신기할 정도로 빠른 공력이 제호나 항해의 몇 배나 된다	神速功力倍
술 한 잔 채워서 손에 들고서	一杯置掌上
세 모금으로 나누어 뱃속으로 흘려보내면	三咽入腹內
봄날의 따뜻한 기운 장과 위에 퍼지고	煦若春貫腸
겨울날 따뜻한 햇볕을 등에 쬐는 것 같다	暄如日炙背
딱딱하게 굳은 사지를 풀어주고	豈獨肢體暢
뜻과 기를 크게 더해준다	仍加志氣大
내 몸을 깨끗이 잊게 하고	當時遺形骸
온종일 번잡했던 관청 일도 잊게 만들어	竟日忘冠帶
꿈속에서 화서국을 유람하는 것 같고	似游華胥國
천지개벽 시절로 돌아간 것과 같아	疑反混元代

_〈묘시주卯時酒〉

묘시주는 글자 그대로 새벽 5시에서 7시 사이에 백거이가 기상 후에 마신 술이다. 불가에서는 제호(우유에서 정제한 버터기름)를 칭송하고, 도가에서는 선약을 만들 수 있는 이슬(항해流瀣)을 치켜세운다. 하지만 그가 볼 때 이 모두 마시자마자 공력이 순간적으로 크게 늘어 빠르고 효과가 있는 묘시주에 어림없다.

손 위에 한 잔 올려놓고 세 모금만 마시면 봄바람이 장과 위에 들어간 것처럼 따뜻해지고, 마치 태양이 내리쬐는 것같이 온몸이 훈훈해진다. 온몸 상쾌할 뿐 아니라 술을 마신 후의 포부와 이상도 더욱 커진다. 술을 마신 뒤에는 나도 모르게 내 몸을 잊고 심지어는 세속의 관직도 잊는다. 정신이 몸 밖에서 노닒이 마치 아득한 옛날의 화서국에서 노니는 것 같고, 천지와 우주가 개벽한 태초의 시절로 돌아간 것과 같다.

백거이의 〈묘시주〉는 세상에서 말하는 회혼주回魂酒(해장술)의 장점을 명료하게 묘사하고 있다. 회혼주는 술 마신 다음 날, 다시 조금만 마셔도 숙취를 풀어주어 정신이 맑고 상쾌해지는 술을 가리킨다.

주의해야 할 것은 회혼주를 필요로 하는 것은 알코올에 의존하는 생리 징후라는 것이다. 오랜 기간 알코올의 영향을 받은 뒤, 갑자기 얼마간 술을 마시지 않으면 몸에 금단 증후군으로 인한 불편한 증상이 나타나는데, 이때 약간의 술을 마시면 좀 편안해짐을 느끼게 된다.

아침 일찍부터 술이 당기는 것은 지난밤 잠자는 동안 마시지 않았으므로 낮에 금단 증후군이 나타난 것이다. 이런 증상이 알코올의 영향이라는 사실을 알지 못하면 아침 일찍 회혼주를 마시는 것이 가장 편리한 방법이 되는 것이다.

이제 백거이에게 마지막 문항을 물어보자. "당신은 아침에 일어나 아침 식사 전에 한 잔을 마셔야 편하고 정서가 진정됨을 느낍니까?" 백

거이에게 아침에 일어나 회혼주가 필요하냐고 묻는다면 그의 시 〈묘시
주〉에 답이 있다. 그의 답안은 아마도 "그렇다"이지 않을까?

〈음주 문제 선별 검사 설문 조사〉(C-CAGE Questionnaire)〉

간단하고 편리한 설문 조사로, 단 4개의 OX 문제다. 문제의 영문자 첫 글자를
따서 CAGE 설문 조사라고 한다. 자신의 기초적인 음주 상태를 이해할 수 있다.

1. 많이 마시고 싶지 않았으나, 결국 절제하지 못하고 과음한 적이 있다.
   (Cut down / Control)   — ☐ 그렇다 ☐ 아니다

2. 집안 식구들이나 친구가 좀 덜 마시라고 권면한 적이 있다.
   (Annoyed)   — ☐ 그렇다 ☐ 아니다

3. 음주에 대해 좋지 않다고 느꼈거나 죄책감을 느낀 적이 있다.
   (Guilty)   — ☐ 그렇다 ☐ 아니다

4. 아침에 일어나 아침 식사 전에 한 잔을 마셔야 편하고 정서가 진정됨을 느낀다.
   (Eye-opener)   — ☐ 그렇다 ☐ 아니다

이 설문 중에서 한 문제 이상 "그렇다"면 전문가에게 좀 더 발전적인 평가를 받거나,
혹은 〈알코올 사용 장애 평가 검사〉(Alcohol Use Disorders Identification Test, AUDIT)〉를
이용해 지속적으로 확인해야 한다. 만약 답이 "아니다"라면 알코올 사용 질환에서
배제된다.

백거이가 넌지시 드러낸 음주에 대한 반성

모든 초식을 동원하여 술을 권하던 백거이도 술을 거절했을까? 마지막
으로 그의 시 〈답권주答勸酒〉(권주에 답함)를 보자.

요즈음 도통 술 마시지 않는다고 나무라지 마오   莫怪近來都不飲

몇 차례 술에 취해 눈물로 수건을 적셨다오   幾回因醉卻沾巾

평생 격하게 술 좋아하던 사람이 이리될 줄 짐작이나 했겠소   誰料平生狂酒客

이제는 술 마시면 감정이 격해 우는 사람으로 변했다오   如今變作酒悲人

_〈답권주答勸酒(권주에 답함)〉

　최근 술을 통 마시지 않는다고 나를 나무라지 마라. 몇 차례 술 취해
눈물을 비 오듯이 흘렸다. 과거 술자리에서 위세가 당당하던 내가 이제
술을 앞에 놓고 깊은 탄식만 하게 됨을 생각이나 할 수 있었겠는가.
　성실하게 시를 쓰던 백거이는 주취 후 어떤 일이 생겨야 통곡하는지
는 쓰지 않았다. 하지만 앞글에 나오는 그와 비교하면 완전히 다른 심
경임을 알 수 있다. 그는 은연중에 조금은 회한을 느끼고 있었다. 만약
옛날로 돌아가 백거이에게 설문에 직접 답하도록 한다면 더 자세한 알
코올 중독 상황을 알 수 있지 않을까?
　백거이는 많은 영주시詠酒詩와 권주시를 썼는데 때로는 알코올에 대
해 망설이기도 했고 때로는 억제하지 못했으며 때로는 죄책감을 느끼
기도 했다. 몸은 이미 술독에 빠져 알코올에 의존하지 않으면 안 되는
지경이 되었고 가정도 술 때문에 그다지 즐겁지 못했다. 백거이에게

직접 선별 검사 설문지를 만들게 하면 그가 알코올 사용 장애alcohol use disorder인지 아닌지 정확하게 평가할 수 있지 않을까? 분명 그는 음주에 대한 망설임과 갈등에 대해 정확하게 알고 인식하고 행동했을 것이다.

알코올 중독―알코올 사용 장애

알코올 중독을 "알코올 사용 장애_{alcohol use disorder}"라고 한다. 하지만 술을 마셨다고 모두 질병이라고 할 수는 없다. 이 질병에는 엄격한 정의가 있다. 알코올 사용 장애에서 묘사한 세부 항목을 보면 알코올 사용으로 초래되는 영향을 알 수 있다. 다음은 《DSM-5 정신질환 진단 준칙 매뉴얼》에서 언급한 질환 진단 준칙이다.

알코올 사용 장애

임상적으로 현저한 손상이나 고통을 일으키는 문제적 알코올 사용 양상이 지난 12개월 사이에 다음의 항목 중 최소한 2개 이상 나타나면 알코올 사용 장애를 의심해볼 수 있다.

 1. 알코올을 종종 의도했던 것보다 많은 양, 혹은 오랜 기간 사용함.

 2. 알코올 사용을 줄이거나 조절하려는 지속적인 욕구가 있음. 혹은 사용을 줄이거나 조절하려고 노력했지만 실패한 경험이 있음.

 3. 알코올을 구하거나 사용하거나, 그 효과에서 벗어나기 위한 활동에 많은 시간을 보냄.

 4. 알코올에 대한 갈망감 혹은 강한 바람 혹은 욕구가 있음.

5. 반복적인 알코올 사용으로 인해 직장, 학교 혹은 가정에서의 주요한 역할 책임 수행에 실패함.

6. 알코올의 영향으로 지속적 혹은 반복적으로 사회적 혹은 대인관계 문제가 발생하거나 악화됨에도 불구하고 알코올 사용을 지속함.

7. 알코올 사용으로 인해 중요한 사회적, 직업적 혹은 여가 활동을 포기하거나 줄임.

8. 신체적으로 해가 되는 상황에서도 반복적으로 알코올을 사용함.

9. 알코올 사용으로 인해 지속적 혹은 반복적으로 신체적·심리적 문제가 유발되거나 악화될 가능성이 높다는 것을 알면서도 계속 알코올을 사용함.

10. 내성, 다음 중 하나로 정의됨.

   a. 중독이나 원하는 효과를 얻기 위해 알코올 사용량의 뚜렷한 증가가 필요함.

   b. 동일한 용량의 알코올을 계속 사용하는데 효과가 현저히 감소함.

11. 금단, 다음 중 하나로 나타남.

   a. 알코올의 특징적인 금단 증후군(손 떨림, 불면, 식은땀, 오심 또는 구토, 환시, 환각, 불안, 초조 등)

   b. 금단 증상을 완화하거나 피하려고 알코올(혹은 수면제와 같은 비슷한 관련 물질)을 사용함.

이 가운데 첫 단락에 언급한 항목이 진단에서 가장 중요한 부분이다. 음주는 "임상적으로 현저한 손상이나 고통을 일으킨다." 다시 말해 생활의 어떤 면에서든 음주의 영향으로 기능이 저하되거나, 정서적으로 고통을 당하는 등의 문제가 생기면 전문가에게 상세하게 자문하고 진단받아야 한다.

이 11개 항목은 몇 개의 큰 주제로 분류할 수 있다. 첫 번째 주제는 "마시고 싶으면 매우 많이 마신다", "그치고 싶은데 그치지 못한다", "생각하고 싶지도 않다, 할 수가 없다" 등을 포함한 "통제 능력 상실"이다. 이는 상술한 11개의 항목 중 제1항목에서 제4항목까지다. 두 번째 주제는 질환을 유발한다거나 업무와 인간관계에 영향을 미치는 것 등을 포함한 음주가 초래하는 "심신과 사회 기능"의 영향이다. 이는 상술한 11개 항목 중 제5항목에서 제9항목까지다. 세 번째 주제는 알코올의 "내성"과 "금단"을 포함한 "신체"의 알코올에 대한 반응이다. 이는 제10항과 제11항이다.

11개의 항목 중 2개 이상의 항목에 부합하고, 지속시간이 1년을 초과한다면 "알코올 사용 장애"에 해당할 수 있다. 만약 전문가의 도움을 구한다면 각종 정보와 다양하고 적절한 치료 방법을 제공받을 수 있다.

석
만
경

石曼卿(994~1041)

기괴한 음주 스타일, 나뭇가지 위에서도 술을 마셔

석만경은 주량도 세고 술 마시는 방법도 다양했다. 그의 글을 자세히 읽지 않으면 도저히 상상할 수 없을 정도로……
황제가 석만경에게 술을 끊으라고 했는데, 술을 끊자마자 무슨 영문인지 세상을 뜨고 말았다. 도대체 무슨 일이었을까? 술을 많이 마시면 어떤 문제가 생길까? 갑자기 음주를 중단하면 어떤 뒤탈이 생기게 될까?

송宋나라 시대 전체를 통틀어 주량이 가장 센 사람을 찾으라면《수호지水滸志》에 나오는 무송武松일 것이다. 다른 사람은 세 사발을 마시면 고개를 못 넘어가는데, 그는 단숨에 열여덟 사발을 마시고 호랑이를 잡겠다고 경양강景陽岡에 가서 호랑이를 때려잡을 정도였다. 또 한 사람이 있는데 바로 석만경石曼卿이다.

"석 오두石五斗(석 다섯 말)"라 불린 석만경

석만경의 주량은《송사宋史》가 증명한다.

연년延年(만경)은 통쾌하게 술 마시기를 좋아했다. 일찍이 유잠劉潛과 함께 왕씨의 술집에서 대작했는데, 종일토록 한마디도 나누지 않고 술을 마셨다. ……두 사람은 조금도 흐트러짐 없이 먹고 마셨는데, 저녁이 되자 멀쩡한 얼굴로 서로 읍揖하고 술집을 나섰다. 다음 날 왕씨 집에 신선 둘이 와 술을 마셨다는 소문이 수도 개봉開封 전체에 퍼졌는데, 사람들은 훗날 이들이 유잠과 석만경이라는 것을 알았다.

석만경과 유잠은 종일토록 한마디 말도 나누지 않고 술만 마셨는데도 전혀 취한 모습을 보이지 않았다. 이 기록만으로도 석만경의 주량을 짐작할 수 있는데 그는 도대체 얼마나 마실 수 있었을까? 다섯 말을 마신다는 뜻의 '석 오두'라는 그의 별명을 통해 추산할 수 있다. 한 말을 열 근으로 계산하면 다섯 말은 50근이다. 송나라 시대의 한 근은 오늘날의 640그램이니까 50근은 32킬로그램이다. 오늘날의 논법으로는 그를 '석 32킬로그램'이라고 부르면 될 것 같다.[1]

석만경의 본명은 연년延年이다. 친구들은 그의 이름을 직접 부르지 않고 자인 만경으로 불렀다. 후인들도 그를 만경으로 호칭했다. 석만경은 북송北宋의 문인이자 서예가로 발이 넓었고 성격이 호쾌하고 시원시원했으며 도량이 크고 큰 뜻을 품고 있었다. 당시 사람들은 석만경의 시詩, 구양수歐陽脩의 산문(文), 두묵杜黙의 노래(歌)를 '삼호三豪'라고 부르며 칭송했다. 석만경은 매우 많은 시와 사詞를 창작했는데 안타깝게도 전해지지 않는다. 하지만 사람들의 입에 가장 많이 오르내리는 그의 재미있는 일화는 당나라와 송나라를 넘어 오늘날까지 전해온다.

당唐나라 때의 유명한 시인 이하李賀가 그의 시에 이런 구절을 썼다.

하늘에 정이 있다면 하늘도 늙을 것이다 　　　　　　　　天若有情天亦老

_〈금동선인사한가金銅仙人辭漢歌(금동선인이 한나라 땅을 떠남을 노래함)〉

하늘에도 감정이 있다면 점차로 늙어갈 것이다. 사람들은 이 시가 정이란 어찌할 방법이 없음을 표현한 것으로, 의경이 매우 아름다우나 마치 옥에도 티가 있듯이 훌륭한 가운데 조금 모자라는 점이 있다고 생각했다. 만약 이 구절을 상련上聯으로 하여 의경이 비슷한 하련下聯을 지을 수 있으면 좋을 텐데 그것은 매우 어렵다고 생각했다.

> 하늘에 정이 있다면 하늘도 늙을 것이며　　　　　　天若有情天亦老
>
> 달에 한이 없다면 달은 이지러지지 않을 것이다　　　月如無恨月常圓

그로부터 200년 뒤, 석만경이란 사람이 나타나 마침내 "달에 한이 없다면 달은 이지러지지 않을 것이다"라는 하련의 명 구절을 지었다. 만약 달에 후회와 원망의 감정이 없다면 항상 둥글 것이라는 것이다. 석만경이 이 하련을 짓자 주위 사람들은 놀랐다. 세상에 다시 없는 완벽한 대구이며 피부에 와 닿는 매우 적절한 묘사이기 때문이다.

하지만 세상에 널리 퍼진 석만경의 명성은 시보다는 술과 더 관계가 깊다. 술 마시는 방법이 가장 기괴한 문인을 뽑는다면 그가 으뜸일 것이다. 도대체 어떤 식으로 술을 마셨으며 어떤 명성을 얻었을까?

석만경의 기괴한 주벽

석만경이 술을 마시는 방법은 매우 특별했다. 석만경보다 시대적으로 조금 늦은 심괄沈括은 그의 작품 《몽계필담夢溪筆談》에 석만경의 흥미로운 음주 방식을 소개했다. 《몽계 필담》은 당시의 과학 지식과 성과를 기록한 책으로 내용이 매우 신뢰할 만하다. 심괄은 이 책에서 놀라 입을 다물 수 없는 기가 막힌 일화를 기록했다.

> 석만경은 통쾌하게 술 마시기를 좋아했다. …… 손과 함께 통음할 때마다

머리를 풀어 헤치고 맨발로 형구를 차고 앉아서 마셨는데, 이를 수음囚飮이라고 했다. 나뭇가지 위에서 술을 마셨는데, 이를 소음巢飮이라고 했다. 각종 곡물의 줄기로 몸을 묶고 목을 길게 빼고 마시고는 다시 목을 움츠렸는데 이를 별음鼈飮이라고 했다.

'수음'은 머리를 풀어 헤치고 맨발에 수갑과 족쇄를 차고 술을 마시는 것이다. '소음'은 나뭇가지 위에서 술을 마시는 것이다. '별음'은 곡식의 볏짚으로 몸을 묶고, 술을 마실 때 거북이처럼 목을 길게 빼고, 술을 마신 뒤에는 목을 다시 움츠리는 것이다. 일설에 따르면 밧줄로 올가미를 만들어 술을 마실 때 머리를 올가미에 걸어 목을 조르는 것이라고도 한다. 이외에 '도음徒飮(한밤중에 불을 밝히지 않고 술상을 차려 마심. -역자 주)', '귀음鬼飮(숨어 있다가 나와서 술을 마시고 다시 숨음. -역자 주)', '요음了飮(곡하면서 술마심. -역자 주)', '학음鶴飮(한 잔 마시고 나무 위에 올라갔다 내려와 마심. -역자 주)'

다량의 음주가 신체에 미치는 영향

《송사宋史》에서 석만경이 저녁까지 술을 마셔도 조금도 취하지 않고 얼굴도 붉게 변하지 않았다고 기록하고 있는데, 이는 알데하이드탈수소효소와 관련된 유전자와 관계가 있다. 얼굴이 붉어지지 않는 현상이 신체가 알코올을 충분히 감당할 수 있다는 표시일까? 석 오두(석만경)는 한 번에 다섯 말의 술을 마신 것으로 유명한데 분명 술을 마신 뒤 즉시 다량의 알코올이 초래한 심각한 영향을 받았을 것이다.

다량의 음주가 초래하는 알코올 중독의 위해를 경시하면 안 된다. 걸음걸이가 불안정하고, 눈 떨림, 신체의 부조화, 심지어 혼수상태를 포함한 많은 신경학적 증상에 주의해야 한다. 특히 짧은 시간에 빠른 속도로 다량의 알코올을 마시면 뇌에서 호흡을 담당하는 통제센터인 '연수延髓(숨골)'를 억제하여 심장의 전도 체계에 영향을 미쳐, 호흡이 억제되어 산소 부족 현상이 생기거나, 전도 체계가 영향을 받아 부정맥을 유발하는 등 생명이 위험해지거나 돌연사할 가능성이 뚜렷하게 증가한다.

등 적지 않은 방법이 있다. 어쨌든 그가 술 마시는 방식은 기괴하기 짝이 없었다. 그는 단순하게 벌컥벌컥 마시는 호음豪飮이나 통음痛飮으로는 만족하지 못했고 다른 감각기관의 자극이 추가되어야만 했다. 그래서 이렇게 많은 음주 방법을 만들어 낸 것이다.

주량이 타의 추종을 불허했던 그는 후에 어떻게 되었을까?

석만경이 술을 끊고 죽은 원인은?

《몽계필담》에서는 석만경의 후반 사적을 다음과 같이 기록했다.

> 인종仁宗은 그의 재능을 아껴 일찍이 보정대신輔政大臣에게 석만경이 술을 끊기 바란다고 말했다. 석만경은 이를 듣고 더는 술을 마시지 않았는데 결국 이 때문에 병을 얻어 죽었다.

당시 북송의 인종황제는 석만경이 종일토록 술독에 빠져 사는 것을 보고 너무 안타까워 주변의 대신에게 석만경이 술을 끊으면 좋겠다고 말했다. 석만경은 황제께서 자기에게 관심이 크다는 사실을 알고 더는 술을 마시지 않겠다고 결심했다. 그런데 뜻밖에도 이 때문에 병이 나서 세상을 뜨고 말았다.

금주는 확실히 좋은 일이다. 그런데 무엇 때문에 그의 생은 겨우 48세의 나이에 비극적인 끝을 맞이하게 되었을까? 그의 갑작스러운 죽음으로 친구들은 매우 상심했고 너도나도 시문으로 그를 추념했다. 각계의 친한 친구들이 제문을 썼는데 마치 조금도 꺼리지 않은 듯 알코올에 대해 묘사한 부분이 적지 않다. 석만경과 술은 떼려야 뗄 수 없었다.

친한 친구 구양수歐陽脩는 〈석만경묘표石曼卿墓表〉를 썼는데 그 가운데 다음과 같은 말이 나온다.

자신이 시대와 맞지 않음을 알아 종일토록 술기운을 빌려 그럭저럭 세상을 살아갔다. 통음하고 대취하는 것을 좋아하여 퇴폐적으로 방종하게 살았다.

석만경은 자신이 시대와는 도무지 맞지 않음을 알았다. 그래서 온종일 술을 마시며 그럭저럭 그날그날을 보냈다. 특히 통쾌하게 술을 마시고 대취하는 것을 좋아하였으며, 의기소침하여 퇴폐적으로 제멋대로 세상을 살았다. 석만경에게 알코올은 현실 도피의 좋은 방법이었던 것 같다.

또 친구 소순흠蘇舜欽은 〈곡만경哭曼卿(만경을 위해 곡함)〉에서 다음과 같이 썼다.

(그대) 큰소리로 노래하고 시를 길게 읊조리고 꽃 꽂고 술 마셨고高歌長吟揷花醉

(나는) 취해 쓰러져 돌아가지 못하고 그대 집에서 잠이 들었지　醉倒不去眠君家

석만경은 큰 소리로 노래하고 가락에 맞추어 천천히 길게 시를 읊조리고, 머리에 꽃을 꽂고 즐겁게 술을 마셨다. 소순흠은 대취하여 집에 돌아가지 못하고 석만경의 집에 쓰러져 편하게 잠잤다. 두 사람은 서로 트고 지내는 막역한 술친구였다.

이토록 술을 좋아하는 사람이 도대체 어떻게 해서 잠깐 술을 끊은 사이에 죽게 되었을까? 술이 없으니 기분이 상해 마음이 답답하고 괴로워서 죽었을까? 술이 없으니 삶에 중심과 목표가 사라진 게 원인이 되었을까? 아니면, 술이 건강에 좋은 영향을 미쳤는데 술이 들어가지 않자 오히려 병이 생기게 된 것일까?

술을 마시지 않아 죽었다는 말을 어떻게 해석할까?

석만경은 술을 끊었는데 결국 그 때문에 병을 얻어 죽었다. 게다가 창졸간에 죽었다. 앞에서 열거한 몇 가지 원인으로도 그의 사인을 완전히 설명하기는 어렵다. 만약 앞에서 말한 이유로 죽었다면 사서에서 "근심과 걱정으로 죽었다", "삶에 재미가 없어 죽었다"라고 기록했어야 이치에 맞다. 더군다나 술을 마시지 않아 병이 들어 죽었다니, 옛날 시골 사람들 같으면 무슨 재미있는 일이라도 생긴 양 "아무개가 술을 마실 때는 아무런 문제가 없었는데 술을 끊자마자 병이 들어 죽었다"라며 사방에 소문을 내고 다녔을 것이다. 심지어는 "술이란 참 좋은 거야. 몸을 건강하게 해주거든. 술을 마시면 있던 병도 다 나아. 그런데 안 마시면 몸이 상해. 석 아무개를 봐"라고 와전되기도 했을 것이다. 대개 술의 좋은 점이 과장되고 금주의 이점은 과소평가 되었는데, 이는 오늘날의 건강 상식에서 많이 벗어난다.

술을 끊자마자 병이 들어 죽었다는 논법은 상식을 벗어난 것이라 상상조차 하기 어려운 일이다. 만약 이 이야기가 사실이라면 알코올 금단시의 신체 반응을 통해 설명해야 할 것이다. 신체가 알코올의 장기적인 영향을 받으면 취할 때도 위험하지만 깰 때는 더욱 위험하다. 술을 마시다가 죽을 수도 있지만 술을 끊다가 죽을 수도 있다. 술을 끊었을 때 나타나는 증상을 '알코올 금단 증후군alcohol withdrawal syndrome'이라고 하는데 가장 심각한 증상은 '섬망譫妄'으로 인해 죽는 것이다.

오호라, 만경이여! 오호라, 만경이여! 오호라, 만경이여!

석만경은 금주로 인해 죽었다. 그것도 이른 나이에 갑자기 죽었다. 그의 오랜 친구 구양수는 그가 세상을 떠난 26년 뒤, 그의 묘 앞에 〈제석만경문祭石曼卿文〉(이 글은 매우 감동적인 글로《고문관지古文觀止》에 실렸다)을 지어 바쳤는데, 세 차례나 "오호라, 만경이여!"라고 썼다. 이를 보면 그의 석만경에 대한 추모의 정이 간절하고 깊으며, 마음이 지극히 비통했음을 알 수 있다. 두 사람의 우의는 이토록 깊었다.

석만경은 상심한 친구를 남겨두고 인간 세상을 떠났다. 오랜 세월 술을 마시고 갑자기 술을 끊다가 죽은 그. 만약 현대의 알코올 중독 의학의 도움을 받아 치료했다면 그렇게 갑자기 세상을 뜨지는 않았을 것이다. 금주에 앞서 절차와 정해진 방법에 따라 먼저 알코올 해독 방법에 대해 상담받을 수 있었을 것이다. 다시 말하면 안전을 고려한 바탕 위에 단기적으로는 알코올 해독 약물의 도움을 받았을 것이고, 만약 장기적으로 금주를 하려고 했다면 약물 치료와 비약물 치료를 병행했을 것이다. 그랬다면 석만경은 성공적으로 술을 끊었을 것이고 그의 사례는 미담이 되어 사방에 퍼지지 않았을까?

술을 끊고 죽다—무모한 금주의 금단 증세

알코올의 효용을 알아야 한다

알코올은 매우 많은 효용을 가지고 있다. 편안하게 해주고 긴장을 덜어주거나 잠드는 시간을 줄여주기도 한다. 알코올은 수면제나 진정제와 마찬가지로 중추신경 억제제에 속한다(물론, 알코올은 이와 동시에 다른 복잡한 작용을 한다). 술을 마시면 뇌 내 신경 활동이 억제되어 긴장감과 불안감을 줄여주고, 심박과 혈압 등 기본적인 생리 기능을 떨어뜨린다. 만약 지나친 음주로 알코올에 중독되면alcohol intoxication 알코올의 영향으로 발음이 꼬이고 걸음걸이에 균형이 잡히지 않으며, 주의력이 산만해지고 반응이 둔해지는 등의 증상을 포함하여 매우 많은 변화가 나타난다. 만약 심장박동 리듬에 영향을 받거나 호흡이 억제될 경우 심하면 혼수상태에 빠질 수 있다.

과음은 아니지만 매일 술을 마시면 신경에 어떤 영향을 미칠까? 알코올은 외래 물질로 신경독성을 가지고 있어, 장기적이고 반복적으로 술을 마시면 대뇌 특정 영역의 세포가 손상된다. 그래서 장기적으로 자극을 받으면 신경은 본능적으로 알코올에 의한 손상을 피하려고 반응하여 신경 세포가 받는 알코올의 부정적인 영향을 최대로 줄인다.[2]

오랜 기간 술을 마셨던 사람이 갑자기 술을 마시지 않으면 용수철이 눌렸다가 갑자기 풀려 튕겨 나가는 것처럼, 원래 알코올의 신경을 억제하던 효과가 반대로 거슬러 튀어 오른다. 이런 반발로 나타나는 효과가 바로 금단 증상이다. 금단 증상이 나타났을 때 효과적으로 치료하지 않으면 석만경처럼 병이 나 죽을 수 있다.

음주를 중단하면 알코올의 효용과 상반된 증상이 나타날 수 있다

알코올 금단 증후군은 '술이 깰 때'와 '음주를 중단했을 때'에 나타나는 증상이다. 음주 후 1~3시간 안에 혈중 알코올 농도가 가장 높은 점에 도달했다가 내려가는데 이때 알코올 금단 증후군 증상이 나타나기 시작한다. 이 증상은 다양한데 간단하게 설명하면 오랜 기간 알코올에 억제되었던 신경이 억제 물질이 줄어든 뒤에 과도한 흥분 상태로 되는 현상이다.

기본적인 생리 기능이 과도한 흥분 상태가 된다는 것은 심장박동이 빨라지고(심계心悸), 혈압과 체온이 상승하는 것을 의미한다. 감정이 과도하게 흥분되고 자극을 받으면 초조하고 쉽게 화내며, 짜증 나고 불안한 증상이 나타난다. 기타 알코올 금단 증후군의 증상으로는 불면, 손 떨림, 식은땀, 구토 등이 있는데, 그 가운데 가장 주의해야 할 것은 알코올 금단에 의한 전진증顫振症, alcohol withdrawal tremor이다. 이런 전진(손발 떨림)은 고정된 한 가지 자세를 유지할 때 유발될 수 있다. 예컨대 두 팔을 앞으로 곧게 뻗으면 손 떨림 현상이 더 분명히 드러난다.

심각한 알코올 금단 증후군은 생명에 영향을 미칠 수도 있다. 예컨대 간질(뇌전증) 발작(사지 경련, 눈을 치며 눈동자가 위쪽을 보는 증상, 입에 거품을 무는 증상, 극심한 경련 등을 포함한 전신 경련), 망상이나 환각 등 정신병 증상(틀린 의견을 끝까지 고집하거나 헛것이 보이고 환청 현상), 심지어는 심각한 섬망 증상을 보이는데 이 모두 술이 깬 뒤 몇 시간 혹은 며칠 안에 나타난다.

알코올 금단의 가장 심각한 증상은 섬망

섬망은 질병이 아니고 동시에 나타나는 여러 가지 임상 증상 표현으로 며칠 혹은 몇 주 동안 지속되기도 한다. 섬망 증상이 나타날 때는 개별 사안에 따라 다른데 갑자기 방향감각이 모호해지며(자기가 어디에 있는지, 지금 몇 시인지 알지 못하고 앞에 있는 친구도 알아보지 못한다), 혼란스러운 거동과 언사 등이 나타나 마치 사람이 완전히 변해버린 것처럼 보인다. 섬망을 유발하는 원인은 매우 많은데, 증상이 생기면 반드시 서둘러 원인을 찾아 그에 맞는 치료법으로 치료해야 한다. 술을 끊고 병이 나 죽은 석만경은 섬망으로 인해 죽었을 가능성이 크다.

알코올 금단 증후군

증상 표현	자주 나타나는 시점(마지막 음주 시간으로부터 계산)
진전	6~8시간
정신병 증상	8~12시간
간질(뇌전증) 발작	12~24시간
섬망	24~72시간(7일 안에 일어날 가능성 있음)

　알코올 금단 증후군이 유발하는 섬망 증상을 전문 용어로 '진전섬망震顚譫妄, delirium tremens(벨기에 맥주인 델리리움 트레멘스는 기획적으로 이 이름을 붙인 것이다. -역자 주)'은 '알코올성 섬망'이라고도 한다. 이는 갑작스러운 금주가

유발하는 섬망 증상으로 보통 술이 깨고 수일에서 일주일 사이에 나타
난다. 섬망 증상이 나타났을 때 제대로 치료하지 않으면 사망률은 최고
20퍼센트에 달한다. 알코올 금단 섬망 증세가 나타난 사람 다섯 명 가
운데 한 명은 죽는다는 의미다. 그러므로 조기 발견 조기 치료가 필요
하며 십중팔구 병원에 가서 치료해야 한다.

알코올 중독과 알코올 금단

알코올 중독alcohol intoxication	알코올 금단alcohol withdrawal
최근 음주	장기적으로 다량의 음주 후 중단(혹은 줄임)
음주 당시, 혹은 음주 후 아래 징조나 증 상 가운데 하나(혹은 더 많이)가 곧 나타남. 1. 말이 명료하지 않음. 2. 언밸런스(부조화, 불균형) 3. 걸음걸이 불안정 4. 안진(눈떨림) 5. 주의력이나 기억력 감퇴 6. 멍해지거나 혼수상태	음주를 중단(혹은 줄임)한 뒤 몇 시간에서 며 칠 안에 아래의 증상 가운데 하나(혹은 더 많 이)가 나타남. 1. 자율신경 기능이 과도하게 활발(예컨대 땀을 흘리거나 맥박이 분당 100회를 초과) 2. 손 떨림이 자주 있음. 3. 불면 4. 구역질 혹은 구토 5. 잠깐 시각·촉각·청각의 환각이나 착 각 6. 정신과 행동이 격해짐. 7. 불안 8. 범발성 경직-간헐성 간질(뇌전증) 발작

징조나 증상이 신체의 다른 질병을 그 원인으로 볼 수 없고, 물질 중독과 금단을 포함한
다른 정신질환 때문이 아니라면, 더 나은 다른 해석을 할 수 있다.

알코올 금단 증후군의 증상은 오늘날의 의학에서 매우 많은 방법으
로 치료할 수 있다. 일부는 단기적으로 '알코올 해독alcohol detoxification 약
물을 사용하여 불편함을 줄이는데 이는 임상에서 자주 사용하는 방식

이다. 약물은 신경의 안정을 최대로 유지하고 금단 증상을 감소시켜준다. 조기에 약물을 사용하면 생명을 위협하는 심각한 금단 증상이 나타날 확률을 대폭 떨어뜨려 준다. 장기적으로는 많은 금주alcohol abstinence 방식을 참고할 수 있다. 현대에는 금주를 결심하면 치밀하고 안전을 보장하는 다양한 방법을 선택할 수 있다.

육
유

陸游(1125~1210)

알고 보니 당뇨병 환자, 죽 끓이고 술도 마셔

한 번에 술 다섯 말을 마시고 건강은 아랑곳하지 않으며 벌컥벌컥 술을 마시던 석만경과 달리 육유는 양생을 매우 중시했다.

오랜 기간 당뇨병에 시달린 육유는 죽을 먹으며 양생하는 방법을 실행했다. 그런데 죽을 먹으면 당뇨병에 어떤 영향을 미칠까? 사실은 육유도 술을 마셨다. 술은 그의 당뇨병에 영향을 미쳤을까? 육유는 자신의 음주 행위를 변명하려고 했을까, 아니면 용감하게 금주를 시도했을까?

양생으로 유명했던 육유, 뜻밖에도 죽을 먹어 병에 걸렸다?!

2020년, 타이완의 고등학교 학업수평측시學業水平測試 국어 과목에 '육유
죽품사방필기陸游粥品私房筆記'라는 제목의 흥미로운 문항이 출제되었다.
이는 육유가 친히 정리한 식단이다. 문제의 보기에서 육유의 죽을 먹던
습관과 현대 영양학에서 보는 음식물에 대한 견해를 결부시켰고, 서로
다른 음식물의 형태와 조리 방법이 혈당지수Glycemic Index, GI에 미치는 영
향을 분석했으며 당뇨병에 걸린 육유에게 죽이 어떤 영향을 미쳤는지
언급했다.

출처를 밝히지 않아 애를 먹어가며 어렵게 출처를 찾아냈다. 이 글은
육유가《재거기사齋居紀事》에 기록한 죽 끓이는 방법이다. 육유는 양생을
중시했고 죽마다 다른 이점이 있음을 알았다. 검은콩 죽을 예로 든다.

품질 좋은 햇 검은콩 한 근을 숯불에서 김이 무럭무럭 나도록 하루 동안 삶
는다. 익어서 문드러지면 쌀죽 석 되를 만들 수 있다. 콩을 넣고, 설탕 한 근을
넣은 뒤 고르게 뒤섞고 생강 네 냥兩을 넣고 끓인다. 콩이 완전히 삶아지면 달
여서 정제한 마유麻油에 담근다. 기름은 콩 위 한치 깊이로 하되 반쯤 조밀해지
면 뒤집는다. 약불과 강불로 끓이며 상태를 보아 콩이 드러나면 숟가락으로 뒤

섞는다. 더 삶아 물이 졸면 그친다. 매번 죽을 끓일 때마다 죽 한 솥에 콩 서너 그릇을 넣는다. 설탕을 넣기 전에 고르게 뒤섞고 생강을 넣을 필요는 없다.

만드는 법이 쉽고 상세하여 재료만 준비하면 우리도 몇 그릇을 끓일 수 있을 것 같다. 육유는 죽을 애호하기로 유명했다. 그는 최소 60여 수의 죽과 관계된 시와 사를 썼으며 각종 죽을 권장하는 글을 썼다.

봉당封堂의 화로 밤에도 활활 타올라 껍질 벗긴 삼대가 따뜻해	地爐夜熱麻秸暖
토기 냄비로 새벽에 콩죽 끓이니 향기가 그윽하다	瓦甌晨烹豆粥香
부귀를 가볍게 여길 마음 없어	不是有心輕富貴
여태껏 내 고향을 사랑했다오	從來吾亦愛吾鄕
	_〈잡부雜賦〉

세상 사람들 장수의 도를 배우고 싶어 하면서도	世人個個學長年
장수의 비결이 눈앞에 있다는 것을 깨닫지 못하지	不悟長年在目前
완구선생(시인 장뢰張耒)의 평이한 양생법을 손에 넣었는데	我得宛丘平易法
죽을 먹으면 신선처럼 장수할 수 있다오	只將食粥致神仙
	_〈식죽食粥〉

호성양로는 ……. 그는 또 "동틀 무렵 죽을 먹고 취침하면 죽이 뱃속에 들어 있어서 몸이 따뜻하고 잠자기에 좋아 천하의 제일가는 즐거움이다"라고 말했다. 나는 아직 시도해 보지 않았으나 그 말이 참으로 흥미롭다.

_《노학암필기老學庵筆記》

고대의 미식 식기食記는 대개 육유가 그리했던 것처럼, 먼저 죽의 장점을 쓰고 죽 끓이는 방법을 알려준 뒤 지인이 체험하거나 깨달아 쓴 글을 자기 글에 첨부하여 작성했다.

　이번 국어 시험문제의 해당 문항은 육유의 추천문을 정리했을 뿐 아니라 관련 건강 지식을 결부시켰다. 문항에서 언급한 혈당지수GI는 각종 음식물이 '혈당을 높이는 속도'에 미치는 영향력을 의미한다. 음식물이 소화·분해되는 속도가 빠를수록 혈당 상승 속도는 더욱 빨라지고 (혹은 요동치는 폭이 더욱 커지고) 혈당지수는 더욱 높아진다. 다시 말하면 이런 음식물은 높은 혈당지수를 지니고 있다.

　문항의 글에서 죽은 쉽게 소화·흡수되어 높은 GI 값을 지니고 있다고 전제하고, 당뇨병을 앓았던 육유는 죽을 좋아하였으므로 혈당의 기복을 조절하기 어려웠고, 심지어 이 때문에 목숨이 줄었을 것이라는 데까지 확대하여 언급했다.

장기간 당뇨병에 시달렸던 육유는 생활 습관에 신중하지 않을 수 없었다

당뇨병은 육유에게 매우 큰 영향을 미쳤다. 고대에는 당뇨병을 '병갈病渴', '폐갈肺渴', 또는 '소갈질消渴疾'이라 불렀다.[1] 육유는 52세 때 〈동호각망월銅壺閣望月〉에 다음과 같이 썼다.

　십 년에 걸쳐 앓은 폐갈이 오늘 저녁 다 나았어　　　　十年肺渴今夕平

　가슴에 품은 뜻 얼음과 눈처럼 희고 맑기만 하구나　　皓然胸次堆冰雪

육유는 이 구절로 자기 뜻을 밝혔다. "내가 십 년 동안 앓았던 당뇨병이 지금 다 나았다오. 흉금에 품은 나의 일편단심은 여전히 얼음과 눈처럼 청렴하고 정직하다오(보국報國하기를 바란다는 뜻)" 그런데 당뇨병은 완전히 치유되지 않는 만성 질환이다. 그러므로 "오늘 저녁 다 나았다"라는 말은 실제와는 맞지 않다. 하지만 이 시에서 육유가 강조하는 것은 나라를 위해 아낌없이 목숨을 내던지겠다는 의지다. 그리고 이 시에서 육유가 40세 전후에 당뇨병에 걸렸다는 사실을 알 수 있다.

그 후 10여 년, 육유는 당뇨병으로 갖은 고생을 했다. 그래서 그는 다음과 같이 썼다.

방옹(육유의 호)이 촉 땅에 유력하기 10여 년　　　　　放翁遊蜀十年回

병든 눈 침침하여 잘 떠지지 않아　　　　　　　　　病眼茫茫每懶開

_〈여자절구이수_{秋子絶句二首}〉의 제2수

육유는 또 〈목혼유감目昏有感(눈이 침침하여)〉에서 다음과 같이 썼다.

두 눈에 눈곱 끼고 침침한 80여 세　　　　　　　　　兩眥眵昏八十餘

그 뒤로 일이 닥치면 공허함만 느껴진다　　　　　　爾來觸事覺空疏

육유는 만년에 눈에 문제가 생겨 침침하고 잘 보이지 않았으며 분비물이 생겼다. 그의 문제는 오랜 기간의 당뇨로 인한 망막병증이 아니었을까?

육유는 자신의 당뇨병이 생활 습관과 관계가 있다는 것을 스스로 잘

알고 있음을 모두에게 귀띔해 주고 있다.

그는 〈화장공부견기和張功父見寄〉에서 다음과 같이 썼다.

소슬한 가을의 슬픔은 기성(반악)과 같고   正復悲秋如騎省

병갈(당뇨병)은 문원(사마상여司馬相如)과 같아   可令病渴似文園

마치 쓸쓸한 가을이 온 것처럼 그는 반악潘岳을 생각했고(반악이 〈추흥부서秋興賦序〉를 썼으므로) 소갈증에 걸리자 사마상여를 떠올렸다.[2] 그는 또 〈추사秋思〉에서 전고 하나를 인용하여 다음과 같이 썼다.

상여병갈(당뇨병)이 근자에 심해졌는데   相如病渴年來劇

마실 술 없을까 봐 가산 기울여 술을 담갔다오   釀酒傾家畏不供

그는 사마상여처럼 당뇨병에 걸렸는데 최근 몇 년 사이에 갈수록 심해졌다. 그래도 마실 술이 부족할까 봐 재산을 써가며 술을 담갔다. 육유는 심지어 〈충주취귀주중작忠州醉歸舟中作(충주에서 취하여 돌아가는 배에서 짓다)〉에서 다음과 같이 썼다.

주갈과 소갈을 견딜 수 없어   不堪酒渴兼消渴

일어나 강물 소리 듣는데 빗소리도 섞여 들리는구나   起聽江聲雜雨聲

술 마신 뒤 갈증과 당뇨병으로 인한 이상 증상을 견디지 못해 한밤 중에 깨어 강물 흐르는 소리를 듣는데, 가는 비 오는 소리까지 들린다.

술 마신 뒤의 갈증인 '주갈'에 관해 육유는 이렇게 쓴 적이 있다.

술 마신 뒤 갈증에 성긴 빗방울 소리 반가워라 　　　　　酒渴喜聞疏雨滴
꿈에서 깨 시름에 잠겨 희미한 등불 바라본다 　　　　　　夢回愁對一燈昏
　　　　　　　　　　　　　　_〈침상우성枕上偶成(베개 위에서 우연히 짓다)〉

술 마신 뒤 갈증에 한밤중에 일어나 물을 마시는데 　　　　酒渴起夜汲
달은 희고 하늘은 맑고 푸르기만 하다 　　　　　　　　　　月白天正青
　　　　　　　　　　　　　　_〈야급夜汲(한밤중에 물을 마시다)〉

　그는 때로는 누워서 빗소리를 듣고 때로는 일어나 거닐었다. 술 마신 뒤 수면의 질이 형편없이 떨어져 한밤중에 자주 목이 말라 일어나 물을 마셨다.

　이를 보면 육유는 '주갈'과 '소갈'이 겹쳤으며 스스로 당뇨병이 술 마시는 생활 습관과 관계가 있음을 알고 있었다. 그리고 당뇨병으로 인해 술이 더 당긴다는 사실도 알고 있었다. 다만 알코올이 당뇨병에 미치는 영향이 무엇인지 구체적으로 말하지 못했을 뿐이다. 육유는 만년에 많은 '금주시'를 썼다. 그가 어떻게 음주를 중단할 수 있었는지 살펴보자.

병이 좀 나아 술을 끊으려고 　　　　　　　　　　　　　病餘猶止酒
일어나 홀로 향을 사른다 　　　　　　　　　　　　　　睡起獨焚香
　　　　　　　　　　　　　　_〈유거幽居(그윽하게 살면서)〉

육유는 병이 들어 술 마시기를 중단하려고 했던 것 같다.

　　내 비록 재야에 물러나 있으나　　　　　　　　　　　　東山七月猶關念

국가 경제와 국민 생활에 관심 깊어

　　술잔 속에 빠져 어리석게 술 마시며　　　　　　　　　未忍沉浮酒醆中

세월 보내는 것 차마 볼 수 없어라

　　　　　　　　　　　　　　　_〈계상작이수溪上作二首(시냇가에서 지은 2수)〉의 제2수

　　조정에서 벼슬하고 있지는 않았으나 그는 시시각각 국가 대사에 큰 관심을 기울였다. 그래서 그는 알코올로 자신을 마비시키고 싶지 않아 음주를 중단한 것이다.

　　금년에 또 술을 끊어　　　　　　　　　　　　　　　　今年復止酒

　　노래와 춤 빈 잔에 펼친다　　　　　　　　　　　　　　歌舞陳空觥

　　　　　　　　　　　　　　　　　　　_〈만보晚步(저녁에 걸으며)〉

　　그가 술을 그만 마셔야겠다고 마음먹은 것은 한 차례뿐이 아니었다. 해마다 여러 차례 금주를 시도했다.

　　즐겁게 이야기 나누다 잔을 씻어 술을 따르다니　　　歡言洗杯酌

　　술 끊겠다는 결심을 또 깨고 말았구나　　　　　　　又破止酒戒

　　　　　　　　　　　　　_〈계상소작溪上小酌(시냇가에서 조촐히 한잔하며)〉

하지만 벗들과 모이기만 하면 그는 여지없이 결심을 깨고 술을 다시 시작했다.

술을 끊겠다며 또 마시니 나의 정력이 부끄럽기만 하다 　止酒還開慙定力

_〈역사견고병풍화해당유감驛舍見故屏風畵海棠有感(역사에서 옛 병풍에 그려진 해당화를 보며)〉

그는 결심을 깨고 술을 다시 마신 뒤, 스스로 민망하여 자신의 정력定力(자신의 욕망이나 행위를 통제할 수 있는 능력 -역자 주)이 부족함을 부끄러워했다.

평소에 난 술 한 방울 입에 대지 않는데 　平時一滴不入口
이참의 호탕한 기개에 많은 사람 놀라 감탄한다 　意氣頓使千人驚

_〈장가행長歌行〉

하지만 그는 평소에는 술을 한 모금도 입에 대지 않았다.

장안에 산 지 14년이 안 되는데 　長安不到十四載
술꾼들은 항상 쇠약한 늙은이가 되더라고 　酒徒往往成衰翁

_〈대주對酒〉

그는 자기 건강이 엉망이 된 까닭이 음주 때문이라는 사실을 알고 있었다.

병 때문에 술을 끊으며 조심해야 할 세 가지

　오랜 기간 계속 술을 마시면 소갈증에 걸리게 되어 있다. 대한 추위에 바다
가 어는데 술은 얼지 않는다. 술의 성질은 매우 뜨거워 어떤 사물도 비할 수 없
다. …… 오랜 세월 밤새도록 술을 마시고 즐기는 일을 그치지 않으면 삼초三焦
가 매우 뜨거워지고 오장이 마른다. 나무와 돌도 마르고 시드는데 사람이 어떻
게 목이 타지 않겠는가(갈증 나지 않겠는가). …… 의서에 적힌 의술과 약품은 실로
효과가 있는데 안타깝게도 왜 주의하지 않는가? 조심해야 할 세 가지가 있다.
첫째 음주, 둘째 방사, 셋째 절인 음식과 면이다. 이것들만 주의하면 약을 먹지
않아도 별고 없다.

　당唐나라 시대의 의술가 손사막孫思邈은 그의 저서《비급천금요방備急
千金要方》에서 소갈증의 원인, 알코올의 작용, 소갈증을 치료하는 방법에
대해 조언했다. 조언에 따르면 '조심해야 할 세 가지가 있는데 첫째 음
주, 둘째 방사, 셋째 절인 음식과 면이다.' 양생을 중시했던 육유는 이런
조언을 접했을 것이다. 하지만 그가 조언에 따랐는지는 알 수 없다.
　육유도 자신이 술을 마시는 까닭을 변명하고 싶었을 것이다. 그가 만
약 이 책을 계속 뒤적였다면 이렇게 말하지 않았을까? "술 마시는 것도
좋은 점이 있어. 보라고. 의서에도 쓰여있잖아!" 그는 아마《비급천금요
방》에서 술의 효용이 적힌 글을 찾았을 것이다.

　술, 맛은 쓰고 달고 시며 열이 높고 독성이 있다. 약재의 효력을 널리 퍼지게
하는 효능이 있고 온갖 사악한 기를 죽인다.

술은 질병을 일으키는 각종 나쁜 물질에 대한 저항력을 지니고 있다. 그 후, 명明나라 때 이시진李時珍도 《본초강목本草綱目》에서 더 자세히 보충 설명을 하였는데,[3] 이에 따르면 술은 '행약세行藥勢(약재의 효력을 널리 퍼지게 함)' 외에 '통혈맥通血脈'의 기능도 지니고 있다. '행약세'란 술을 약인藥引(약물마다 경락과 장부, 몸의 부위에 특수하게 선택적으로 작용하는 곳이 있는데 선택적으로 작용하는 약기운을 해당 병이 있는 곳으로 이끌어가는 것 -역자 주)으로 삼아 다른 약재들이 지닌 약효를 발휘하도록 하는 것이다. '통혈맥'이란 기혈이 막힘없이 잘 운행되도록 함을 말하는데 현대 용어로 풀이하면 혈액순환을 촉진하는 것이다.

알코올을 앞에 놓고 육유의 갈등은 분명 작지 않았을 것이다. 그의 금주의 길은 그다지 순조롭지 않았다. 음주와 자신의 당뇨병이 상관관계가 있다는 사실을 알았지만 어떤 관계가 있는지는 알지 못했다. 그가 죽을 즐겨 먹은 것을 보면 죽이 혈당에 미치는 영향을 알지 못했던 것 같다. 만약 그가 오늘날 살았다면 '음식물 섭취 시의 주의 사항'을 참고할 수 있었을 테고, '음주와 당뇨병'을 주제로 하는 위생 지식을 접할 수 있었을 것이며, 음주가 초래하는 다중 영향에 대해 들었을 것이다. 그랬다면 갈등도 해결되고 금주의 길도 순탄치 않았을까?

요리와 죽을 해마다 배불리 먹고	左養右粥年年飽
동서남북 가는 곳마다 한가하다	南陌東阡處處閑
조세 재촉에 그윽한 홍취 깨질 일 면했으니	幸免催租敗幽興
어찌 술 앞에 놓고 술기 오른 벌건 얼굴 아낄 일 있으리	豈容對酒惜酡顔

〈취중절구醉中絕句(취중에 지은 절구)〉

육유는 죽을 즐겼는데 술은 더 즐겼다. 혈당의 요동치는 기복을 줄이고 당뇨를 조절하려면 죽을 먹기보다는 알코올이 당뇨병에 미치는 영향에 주의해야 했다. 그는 몸에 병통을 달고 살았는데, 이런 질병들이 알코올과 상관관계가 있다는 사실을 알았다. 그래서 그는 여러 차례 술을 끊었다. 만약 그가 《비급천금요방》을 숙독했다면 건강하고 즐겁고 슬기로운 은퇴 생활을 할 수 있지 않았을까?

음주가 혈액 순환을 촉진한다는 설을 오늘날에는 어떻게 받아들이나?

육유가 오늘날에 살고 있다면 아마 '음주는 혈액 순환에 도움이 되고 심혈관 질환을 예방할 수 있다'라는 말을 들었을 것이다. 일부 연구에서 소량의 음주는 중풍, 심근경색 등 혈관 질환의 위험을 낮춘다는 설을 제기하는데 이는 중의학에서 말하는 '행약세', '통혈맥'의 효과가 있다는 말과 비슷하다. 하지만 2018년 발표된 《The Lancet》의 대규모 연구에서 '소량의 음주는 신체에 유익하다'라는 관념이 뒤집혔다. 통계 수치는 음주는 무조건 건강에 위험하다는 사실을 보여준다. 음주가 미미한 심혈관 보호 효과가 있다고 하더라도 간장 질환, 폐 질환, 여러 종류의 암 등이 증가하는 위험과 상쇄된다는 것이다. 아마 이 연구 결과를 보면 육유는 물론이고 현대의 많은 사람이 실망할 수도 있을 것이다. 사실상 진정으로 '안전한 음주량'은 없다고 봐야 한다.

'건강 음식 준칙'—음주가 당뇨병에 미치는 영향

알코올은 당뇨병에 단기적으로나 장기적으로 영향을 미치며 당뇨병이 유발하는 합병증의 경중과도 깊은 관계가 있는데 상당히 복잡하므로 단계적으로 설명한다.

음주로 인한 식전과 식후의 혈당 기복

당뇨병 악화를 방지하는 데 가장 중요한 것은 혈당지수를 낮추는 것이다. 음식물로 인한 혈당 기복이 크므로 저低GI 음식은 당뇨병 환자에게 참고 지표로 활용된다. 음주로 인한 혈당 기복을 식전과 식후로 나누어 탐구하는데 사실상 식전이나 식후나 음주가 혈당에 미치는 영향은 마찬가지다.

식전에 술을 마시면(혹은 공복에 술을 마시면) 신체가 원래부터 지니고 있던 혈당의 안정을 유지하는 능력을 떨어뜨려 식전 혈당을 더욱 낮추므로[4] 어지럼증, 무기력, 식은땀, 심장의 고동이 빨라짐 등의 저혈압 증상이 나타날 수 있다는 사실에 유의해야 한다. 식후에 술을 마시면 원래 신체에 저장되었던 당을 자극한다. 그러면 당이 분해되어 혈액으로 들어가 식후 혈당이 대폭 증가한다.[5] 그러므로 식전에 술을 마시거나 식후에 마시거나 모두 체내 혈당 변동이 증가하는데 그 요동의 폭이 커서 당뇨병이 갈수록 심해지게 된다.

알코올의 장기적인 영향–인슐린 저항성 증가

인슐린은 중요한 내분비 호르몬으로 혈당을 안정시키고, 혈액에 저장된 포도당을 신체 곳곳으로 들어가도록 해준다. 인슐린 저항성insulin resistance은 당뇨병의 중요한 지표로 '신체 세포의 인슐린에 대한 민감도'를 말한다. 신체가 인슐린에 대해 저항성이 크면(즉 신체 세포가 인슐린에 대해 둔감하면) 인슐린의 혈당을 낮추는 기능이 정상을 벗어나게 되어 혈당이 쉽게 낮아지지 않는다.

알코올의 장기적인 영향은 신체 세포의 인슐린에 대한 민감도를 떨어뜨리는 것이다. 신체가 인슐린에 대해 점차로 둔감해지는 것을 '인슐린 저항성이 커졌다'라고 하는데 그렇게 되면 혈당을 낮추는 기능이 떨어져 혈당이 떨어지지 않게 된다. 이런 상태가 오래 지속되면 당뇨병으로 발전한다.

당뇨병 합병증의 위험 증가

당뇨병이 유발하는 합병증은 매우 위험하다. 당뇨병이 유발하는 심혈관 질환은 건강한 사람의 3배나 된다. 다량의 음주로 인한 당뇨병으로 심혈관 질환, 중풍이 증가하고 심지어는 죽음에 이를 수도 있다. 당뇨병은 신경, 망막, 신장 등 신체 부위의 병변을 유발할 수 있는데, 여기에 알코올이 더해지면 이런 병변이 발생할 기회가 증가하고, 심각성은 더욱 커진다.

알코올도 열량이 있어 지나치게 많이 섭취하면 비만의 위험이 증가한다. 알코올(에탄올) 1그램에 7칼로리의 열량을 지니고 있어, 4칼로리의 열량을 지닌 탄수화물이나 단백질보다 높으며, 9칼로리의 열량을 지닌 지방보다 약간 낮을 뿐이다. 장기적으로 알코올을 섭취하면 비만이 되는 것은 물론이고, 고혈압과 관련 심혈관 질환의 발생률이 증가한다.

알코올이 혈당에 미치는 영향은 물론이고 체중 증가가 초래하는 심혈관 질환의 위험성을 가볍게 봐서는 안 된다. 금주하면 건강에 이로운 점이 해로운 점보다 훨씬 많다는 사실을 알아야 한다.

알코올이 당뇨병에 미치는 영향
식전 혈당 강하, 식후 혈당 상승, 인슐린 저항성 증가, 당뇨병 합병증 증가

신기질

辛棄疾(1140~1207)

술잔에게 전하는 말, 다시 오면 박살 내버리겠다

신기질도 육유처럼 소문난 애주가다. 그들은 한 사람은 사詞를 쓰면서, 한 사람은 시詩를 지으면서 마치 약속이나 한 듯 금주를 언급했다.

신기질은 병이 들어 금주를 생각했다. 그는 어떻게 해야 했을까? 그의 결심은 어디로 갔을까? 술을 끊음과 끊지 못함에 대한 글은 어떤 것들이 있을까? 신기질이 사에서 자세하게 알려줄 것이다. 마지막 부분에서 그가 직면한 관문, 동료, 첩자 등의 문제도 되돌아보자.

신기질처럼 반평생 동안 술을 마신 사람이 진심에서 우러나와 금주해야겠다고 말했다는 게 상상이나 되는가?

금金나라에 저항했던 의용군 출신인 그는 평생 600여 수의 사詞를 창작한 다작의 작가다. 그의 사에는 '주酒', '취醉' 등의 어휘가 많이 나온다. 이는 그가 일찍이 전쟁터에서 호탕하게 술을 마시고 웅대하고 강개한 항전 사구詞句를 남겼음을 설명해 준다. 관직에 들어가 포부를 펼 수 없었던 그는 술기운을 빌리고 글을 통해 마음의 울분을 숨김없이 토로했다.

> 술에 취해서도 등불에 심지 돋아 칼을 살피고 　　　　　　醉裡挑燈看劍
> 꿈에서도 군영에 돌아가 끊임없이 이어진 영채에서 호각을 분다 　夢回吹角連營
> 　　　　　　　　　　　_〈파진자破陣子〉(취리도등간검醉裡挑燈看劍)

그는 술에 취해서도 왕년에 휘두르던 보검을 살펴보고 밤에 잠을 자면 꿈에서도 왕년에 활동했던 군영에 돌아갔다. 주취酒醉와 신기질의 삶은 떼려야 뗄 수 없는 관계였다. 이런 신기질이 어느 날 갑자기 술을 끊겠다고 말하다니 ……. 도대체 무슨 일일까?

당뇨병에 시달리다 금주를 결심하다

정강靖康의 변變(1126~1127)으로 금金나라가 변경汴京(하남성河南省 개봉開封)을 함락한 뒤 송宋나라 왕실은 장강長江의 남쪽으로 옮겨가 빼앗기고 남은 반동강이 국토를 사수했다. 신기질은 금나라에 항거하자고 강력히 주장했으나 당시 국토의 한구석에 안거하던 정치적 상황에서 그의 피 끓는 열정은 오히려 조정의 냉대를 받았다. 그는 관직에 있으면서 여러 차례 탄핵을 당하였는데 결국은 55세에 면직되었다. 그는 오늘날의 강서성江西省 표천瓢泉에서 생애 마지막 10년의 은거 생활을 시작하여 늙어 생을 마칠 때까지 시詩와 사詞의 창작에 전념했다. 은거 생활에 남는 것은 시간밖에 없을 테니 술을 많이 마시는 게 당연할 것 같은데, 어떻게 그는 술을 거의 마시지 않거나 아예 마시지 않았을까? 이 시기 그가 쓴 사를 보면 그의 몸에 변화가 있음을 발견할 수 있다.

병이 있어 술잔과 요리 접시를 멀리하고 기꺼이 술을 끊었다 　病怯杯盤甘止酒

　_〈완계사浣溪沙〉(신즙모첨차제성新葺茅檐次第成)

병이 있어 술을 끊으니 　病來止酒

노자표(꼭지가 까마귀 머리 모양인 술잔 -역자 주)를 저버린 것이렷다 　辜負鸕鶿杓

　_〈맥산계驀山溪〉(반소음수飯蔬飮水)

이외에도 몇 수의 사에서 신기질은 병이 들어 술을 끊을 수밖에 없다는 사실을 언급했다.[1]

그런데 도대체 무슨 병이었을까? 신기질은 그의 시 〈지주止酒〉에서 다음과 같은 구절을 썼다.

매일 취하는 게 수명을 줄이는 원인이겠어?	日醉得非促齡具
지금 병갈이 3년이나 되었는걸	只今病渴已三年

여기서 말한 '병갈'은 '소갈증'으로 익히 알고 있는 당뇨병이다. 신기질의 작품 〈심원춘沈园春(장지주계주배사물근將止酒, 戒酒杯使勿近)〉에 나오는 '장년포갈長年抱渴(오랜 기간 갈증을 안고 살다)'이란 말 또한 당뇨병으로 인한 갈증과 다뇨 증상이다. 그의 〈자고천鷓鴣天〉의 제서題序에서도 '여시병치予時病齒(때때로 이가 아프다)'라고 썼는데 이를 보면 신기질은 치아에도 문제가 있었던 것 같다.

술잔을 멀리 쫓아버렸다. 다시 오면 박살 내버리겠다

신기질은 57세 때 연이어 두 수의 '금주사'를 썼는데, '부賦'체의 백묘白描 기법과 문답 형식을 운용하여 술잔과 대화를 나누었다.[2] 〈심원춘〉 제1수의 전문이다.

술잔이여, 가까이 오라. 이 노부가 오늘 아침에 내 몸을 점검해 보았느니라. 왜 오랜 기간 갈증이 나서 목구멍이 타는 솥처럼 말라 들어가더니, 이제는 자꾸 잠자고 싶고, 코 고는 소리는 천둥소리 같은가? 너는 "유령劉伶(죽림칠현의 한 사람 -역자 주)은 고금의 통달한 사람으로, 술에 취해 죽어 그 자리에 묻혀도 좋다"

라고 했다고 말하는구나. 정말로 그랬다면 너는 벗들에게 너무 은정이 없구나.

더구나 노래와 춤을 음주의 매개로 삼다니. 헤아려보니 평상시에 술을 짐독鴆毒으로 보고 의심했어야 했다. 원한은 크든 작든 특별히 좋아하는 것에서 생겨나고 사물은 밉고 곱고 없이 지나치면 곧 재앙이 된다. 이제 너와 약속하노니 "머무르지 말고 속히 물러가라. 나는 아직도 술잔 너 하나쯤은 박살 낼 힘이 있다." 그러자 술잔이 절하며 말한다. "가라고 명령하시면 떠나겠습니다. 부르시면 반드시 오겠습니다."

이 〈심원춘〉의 제서는 '장지주, 계주배사물근將止酒, 戒酒杯使勿近(앞으로 술을 끊을 것이다. 술잔을 경계하여 가까이 오지 못하도록 하겠다)'이다. 신기질은 술잔과 거리를 두려고 했다. 사에서 그는 술잔을 앞에 놓고 "술잔이여, 가까이 오라"고 말하며 짐짓 위풍을 부린다. 이어 자신의 건강 상태를 돌아보니 갈증, 목구멍 마름, 졸음 과다, 코를 고는 소리가 우레와 같은 문제 들이 있다. 신기질이 갖가지 병통의 책임을 술잔에 전가하자 술잔은 "어차피 죽림칠현의 한 사람인 유령도 '술 좀 마시고 취하면 어떤가. 죽으면 그 자리에 묻어버리면 그만 아닌가'라고 말했습니다"라고 답변한다. 신기질은 이 말을 듣고 자기는 술잔을 지기로 생각했는데 술잔이 이런 식으로 말하다니 너무 무정하다며 원망하고 탄식한다.

그는 계속해서 술잔의 잘못을 조목조목 따진다. "술잔은 노래와 춤을 빌려 사람을 유혹한다. 술잔은 사람을 해하는 극독으로 취급되어야 한다." 하지만 말하는 사이에 신기질은 자신을 반성한다. 생각해 보니 술잔에 대해 아무리 많은 불평이 있다고 해도 모두 자기가 술을 좋아해서 생긴 일이다. 세상의 사물은 본래 좋고 나쁨이 없는 것인데, 절제하지 않고 과했기 때문에 화가 된 것이다. 마지막에 그는 비장의 카드를 꺼낸다. 바로 술잔과 약속한 것이다. "더는 여기에 머무르지 말고 서둘러 떠나라. 나는 아직도 너를 박살 내버릴 힘이 있다."

사인은 알코올에 대해 사랑과 증오의 모순된 감정을 지니고 있음을 그의 사에서 엿볼 수 있다. 그 하나는 자기와 수십 년을 함께 지낸 알코올을 차마 통렬히 책망할 수 없다는 것이다. 그래서 사인은 술잔을 속 죄양으로 삼은 것이다. 또 하나의 사인은 술잔에게 "머무르지 말고 속히 물러가라"고 정중히 선포한 데 그치지 않고 박살 내버리겠다고 큰소리치며 선을 그었다는 것이다.

술잔은 마지막에 신기질에게 응수한다. "괜찮습니다. 당신이 손을 내저으며 가라고 하면 떠날 것입니다. 하지만 손짓하여 나를 부르면 즉시 달려오겠습니다." 술잔은 불발탄을 남겨 '마음속으로는 거절하고 싶지만 차마 거절하지 못하는' 신기질의 애매한 심리에 불을 붙여 아무 때고 폭발시키려 한 것 같다. 그는 굳은 심지로 금주를 지속할 수 있을까?

술친구가 왔다. 신기질은 결심을 지켜낼 수 있을까?

신기질은 금주에 성공했을까? 그는 〈심원춘〉 제2수에서 이렇게 썼다. 헤아려보니 제1수를 쓰고 며칠 되지 않았다.

술잔아, 넌 알고 있느냐? 주천후酒泉侯는 사직했고, 술을 담는 가죽 부대(치이鴟夷)도 스스로 사직을 청했단다. 고양의 술꾼 역이기酈食其는 문전박대를 당했다. 두강杜康(술을 처음으로 만든 전설의 인물 -역자 주)은 출사하면서 점을 쳤는데 구름雲

과 우레雷로 이루어진 불길한 준괘屯卦가 나와 더는 술을 담그지 않았다. 과거를 돌아보며 자세히 따져보니 술로 세월을 보낸 일이 후회되어 견딜 수 없구나. 벗의 시를 읽으면 좋을 것을 술주전자를 들어 술 사라고 권하는 것은 무엇 때문인가?

그대는 병에 어찌 원인이 없겠냐고 말한다. 마치 벽에 걸린 활을 보고 마음속에 뱀으로 추측하는 것과 같다. 도령陶令(도연명)은 술에 취하여 자야겠다고 벗에게 돌아가라고 했을 정도로 술에 취해 살았으나 평생 스스로 즐거웠다. 굴원屈原은 홀로 깨어 있었으나 화를 면치 못했다. 그대의 말을 듣고 싶구나. 내가 용감한 사람이 아니라서 사마씨 집안의 아들(사마예司馬睿)처럼 술잔을 뒤엎지 못함이 부끄럽구나. 비웃지 않았으면 좋겠구나. 오늘 밤에 마음껏 취해야겠다. 벗들이 올 수 있도록.

신기질은 격한 말이나 사나운 표정을 짓는 등의 엄함을 보이지 않고 이번에는 오히려 잘못을 저지른 아이처럼 굴었다. 그는 말한다. "술잔아, 넌 알고 있느냐? 나는 이제 술을 마시지 않는단다." 그는 주천군酒泉郡의 군후郡侯는 사직했고 술을 담는 가죽 부대도 은퇴하려고 한다는 전고를 인용하여 자신이 더는 술을 마시지 않는다는 사실을 밝혔다. 술을 즐기는 벗들이 신기질을 찾아왔다가 모두 문전박대를 당하고 헛걸음했다. 처음 술을 빚은 두강杜康이 점을 쳐 구름과 우레로 이루어진 준괘를 뽑아 위험과 어려움을 느끼고 더 이상 술을 담그지 않은 것처럼 신기질도 술을 담그지 않았다. 신기질은 과거의 경험을 자세히 따져보며 알코올에 시간을 낭비한 자신을 후회했으며 이렇게 말했다. "인생을 즐기려면 벗의 시를 읽으면 된다. 구태여 술을 사 마실 필요가 있겠는가?"

이 사의 전반부는 마치 신기질이 술잔에 고해성사하는 것 같다. 그는 지난번에 술잔과 약속한 사실을 알고 있고 (술잔을 박살 내버리겠다고) 똑 부러지게 말한 사실도 알고 있다. 하지만 생각이 바뀌었는지 몸을 낮추고 오랜 시간 이말 저말 늘어놓다가 결국 하반부에서 진짜 의도를 말한다.

시작하자마자 신기질은 친구를 방패막이로 삼는다. 친구 말에 따르면 그가 병을 앓게 된 것은 분명 까닭이 있으니 음주 때문이라고 마음대로 넘겨짚지 말라는 것이다. 말로만 하는 것은 훗날의 증거가 될 수 없으니 인적 증거가 필요하다. 신기질은 도연명과 굴원을 증인으로 내세운다. 도연명은 종일토록 얼큰하게 술에 취해 있었으나 매일매일을 건강하고 즐겁게 보냈다. 술을 마시지 않은 굴원은 맑고 깨끗한 정신을 유지하려고 노력했으나 오히려 스스로 화근을 불러들였다. 이 두 사람의 서로 다른 말로는 음주가 초래한 게 아니라는 것을 설명해 주지 않는가! 이런 말들을 마치고 신기질은 비로소 마음속에 있는 진짜 생각을 자백한다. "술잔아, 이 친구들의 견해를 듣고 싶구나. 내가 용감한 사람이 아니라는 사실을 스스로 인정하기 때문이다. 나는 진晉나라 원제元帝 사마예司馬睿처럼 술을 끊는다면 끊는 사람이 아니란다." 마지막에 그는 자신을 위해 원만히 수습한다. "그러니까 술잔아 나를 비웃지 않았으면 좋겠다. 친구가 이렇게 정열적으로 권하니 오늘 저녁 잠시 한바탕 취해 보자꾸나."

신기질은 이랬다저랬다 하며 일구이언이나 하는 사람으로 보이지 않으려고 술잔에게 해명한다. 무안함을 면하기 위해 자신은 용기 있는 사람이 아니어서 술을 끊을 수 없다고 솔직하게 인정한다. 그런데 금주 결심을 깨기 가장 좋은 기회는 언제일까? 이 사의 제서에 그 답이 있다.

성중제공재주입산, 여부득이지주위해, 수파계일취, 재용운城中諸公載酒入山, 余不得以止酒爲解, 遂破戒一醉, 再用韻.(성안에 사는 벗들이 술을 가지고 입산하여 내 어쩔 수 없이 금주를 풀어 결심을 깨고 한바탕 취하여 재차 압운한다.)

신기질이 이 사를 쓴 데는 다 이유가 있었다. 성안에 사는 친구들이 술을 가지고 놀러 온 것이다. 그의 친구들이 그가 '금주'를 핑계로 술을 사양하지 못하도록 하여 그도 결심을 깨고 한바탕 즐겁게 취한 것이다.

어렵사리 금주의 길에 들어선 신기질은 한 바퀴 빙 돌아 원점으로 되돌아왔다. 이로써 그의 이번 금주 실행은 무산되고 말았다. 하지만 위기가 계기가 된다고 했다. 신기질은 어떤 숨겨진 관문에 부닥쳤을까? 그는 동료들을 어떤 식으로 마주했을까?

숨겨진 관문, 마음속에 도사리는 갈망

술을 끊으려고 하는 신기질의 마음속에 한 가닥의 목소리가 들려왔다. "병이 났어도 조금만 마시면 아무런 문제 없겠지? 설령 있다고 해도 기껏해야 죽기밖에 더 하겠어? 그냥 마시자." 이렇게 마음속에 도사리는 갈망을 '벽癖(무엇을 치우치게 즐기는 성벽)'이라고 한다.

〈심원춘〉에서 신기질이 가장 먼저 불러낸 사람은 특별히 술을 즐겼던 유령劉伶이다. 신기질은 술잔의 목소리를 빌려 자기가 평소 마음속에 생각했던 말을 하는데 이는 유령이 한 말이다. "술에 취해 죽어 그 자리에 묻혀도 좋다." 몇 글자밖에 안 되는 이 짧은 말에서 신기질의 갈망을 엿볼 수 있다. 신기질은 금주 여부와 관계없이 갈등한 것이다.

친구가 오자 그는 술로 유명했던 금주 선배들을 거침없이 불러냈다. 역이기, 두강, 도연명, 사마예 등이다. 이 가운데 어떤 사람은 문을 닫아 걸고 방문객을 사절했고, 어떤 사람은 술잔을 뒤집어엎고 더는 마시지 않았다. 신기질이 이 옛사람들을 하나하나 불러내 금주의 롤모델로 삼은 것을 보면 신기질의 금주 동기가 상당히 강했던 것 같다. 이때의 그는 '무언가를 이루기 위해 노력하는' 자세를 가진 것 같다.

하지만 금주의 동기가 아무리 강했다 해도 술 마시고 싶어 하는 내적 갈망이 금주했던 옛사람들을 눌러버렸다. 과거에 의지를 굽히지 않고 용감하게 잘 싸웠던 신기질도 숨겨진 관문을 탐지하지 못했다. 알코올 중독이 도지자 투항하고 '용감한 사람이 아니라서 부끄럽구나. ……오늘 밤에 마음껏 취해야겠다'라고 노래할 수밖에 없었다. 그는 겸연쩍어하며 〈심원춘〉의 제2수를 썼다.

도움이 안 되는 동료, 거절하기 어려운 술친구

숨겨진 관문, 마음속에 도사리는 벽벽癖을 가려내는 것도 중요하지만 외적 암시(cues, 신호)를 변별하는 것도 중요하다. 잠깐! 신기질의 술친구들이 나타났다. 이것은 암시가 아니라 '명시明示'다. 이들은 대놓고 신기질에게 함께 술을 마시자고 초대한다. 친구가 초대하는데 응하지 않을 수있겠는가? 만약 '건강이 좋지 않아서'라는 이유로 한두 번 거절하다 보

갈망craving

어떤 물질이나 행위에 직면할 때 생기는 억제하기 어려운 강렬한 욕망을 말한다. 이런 욕망에 직면하면 이에 상응하는 행위를 해야만 만족하게 되고, 강렬한 욕구에 보상이 된다. '갈구'도 비슷한 개념의 번역어다.

면 우정은 지속될 수 없다. 더군다나 친구와 술을 마시는 즐거운 일이 신기질의 마음속에 도사리고 있는 주벽(술버릇)을 불러일으키지 않는가!

술친구들은 신기질의 금주에 도움이 되지 못하고 오히려 방해만 되었다. 신기질은 친구들의 초대에 거절할 힘도 없었던지 힘 한번 쓰지 못하고 그만 첫 번째 초대에 응해 그들과 합류하여 술을 마셨다. 신기질의 금주는 오래가지 못했다. 친구들은 신기질이 파계하는 데 큰 공을 세웠다고나 할까? 그는 금주 중인데 도전이 만만치 않다고 사전에 동료들에게 말해야 하지 않았을까?

첩자, 어느 곳에나 있는 술잔의 암시

동료가 도와주지 않는 것이야 어쩔 수 없다 치자. 문제는 신기질이 사를 쓸 때마다 대상이 되었던 '술잔'이 이중 첩자라는 것이다.

신기질이 술을 마실 때 사용하는 것도 술잔이고 사를 쓸 때 대하는 것도 술잔이며 사에서 자신을 손짓하여 부르는 것도 술잔이다. 심지어 그는 술을 마시려고 할 때도 술잔에 고해성사한다. 술잔이 눈에 보이기만 하면 머릿속에 자동으로 알코올이 떠오른다. 음주를 생각할 때도 금주를 생각할 때도 알코올의 형상이 나타난다. 이 암시가 나타나기만 하면 마음속의 갈망을 불러일으키는데 막을 방법이 없다. 술잔이라는 첩자가 숨겨진 관문을 열면 신기질도 손쓸 방법이 없다.

암시에 직면하면 할 수 있는 일이라곤 있는 힘을 다하여 물리치는 것이다. 이것이 바로 신기질이 사에 '술을 담는 가죽 부대도 스스로 사직을 청했다'라고 쓰고, 술을 담는 가죽 부대를 감추거나 버린 까닭이다. 그리고 '고양의 술꾼 역이기酈食其는 문전박대를 당했다'라며 친구들을 모두 물리쳐 음주를 피했던 까닭이다. 하지만 그가 이런 외적인 명시와 암시를 모두 물리쳤다고 해도 가장 중요한 첩자인 '술잔'은 여전히 존재했다. 그래서 그는 '너는 벗들에게 너무 은정이 없구나'라고 쓴 것이다. 술잔이라는 암시가 눈앞에 가까이 있으면 자신에게 조금도 도움이 되지 않는다는 사실을 신기질도 알았다.

술잔이라는 첩자가 숨겨진 관문을 연 데다가 그 위에 도움이 안 되는 동료들이 와서 함께 모여 떠들썩하게 즐기니, 신기질은 사에 쓴 것과는 달리 뿌리치지 못하고 오히려 허울 좋은 이유를 찾아내어 자신이 술을 마시는 것은 '벗들이 올 수 있도록' 하기 위한 어쩔 수 없는 일이라고 말하고 만다. 신기질이 쓴 말은 하나하나가 모두 사리에 들어맞는다. 신기질의 금주는 이쯤에서 다 된 죽에 코 빠뜨린 격이 되었음을 익히 알 수 있다.

신기질과 술잔의 인연은 깊다.

사람이 가는 길은 좁으나 술잔은 넓다 　　　　　　　　人間路窄酒杯寬
　　　　　　　　　　_〈자고천鷓鴣天〉(추수장랑수석간秋水長廊水石間)

인간 세상에서 마주 대하기 어려운 것들을 술잔을 들고 술을 마시면 대할 수 있다. 그가 쓴 '술잔'과 관계된 사는 60수가 넘는다. 이 술잔들이 계속해서 첩자 본색을 유지한다면 신기질의 금주의 길은 고생길의 연속일 것이다. 하지만 상대방이 첩자라는 사실을 알아차리고 숨겨진 관문을 식별해 내고, 동료들에게 자신의 목표를 잘 설명해 주고 도움을 구한다면 금주에 성공할 확률은 몇 배 높아질 것이다.

음주 원인과 갈등―알코올 중독의 배후, 뇌 보상 시스템

솔직히 말하면 금주에 실패한 신기질을 심하게 책망하기는 어렵다. 신기질처럼 알코올이 건강에 해롭다고 생각해 어쩔 수 없이 금주하는 사람이 매우 많다. 하지만 금주는 꽤 어려운 도전이다. 술을 마시고 싶은 내적 '벽癖'에 직면해야 하는 것은 물론이고, 외부 세계에 있는 알코올과 관련된 많은 '암시'에 부딪쳐야 하기 때문이다. 내적 벽이나 외적 암시나 모두 뇌의 입장에서는 신경 자극이다. (술을 마시는 사람은) 뇌가 자극을 받으면 자동으로 술을 마시고 싶게 된다.

이 점에 관해서는 뇌의 신경 회로 시스템으로 설명해야 한다.

옛사람(고자告子 -역자 주)은 "식욕과 색욕이 인간의 본성이다"라고 말했다. 맛있는 음식과 성애를 즐길 때 만족과 즐거움을 느끼는 것, 이것이 바로 인간의 기본적인 속성이다. 이 본성의 배후 원리는 뇌의 보상 시스템reward system이다. 보상 시스템은 동기, 행위, 즐거운 감정과 연결된다. 뇌의 복측피개영역(동기 및 보상과 관련된 정보를 처리하는 뇌의 보상체계 -역자 주)이 외적 행위(예컨대 단 과자를 먹었을 때)의 자극을 받으면 신경전달물질인 '도파민'이 적당량 분비되어 감정을 담당하는 대뇌변연계와 대뇌의 이마엽(전두엽)에 이르면 '만족'을 느끼고 인지하게 된다. 도파민이 많을

수록 만족도는 높아진다.

　만족을 느낌과 동시에 신경 세포는 이 회로의 변화를 기억하고 있다가 외적 행위를 내부의 경험(만족)과 연결한다. 이렇게 연결되면 신경가소성을 통해 학습하게 되고, 오랜 기간 지속되어 자극과 만족이 밀접하게 연결되면 반복적으로 만족을 얻기 위해 그에 상응한 외부 자극(예컨대 갑자기 단 과자를 먹고 싶으면 건강을 따지지 않고 먹는다)을 직접적으로 연상하거나 추구하게 된다.

　알코올의 보상 시스템에 대한 작용은 일반 음식물과는 완전히 다르다.

　음주는 짧은 시간에 뇌에서 다량의 도파민을 분비하도록 촉진한다. 다량의 도파민은 짧은 시간 안에 최대의 즐거움과 행복을 느끼게 해준다. 하지만 도파민의 농도는 알코올 농도가 상승하고 있을 때만 함께 상승한다. 혈중의 알코올 농도가 낮아지면 도파민의 농도는 더 이상 상승하지 않는다. 도파민이 더이상 분비되지 않으면 그에 따른 효과는 즉시 소멸한다. 술을 마신 뒤 저장하고 있던 도파민을 다 써버렸는데, 때맞춰 새로운 도파민이 분비되지 못하면 도파민의 농도가 낮아진다. 그러면 즐거운 느낌이 사라진다. 도파민이 최고조에 달했을 때의 행복감을 되찾기 위해 한 잔 더 마시게 되는데 나중에는 이것이 유일한 방법이 되고 만다.

　오랜 기간 술을 마셔 뇌의 보상 시스템을 반복적으로 자극하면 뇌는 보호 기제를 자동으로 발동하는데, 그 가운데 중요한 방법 하나가 바로 신경의 도파민에 대한 민감도를 낮추어 신경을 점차로 둔화시켜 과도한 자극으로 인한 부정적인 영향을 피하게 해주는 것이다. 이런 상황에서 또 술을 마시면 신경의 민감도가 떨어져 음주 후의 만족도가 예전만 못하게 되고 원래 기대했던 감각도 소실된다.

만약 오랜 기간 음주로 인해 신경의 민감도가 떨어진 상황에서 맛있는 음식을 먹으면 신경의 외적 자극에 대한 민감도가 낮아지고 보상 시스템이 조절 능력을 잃어, 설령 적당량의 도파민이 분비된다 해도 상대적으로 즐겁지 못하다고 느끼게 되며 맛있는 음식에 대한 만족도도 이전보다 훨씬 떨어지게 된다.

인류의 기억이란 큰 감각이 작은 감각보다 강렬한 인상을 주게 되어 있다. 오랜 기간 술을 마신 후에는 술을 마시거나 맛있는 음식을 먹어도 모두 부족감을 느끼게 된다. 그래서 뇌를 일깨우려면 더 많은 도파민이 분비되어야 한다. 이런 전제성 기대가 있을 때 뇌의 도파민이 상승하는 동시에 음주자에게 신호를 보내 알린다. "즐거움을 느끼려면 술을 마시라고. 알코올만이 네가 원하는 만족감을 줄 수 있어."

음주자가 술을 마시면 맛있는 음식을 먹을 때보다 더 큰 즐거움을 얻는다. 이런 경험이 차차로 쌓이면 신경가소성을 통해 연결되어 술을 마셔야만 즐거움을 느낄 수 있게 된다. 물론 다른 방법은 소용없다. 다시 말하면 뇌가 알코올의 함정에 빠지면, 즉 알코올이 보상 시스템에 심각한 영향을 미치면 '술이 아니면 안 되는' 상황으로 치닫게 된다.

신경 세포 기억이 이렇게 변하면 알코올과 관련된 모든 사물을 접할 때마다 신경이 자연스럽게 '음주'와 연결된다. 술 마시고 싶어 하는 내부의 '벽癖'과 외부의 '암시'가 모두 알코올 중독자의 뇌에 직접 지시한다. "난 지금 술이 필요해"라고. 그래서 알코올 중독자는 술을 구하려는 모든 행위를 서슴지 않게 된다. 알코올 중독자가 보상 시스템을 작동하여 즐거움을 느끼기 위해서 할 수 있는 방법은 술을 마시는 것밖에 없다.

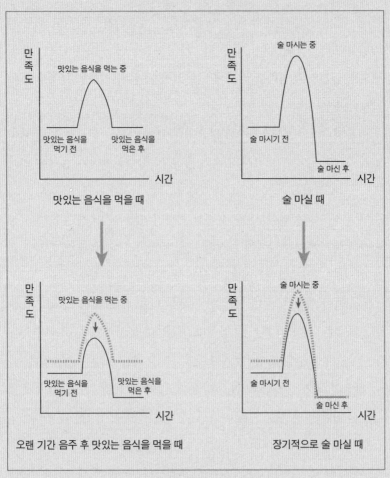

뇌의 보상 시스템

구양수

歐陽脩(1007~1072)

술 취한 늙은이, 모순된 심경과 금주 묘책

육유와 신기질은 병으로 잠시 술잔을 내려놓고 술과 병의 관계를 깊이 생각했다. 그리고 마음속에 이는 갈등을 고백했다.

북송北宋의 구양수도 술 마신 뒤의 즐거운 느낌을 좋아했다. 그런데 마치 약속이나 한 듯이 한때 금주를 시작했다. 도대체 무슨 일이 있었을까? 그는 술잔을 앞에 두고, 손에 어떤 패를 쥐고 있었기에 순조롭게 금주했을까? 구양수가 오늘날에 살았다면, 그는 어떤 금주 방법이 적합하다고 여기면서 선택했을까?

고대에는 술을 잘 마시는 사람도 많았고 미친 듯이 술을 들이켠 사람도 많았다. 그런 사람들에게는 대개 술 '주酒' 자가 들어간 별호가 주어졌다. 주선酒仙, 주성酒聖, 주귀酒鬼, 주치酒癡, 주괴酒怪 등등. 그런데 술 주자는 들어가지 않고, 감히 신선 선仙 자나 성인 성聖 자도 쓰지 않고 그저 취옹醉翁(술 취한 늙은이)이라고 자칭한 사람이 있다. 바로 구양수다.

술 취한 늙은이의 뜻은 술에 있지 않아

구양수는 40을 바라보는 나이에 저주滁州로 좌천되었는데, 엎친 데 덮친 격으로 딸이 죽는 고통까지 겪었다. 그의 정서는 바닥까지 떨어졌을 것이다. 구양수는 시름을 달래고 기분 전환을 하려고 주변을 어슬렁거리다가 부근에 있는 풍산豊山에서 샘물을 발견했다. 그는 연못을 파고 정자를 세우고 〈풍락정기豊樂亭記〉를 썼다. 그리고 저주의 서남쪽에 있는 낭야산琅琊山에서 사람들과 유흥을 즐기다 떠들썩한 분위기에 즐거움이 극에 달해 자신의 호인 '취옹醉翁'으로 정자에 이름을 붙이고 〈취옹정기醉翁亭記〉를 썼다.

태수는 빈객들과 이곳에 와서 술을 마시곤 했는데, 술을 조금만 마셔도 곧 취하고, 또 나이가 가장 많았으므로 스스로 호를 취옹醉翁이라 하였다. 술 취한 늙은이의 뜻은 술에 있지 않고 산수의 즐거움에 있다. 산수의 즐거움을 마음에 얻어 이를 술에 부친 것이다.

〈취옹정기〉의 한 구절이다. 이 글에는 흥미를 끌 만한 부분이 몇 군데 있다. 먼저 '술을 조금만 마셔도 곧 취하고(飮少輒醉)'라는 말이다. 구양수는 아마 술을 잘 마시지는 못한 것 같다. 그래서 조금 마셨을 뿐인데도 술기운을 이기지 못하고 취하여 곯아떨어졌다. '또 나이가 가장 많았으므로(年又最高)'라고 했는데, 사실 그는 당시 아직 마흔이 안 된 나이였다. 늙지도 않고 술도 잘 마시지 못했는데 스스로 '취옹'이라고 하다니, 주변 사람들은 도대체 무엇을 근거로 그런 말을 했을까 하며 분명 이상하게 생각했을 것이다.

구양수는 이에 대해 해명한다. 이런 이름을 지은 것은 술 마시는 것을 중요하게 여겨서가 아니라 자연을 마음껏 즐기자는 것이 본뜻이라고. 물론 이런 즐거움은 마음으로 깨닫고 이해해야겠지만, 술에 의탁하지 않으면 피부로 느끼기 쉽지 않다고. 구양수는 음주의 좋은 점은 술을 통해 일상의 좌절과 번뇌를 잊을 수 있고 생활의 즐거움을 누릴 수 있는 것이라고 강조했다.

'취옹'으로 호를 지은 목적은 무엇일까? 〈취옹정기〉에서도 밝혔지만 〈제저주취옹정題滁州醉翁亭〉이란 시의 서두에 다음과 같이 묘사했다.

사십이면 늙었다 할 수 없는데   四十未爲老

취옹이 가끔 글을 쓴다오   醉翁偶題篇

술에 취해 만물에게 다 내주었는데	醉中遺萬物
어떻게 내 나이를 기억하겠소	豈復記吾年

　구양수는 나이 마흔이면 아직은 늙었다고 할 수 없다는 것을 스스로 인정하면서도 '취옹'이란 이름으로 시를 쓰고 글을 지었다. 술에 취하면 세상만사와 만물도 다 잊는 판국에 자기 나이를 어떻게 기억할 수 있겠는가? 글의 뜻을 헤아리건대 그가 입 밖에 내지 않고 마음속에 숨겨 놓은 말은 "그래서 나는 지금 나를 괴롭히고 있는 번뇌와 좌절도 기억하지 못한다"가 아닐까? 구양수는 저주에 있을 때 극심한 슬럼프에 빠진 상태여서 술을 벗 삼아 살았다. 외로웠던 그는 시에 이렇게 썼다.

술을 지니고 살구나무 아래 취한다	猶堪攜酒醉其下
누가 나같이 영락한 사람과 함께해줄까	誰肯伴我頹巾冠

_〈진양잔행鎭陽殘杏(진양의 지고 남은 살구)〉

　인생의 역경에서 술 마시고 곯아떨어지는 것 말고는 그와 함께하며 시름과 노고를 덜어 줄 사람이 없었다.
　구양수는 저주에 있는 동안 대부분 어둡고 쓸쓸했다. 그래서 저주를 떠날 때 다음과 같은 시를 썼다.

나도 평소처럼 통쾌하게 마시고 취할 터니	我亦且如常日醉
슬픈 이별 노래 연주하지 마시게	莫教絃管作離聲

_〈별저別滁(저주를 떠나며)〉

구양수는 주변 사람들을 일깨워준다. 이번 이별에는 평소와 같이 여러분과 함께 모여 유쾌하게 취하려고 하니 굳이 마음 아프게 하는 이별의 노래를 연주하지 말아 달라고. 구양수는 이런 사람이었다. 항상 술로 자신을 마비시켰지만 때로는 억지로 즐거운 표정을 지으며 애써 웃기도 했다.

구양수는 평소 애써 감정을 누르며 표현하지 않았고 술을 통해서만 감정을 토로했던 것 같다. 그래서인지 술에 취해도 다른 사람보다 이성적이었고 냉철했다. 이런 사람인 취옹은 정말로 그 뜻이 술에 있지 않았다. 술의 힘을 빌려 좀 느슨해지고 시름을 달래고 싶을 뿐이었다.

구양수는 왜 음주를 중단하려고 했을까?

구양수는 저주에 있는 동안 병이 난 것 같다. 그 시점은 그가 〈취옹정기〉를 쓰기 대략 1년 전이다. 그는 자기가 이미 39세가 되었으며,[1] 음주로 건강이 나빠 봄 내내 술을 마실 수 없고 원기와 체력이 더 망가진 것 같다고 탄식했다.

> 금년에 병을 얻음은 술 때문   今年得疾因酒作
> 봄 내내 마시지 못했고 기력은 점점 더 약해졌다오   一春不飮氣彌劣
> _〈병중대서봉기성유이십오형病中代書奉寄聖兪二十五兄(병 중에 대필하여 성유에게 보냄)〉

구양수가 더는 술을 마시지 못한 것은 다른 사람들과 마찬가지 이유였다. 바로 '병 때문에 금주'한 것이다. 그런데 그의 시구를 연구해보면 그의 음주 중단은 다른 사람들과 다른 점이 적지 않다. 그가 술을 마시지 않게 된 중요한 전환 시점은 저주 지주 임기 때부터 남경南京 응천부應天府에서 일하기 전까지로 40~45세였다. 술을 마주하기도 하고 취하기도 하고, 건강을 생각하기도 하고 병이 나기도 하면서 구양수의 태도는 점차 변했다.

구양수는 40여 세 때 다음과 같은 시를 썼다.

최근 병으로 술을 마시지 못하고   年來因病不飲酒

늙으니 내키지 않아 시 짓기에 게을러졌다오   老去無悰懶作詩

_〈답여태부상쌍련答呂太傳賞雙蓮(여태부가 한 줄기에 가지런히 핀 한 쌍의 연꽃을 감상한 것에 답함)〉

병이 나니 술을 못 마시고 사람도 나태해져 즐거움을 느끼지 못하고 심지어는 시도 쓰고 싶은 마음이 일지 않는다. 그래서 그는 다음과 같은 시를 쓰기도 했다.

3년 동안 병으로 술을 마시지 못하고   我今三載病不飮

눈곱이 껴 (주둥이 검은) 누렁 말과 검정 말도 구별하지 못한다오   眼眵不辨騧與驪

_〈기성유寄聖兪(성유에게 부침)〉

구양수는 병으로 3년이나 술을 마시지 않았고 자꾸 눈곱이 껴 말의 색깔과 품종도 구별하지 못하는 지경에 이르렀다. 이 시를 쓴 해의 3년 전으로 추산되는 40세부터 건강에 이상이 생기기 시작했는데 특히 술이 눈의 건강에 끼친 영향은 심각했던 것 같다. 그 몇 해 동안 그의 눈에는 많은 문제가 있었다.

눈을 문지르니 눈곱 때문에 사물이 소용돌이치듯 보이고　　　　行揩眼眵旋看物

앉아서 누각을 보니 오를 일이 먼저 근심된다오　　　　　　　　坐見樓閣先愁登

　　　　_〈복일증서초이생伏日贈徐焦二生(복일에 서초이생에게 줌)〉

중년이 되니 병이 많아 두 눈이 흐려　　　　　　　　　　　　中年病多昏兩眸

밤에는 올빼미만도 못하다오　　　　　　　　　　　　　　　　夜視曾不如鵂鶹

　　　　_〈답매성유막등루答梅聖兪莫登樓(매성유가 누각에 오르지 말라는 데 대해 답함)〉

구양수는 계속해서 눈이 잘 안 보인다고 여러 차례 하소연한다.

늙음은 가증스럽고 탄식할 만해　　　　　　　　　　　　　　老雖可憎還可嗟

병나 눈곱 끼어 흐릿하니 꽃 보기도 근심스러워　　　　　　　病眼眵昏愁看花

핀 꽃이 복숭아꽃인지 오얏꽃인지　　　　　　　　　　　　　不知花開桃與李

그저 붉은색과 흰색만 겹쳐 보인다오　　　　　　　　　　　　但見紅白何交加

　　　　_〈간화정자화내한看花呈子華內翰(꽃을 보고 자화에게 바치는 글)〉

시력이 흐릿해 꽃 색깔이 겹쳐 보여 사람을 안타깝게 만든다.
구양수는 오십몇 세에 이르러서도 여전히 음주 중단을 언급한다.

이전엔 꽃을 보면 반드시 술을 샀고　　　　　　　　　　　　念昔達花必沽酒

일어나 환호하며 술통 자주 기울였지　　　　　　　　　　　　起坐歡呼屢傾榼

그런데 오늘 술이 있는데 또 무엇 때문인지   而今得酒復何爲

꽃을 좋아하면서도 헛되이 백 번이나 맴돌았다오   愛花繞之空百匝

_〈사관문리상서혜서경목단謝觀文理尙書惠西京牧丹〉

과거에는 꽃을 감상할 때 멈추지 않고 술을 따라 마셨는데 이제는 한 모금도 마실 수 없다. 그는 친구 왕소王素에게 보내는 편지에서 중년의 나이가 지난 후부터 술을 통쾌하게 마시지 못한다고 탄식했다.[2] 몇 년이 지난 뒤 구양수는 또 왕소에게 말한다.

허허. 나는 술을 끊어서 더는 마실 수 없는데, 중의仲儀(왕소)는 하루에도 십여 잔을 마신다는 말을 들으니 부러우면서도 믿을 수 없구려.

구양수는 허허 웃으면서 왕소(중의仲儀)가 그렇게 술을 많이 마실 수 있음을 부러워하면서 자기는 왕소만큼 마실 수 없음을 애석해했다.

질병은 구양수가 늙을 때까지 그를 떠나지 않고 함께했다. 그는 60세를 바라보는 나이에 외직에서 물러나기 위해 황제에게 상주문을 썼는데 자신의 건강 상황을 언급하며 최근 10년 동안 특히 눈에 문제가 있다고 했다.[3]

눈이 가물가물하여 몇 발자국 밖의 사람을 알아보지 못합니다.

이와 동시에 당뇨병도 그를 괴롭히기 시작했다.[4]

사지가 말라 앙상한데 다리가 특히 심하여 걷기, 무릎 꿇고 절하기와 일어나기, 말타기가 최근에 더욱 어렵습니다.

_〈박주걸치사제사찰자亳州乞致仕第四札子(박주에서 사직을 청하는 4번째 편지)〉

술 때문에 병이 든 때부터 술을 끊고 마시지 않은 때까지 구양수는 꼬박 30년 동안 질병에 시달렸다. 그는 음주 문제를 이성적으로 대하고 마시지 않겠다고 결심하고는 거의 술을 입에 대지 않았다. 그 비결은 무엇이었을까?

취옹은 뜻밖에도 술 대신 차茶를 마셨다

구양수는 행동파다. 술을 그만 마시겠다고 결심하고는 진지하게 방법을 찾았고 정말로 많은 방법을 생각해 냈다. 그 가운데 몇 가지 방법은 아마 오늘날에도 적용할 수 있을 것이다.

구양수가 45세 때 쓴 시를 보면 과거와 마찬가지로 스스로 '취옹'이라 칭했지만, 심경과 건강 상태는 모두 과거와 다르다. 친구인 두연杜衍과 함께 통쾌하게 마신 뒤, 〈의운답두상공총시지작依韻答杜相公寵示之作〉을 썼다.

취옹이 저주에서 이 한 몸 한적하게 지내다가	醉翁豐樂一閒身
심신이 수척해져 변수 가에 왔다오	憔悴今來汴水濱
새소리 들을 때마다 비로소 계절이 바뀜을 알고	每聽鳥聲知改節
버들개지 날리면 남은 봄을 안타까워한다오	因吹柳絮惜殘春

평생 시 지으며 상대에게 굴한 적 없고   平生未省降詩敵

어디에서 술을 마셔도 몇 순배고 물리친 적 있던가   到處何嘗訴酒巡

호방한 기세와 웅대한 뜻 다 사라지고   壯志銷磨都已盡

꽃을 감상하며 어울리지 않게 차를 마시는 사람이 되었구려   看花翻作飲茶人

취옹 구양수는 왕년에 저주 태수로 있을 때 한적하게 지냈던 것과는 달리 남경 응천부에서 일할 때는 심신이 모두 망가졌다. 계절의 변화에도 둔해져 나뭇가지 위에서 새 우는 소리를 듣고서야 비로소 겨울이 다 갔음을 깨달았고, 버들개지 바람에 날릴 때면 짧은 봄날을 안타까워할 정도였다. 되돌아보니 평생 시를 쓰거나 글을 짓거나 누구에게도 져본 적이 없었다. 어디에 가서 술을 마셔도 술잔을 거절해 본 적이 없었다. 그런데 이제, 그가 품었던 호방한 기세와 웅대한 뜻은 소진되어 거의 남지 않았다. 심지어 술로 흥을 돋우어야 제맛인 꽃 구경에도 술 대신 차로 바꿔 마시게 되었다.

당시의 취옹은 이미 초췌하게 변했고 체력과 정신력도 이전 같지 않았다. 그는 여전히 통쾌하게 마셨으나 그것은 술이 아닌 차였다. '취옹'이 '음차인飮茶人(차 마시는 사람)'이 된 것이다.

함께 자사紫砂 잔으로 마시고 또 따르니   喜共紫甌吟且酌

그대의 고결하고 속되지 않음과 차고 맑은 기운이   羨君瀟灑有餘淸

부럽기만 하다오

이 시를 읽으며 만약 〈화매공의상차和梅公儀嘗茶(매공의와 함께 차를 음미하다))라는 제목을 보지 않았다면 구양수가 여전히 술을 마시는 것으로 오해할 것이다.

《구양수전집歐陽脩全集》에 차와 관련된 시와 사가 약 20수 있는데 이 것이 쓰인 시기는 대개 그의 나이 45세 이후에 집중된다. 북송 시대에 생산된 차는 대체로 산차散茶(낱차)와 단차團茶(찻잎이나 차 가루를 뭉쳐 만들어 놓은 덩이)로 나뉜다. 그 가운데 단차는 복건福建 봉황산鳳凰山의 북원北苑에 서 생산되어 '북원공차北苑貢茶'라 불린다. 가공 방법이 번다하고 복잡하며 매우 귀중한 차다. 제조하는 재료와 방식 그리고 차병茶餠(찻잎을 원반형이나 벽돌 모양으로 뭉쳐 굳힌 것)에 압착하여 찍은 도안의 문양에 따라 용단龍團, 봉단鳳團, 백유白乳, 승설勝雪 등으로 세분할 수 있다. 구양수가 시에서 언급한 차는 북원공차가 가장 많다.

구양수는 차를 끓이는 과정부터 맛을 음미할 때 여러 감각기관이 받는 자극에 이르기까지의 과정을 매우 즐겼다. 시에서 후각, 미각, 시각, 촉각에 대한 묘사에서 비유와 전고의 사용에 이르기까지 자기는 진심으로 차를 애호한다고 말하기를 조금도 꺼리지 않았다. 매요신梅堯臣에게 쓴 편지에서도 그는 차를 대대적으로 찬미하며 차를 가장 높은 지위에 올려놓았다.

모든 나무가 추운 겨울에 잠에서 깨지 못하는데	萬木寒癡睡不醒
오직 이 나무는 먼저 싹을 틔운다오	惟有此樹先萌芽
이것이 가장 신령한 물건임을 알겠소	乃知此爲最靈物
홀로 하늘과 땅의 정수를 얻기에 적합하지 않겠소	宜其獨得天地之英華

_〈상신차정성유嘗新茶呈聖兪(새로 나온 차를 음미하고 성유에게 보냄)〉

구양수는 그다음에 보낸 또 한 통의 편지의 서두에 이렇게 썼다.

나이 먹어 늙어가면서 세상 흥취가 엷어졌는데 　　　　　　吾年向老世味薄
쇠하지 않은 기호는 오직 차 마시는 일뿐이라오 　　　　　　所好未衰惟飮茶

_〈차운재작次韻再作(차운하여 또 씀)〉

나이가 들수록 흥미도 줄어든다. 이제 차 마시는 일이 구양수의 변하
지 않는 유일한 낙이 되었다.
　이 편지에 쓴 시에서 구양수는 차의 묘미를 묘사했다.

공을 논하자면 모든 질병을 고쳐주고 　　　　　　　　　論功可以療百疾
몸을 가볍게 해주며 오래 먹으면 아마亞麻보다 낫다오 　　　　輕身久服勝胡麻
나는 이 말이 자못 지나치다고 말하는데 　　　　　　　　我謂斯言頗過矣
사실을 말하자면 잠을 쫓는 데는 가장 뛰어나다오 　　　　其實最能祛睡邪

당시 사람들은 차를 마시면 모든 질병을 다스릴 수 있으며,[5] 오랜 기
간 마시면 신체를 건강하게 해주는데, 그 효능이 아마보다 낫다고 여겼
다. 하지만 구양수도 이런 견해가 좀 지나치다고 여겼던지 사실 차의
가장 중요한 효과는 잠을 쫓는 것이라고 썼다. 이렇게 차를 애호했던
구양수는 시의 뒷부분에 다음과 같이 썼다.

손수 끓여 여러 차례 따라 마셔도 싫지 않아 　　　　　　親烹屢酌不知厭
이 즐거움 끝이 없다고 스스로 말 한다오 　　　　　　　　自謂此樂眞無涯

아무리 많이 마셔도 싫은 느낌이 없으니 이런 즐거움은 비할 바가 없다.

구양수는 60세가 되어서도 여전히 차를 마셨다. 그는 〈감사感事〉라는 시에 다음과 같이 분명히 언급했다.

병으로 수척하니 꽃술이 따뜻하게 느껴져 　　　　　　　　　病骨瘦便花蕊暖

마음이 답답하고 갈증이 날 때 봉단차의 향을 맡는다오 　　煩心渴喜鳳團香

그는 몸이 수척해지고 쉬이 갈증이 난다고 묘사했는데 아마 당뇨병의 영향인 것 같다. 하지만 다행히도 황제가 하사한 봉단차로 차향도 맡고 갈증도 풀고 번민도 해소했다. 재미있는 것은, 구양수는 마실 차가 부족할까 봐 걱정되었던지 이 시의 자주自註에 지난날부터 시작하여 앞으로 매월 하사하는 차를 얼마나 받을 수 있는지 계산해 놓았다.[6]

구양수가 '취옹'에서 '차인茶人'이 된 중요한 까닭을 살펴보면 중년에 걸린 안질과 노년에 걸린 당뇨병 때문이었다. 그래서 그는 "병을 얻음은 술 때문(得疾因酒作)"이라고 쓴 것이다. 덕분에 그는 더는 술을 마실 수 없었고, 오히려 차를 마시는 즐거움을 체험하게 되었으며 차가 지닌 효용도 언급할 수 있었다.

함께 차 마시는 친구

구양수는 시와 사, 그리고 서신에서 질병에 대해 개탄하거나 차 마시는 즐거움을 나누었는데 이런 과정에서 그의 좋은 친구들이 중요한 역할을 했다. 그는 친구들과 함께 차를 마시며 맛을 음미하고, 차를 노래하고 화창했다.

함께 차를 마신 구양수의 친구들 가운데 가장 중요한 사람은 여러 차례 서신을 주고받은 매요신梅堯臣이다. 매요신의 글에는 차와 관련된 시문이 50여 편, 구양수의 서신에 화창한 차시茶詩가 여러 수 있다. 구양수가 〈상신차정성유嘗新茶呈聖命〉를 지어 매요신에게 보내자 매요신은 그에게 〈차화운次和韻〉을 지어 화답했고, 구양수가 다시 〈차운-재작次韻再作〉을 지어 보내자 매성유(매요신)도 〈차운화재배次韻和再拜〉를 지어 재차 회답했다. 화창한 내용은 주로 구양수가 구한 신차를 언급한 것인데 그 출처와 제차 방식 그리고 두 사람이 음미하며 차 맛을 즐기면서 체득했던 아름답고 즐거운 느낌이었다.

구양수와의 창화한 차시 외에 매요신은 일부 차시에서 구양수를 언급했다. 그는 〈답건주심둔전기신차答建州沈屯田寄新茶(건주 심둔전이 새 차를 부친 데 답합)〉에 다음과 같이 썼다.

봄에 난 새싹 백고와 같아	春芽研白膏
밤새 불로 차병茶餠을 말린다오	夜火焙紫餅
값은 황금과 맞먹고	價與黃金齊
차를 싼 주머니 열면 풋풋한 향포香蒲향이 가득하다오	包開青蒻整
빻으면 옥색의 가루가 되어	碾爲玉色塵
멀리 노저정에까지 이르러	遠及蘆底井
취옹과 함께 마셨으면	一啜同醉翁
그대 생각하며 목을 빼고 기다린다오	思君聊引領

이 시에서 두 사람의 오랜 교분, 함께 차를 음미하고 서로 격려하는 모습을 볼 수 있다. 구양수를 여전히 '취옹'이라 불렀지만 차를 마신 덕분에 두 사람은 음주량도 줄었고 마시는 횟수도 줄었다.

구양수에게는 함께 차 맛을 음미하는 친구 외에도, 최상의 차를 공급해주며 공간을 뛰어넘어 함께 즐거움을 나누고 멀리서 복을 빌어주던 채양蔡襄이라는 친구가 있었다. 구양수는 여러 차례 이 친구가 보내준 차를 받았고 그에게 감사 편지를 여러 통 썼다.

채양은 복건福建 사람이다. 복건은 '북원공차'의 산지다. 그는 일찍이 복건전운사福建轉運使로 근무하던 시기에 차에 관한 서적인《차록茶錄》《용차록龍茶錄》을 완성했다. 그는 이 책을 구양수에게 보냈다. 구양수는 이 책을 손에서 놓지 않고 열심히 보았으며, 자발적으로 후서後序(책의 본문 뒤에 적는 서문)와 발문跋文(책 끝에 본문의 대강이나 기타 책과 관계되는 사항을 간략하게 적은 글)을 써, 채양이 감독하여 제조한 차가 얼마나 진귀한지 칭송했으며 채양이 황제에게 진상하고 황제가 다시 자기에게 하사한 차병을 얼마나 소중히 여기는지 언급했다.[7] 이뿐 아니다. 구양수는 매요신에게 보내는 서신에서 "채군모蔡君謨(채양)가 차를 보냈던가?"라고 묻기까지 했다. 이를 보면 구양수가 채양이 선물로 증정하는 차를 얼마나 기다렸는지 알 수 있다.

구양수가 차를 마시게 된 것은 병으로 '더 이상 술을 마시지 못하는' 까닭 외에도 또 있다. 그는 〈답성유答聖兪〉에서 이런 구절을 썼다.

친구와 좋은 때가 모두 필요하다오   猶須朋友並良時

친구들의 전폭적인 지지로 구양수의 생각이 바뀌었다. 그렇게 보면 매요신, 채양, 심지어 당시의 황제 인종에 이르기까지 모두 술에 맞춰졌던 구양수의 초점을 차로 돌려 차의 효능과 차를 음미하는 즐거움을 함께 나누었으니 그 공이 크지 않다고 할 수 없을 것이다.

술에서 차까지, 구양수 '육일六一'의 모순된 심경

구양수는 술잔을 내려놓고 찻잔을 두 손으로 받쳐 들고 재미있는 비유를 들어 마음속에 있는 차와 술의 다름과 지위를 비교했다.

잠시 함께 일어나 술을 찾아 마셨으니   須臾共起索酒飮

우아한 음악을 연주하고 음탕한 노래로 끝을 맺은 것과   何異奏雅終淫哇

무엇이 다르리

_〈상신차정성유嘗新茶呈聖兪〉

차를 음미한 뒤 만약 술을 마시려고 한다면 고상하고 엄숙한 악곡을 연주한 뒤 음탕하고 퇴폐적인 음악으로 끝맺음한 것과 같다며 구양수는 애석해했다. 구양수가 마지막에 되돌아가 퇴폐적인 음악을 즐겼는지는 알 수 없다.

만년의 구양수는 스스로 호를 육일거사六一居士라 했는데 그는 〈육일거사전六一居士傳〉에서 '육일'이란 말의 유래를 설명했다.

"우리 집에 장서藏書가 일만 권이며, 삼대三代 이래의 금석金石 유문을 수집한

게 일천 권이며, 거문고가 한 벌 있고, 바둑판이 하나 있으며, 항상 술 한 병을 두고 있다오. 나 늙은이 한 사람이 다섯 가지 물건 사이에서 늙어가니 이 어찌 육일六一이 되지 않겠소?"

이 가운데 '항상 술 한 병을 두고 있다'라는 말은 곱씹어 볼 만하다. 그는 과연 그 술 한 병을 마셨을까? 아니면 그저 탁자 위에 올려놓기만 했을까?

술은 비치만 해놓고 차를 끓이며, 술은 마시지 않고 차를 음미했기를 바라는 마음으로 구양수의 차와 술의 전환 궤적을 추적해보았다. 만약 그가 순조롭게 취옹에서 차인茶人으로 바뀌었다면 그의 금주를 위한 노력에 성과가 있었다는 것이 아니겠는가!

술 대신 차—몇 가지 금주 심법

제1초식, 술 마실 가능성이 있는 상황을 살펴보자

술을 마실 가능성은 언제 가장 클까? 구양수는 '마음이 우울하고 답답할 때'라고 한다. 그는 술을 마셔 정서를 달랬다. 사람마다 술 마시는 시점이 다르다.

대개 어느 시점에 술 마시고 싶은 생각이 들까? 바로 음주를 암시하는cue 모든 사물이 눈앞에 나타났을 때다. 술잔을 보았거나 술 향을 맡았거나 다른 사람이 나누는 술 이야기를 들었을 때, 나도 모르게 첫 잔의 짜릿함과 음주 초기의 행복과 즐거움이 연결되어 술을 사고 마시게 된다. 하루 중 잠자기 전에 습관적으로 약간의 술을 마시는 사람도 있고 일할 때 마시는 사람도 있다. 친구들과 모였을 때 마시는 사람도 있고 혼자 있을 때 마시는 사람도 적지 않다. 흥겨울 때 마시는 사람도 있고(이백李白), 스트레스를 받았을 때 마시는 사람도 있다(두보杜甫). 기분이 처지거나 공허하고 무료함을 느낄 때(이청조李淸照) 흔히들 술을 마신다.

하루 중에는 마음에 안정감이 있어 술을 마시지 않는 때도 있고, 부주의하여 술과 마주치는 위험한 때도 있는데, 이를 고위험성 상황high risk situation이라고 한다. 만약 금주를 시도할 생각이라면 마음이 평온할 때,

자신이 어떤 상황에서 술이 생각나고 술을 마시게 되는지 냉정하게 따지고 먼저 위험한 시점을 정리하여 사전에 대비하면 적은 노력으로 큰 효과를 얻을 수 있다.

제2초식, 정동적情動的 스트레스에 순응한다

기분이 좋지 않거나 스트레스가 클 때 술을 마시면 잠시 감정을 마비시키고 스트레스를 완화할 수는 있지만 장기적으로 보면 더 큰 문제가 생길 수 있다. 특히 오랜 기간 지속적으로 술을 마시면 우리 몸은 신경 자아 적응을 거친 뒤, 정서 조절 능력이 떨어지고 스트레스에 맞서는 능력이 줄어 스스로는 벗어나기 어려운 악순환에 빠지게 된다.

정서적인 문제에 직면했을 때, 때로는 다른 사람의 도움이 필요하기도 하지만 극복하기 어려운 상황을 이겨낼 수 있도록 스스로 노력해야 한다. 스트레스를 받을 때 외적 상황을 바꾸기는 어렵지만 때로는 시간을 내어 잠시나마 스스로 편해지고 자유자재 하려는 노력이 필요하다. 물론 사람마다 다르겠지만 술을 마신 뒤의 악순환에 빠지는 것을 피하는 데는 공통된 법칙이 있다.

제3초식, 음주를 대신할 방법을 찾는다

구양수의 '차로 술을 대신하는 방법'은 획기적인 의의를 지니고 있다. 물론 차와 술의 화학적 특성과 뇌에 미치는 작용은 다르지만, '벗과 교제하는' 기능은 차나 술이나 비슷하다. 그리고 친구들의 모임이나 연회에서의 사교에서 차의 기능은 주류와 큰 차이가 없다. 술을 끊고 차를 마시면 음주가 뇌에 미치는 영향에서 벗어날 수 있을 뿐 아니라 사교장에서도 예의를 잃지 않을 수 있다.

오늘날에는 술을 대체할 수 있는 음료가 많다. 만약 구양수가 오늘날 타이완에서 태어났다면 차 말고도 더 많은 대체품을 찾을 수 있었을 것이다. 예컨대 맛이 맥주와 흡사한 '흑맥즙黑麥汁'을 술의 대체품으로 시도해 보았을 것이다. 이 음료는 맥아와 홉을 원료로 사용했는데 제조 과정에서 발효되지 않도록 하여 알코올이 만들어지지 않아 알코올처럼 뇌에 영향을 미치지 않는다.

무알코올 맥주non-alcoholic beer도 있다. 이 음료는 제조 과정에서 가열 방법으로 알코올을 휘발시키고 특정 방법으로 여과한 뒤 이산화탄소를 주입해 맥주의 풍미와 목에 넘기는 느낌이 같게 만든 무알코올 음료다. 구양수가 이런 정보를 알았다면 분명히 이 음료를 대체품으로 선택할 수도 있었을 것이다.

제4초식, 친구나 단체의 도움을 요청하라

구양수가 음주를 중단하고 금주 상태를 최대한 유지할 수 있었던 것은 병으로 그럴 수밖에 없었던 것이 가장 큰 까닭이겠지만 친구들의 지지와 도움도 그에 못지않게 작용했다. 매요신과 채양 같은 좋은 친구들이 일깨워주고 서로 격려한 것은 그에게는 실로 큰 행운이었다. 하지만 친구가 24시간 함께 있을 수는 없다. 마음에 술을 마시고 싶은 생각이 일때, 할 수 있다면 구양수처럼 음주가 초래한 문제를 진지하게 친구에게 표현하는 것도 하나의 방법이다. 음주를 중단한 후의 심경을 공유하고, 만약 부주의하여 술을 다시 입에 댔을 경우 친구들에게 도움을 요청할 수도 있다. 오늘날에는 의료기관에서 제공하는 개별 치료, 가족 치료,

단체 치료에서도 금주를 하려는 사람에게 개별적으로 적합한 치료 모델을 찾아준다.

술은 가득 따르고 차는 절반만 따른다: 술과 차의 비교

	술	차
별칭	망우군忘憂君, 주천후酒泉侯, 두강杜康, 홍우紅友, 녹의綠蟻, 옥예玉醴, 경장瓊漿, 황탕黃湯	척번자滌煩子, 불야후不夜侯, 육우陸羽, 청우清友, 옥조玉爪, 선아仙芽, 수액水厄
뇌에 영향을 미치는 성분	에탄올ethanol	알칼로이드: 테오필린theophyline, 카페인caffeine
작용 분류	주로 중추신경 억제제(그 작용은 더 복잡하다)	중추신경 흥분제
초기 효용	쾌감, 이완감, 초조감을 완화함, 경각심을 떨어뜨림.	각성, 피로를 덜어줌, 경각심을 높임, 반응 시간을 줄여줌.
수면 작용	잠드는 시간을 단축, 잠 깨기 쉬움, 꿈을 많이 꿈, 수면의 질을 떨어뜨림.	잠드는 시간을 늦춤, 수면의 질을 떨어뜨림.
금단 증상	심장박동 가속, 손 떨림, 초조와 불안, 정서 저조, 불면	두통, 피로, 경각심을 떨어뜨림, 정서 저조, 감기와 유사한 증상

익명의 알코올 중독자들 Alcoholics Anonymous, AA

익명의 알코올 중독자들은 1935년에 처음으로 설립된 모임으로 음주 경험자들이 만든 상호 금주 모임이다. 이 모임은 현재 100여 개 국가에 10만 개의 소모임이 있다.

음주자는 모임에서 각자 음주 경험과 어려운 점을 서로 나눌 수 있으며, 스스로의 노력과 타인의 도움을 통해 원래의 정상적인 생활을 회복하게 해준다. 자신의 음주 문제를 고치려고 하는 사람은 누구나 참여할 수 있으며, 모임에서 자신의 실명과 신분을 밝힐 필요가 없다. 12단계12 steps의 형식을 통해 회원들이 한 단계 한 단계 자신을 발견하고 자신을 받아들이며 실천하고 지속적으로 고쳐 금주 목표에 이르게 한다.

'익명의 알코올 중독자들'에 가입할 수도 있다. 이 모임은 참가자가 금주를 위해 가입한 것으로 서로 누군인지 알지 못한다. 모임의 지지와 경험 나누기, 그리고 기획된 절차를 통해 알코올 문제는 자신의 힘으로 해결할 수 없으며, 이를 극복하기 위해서는 반드시 '12단계' 회복 프로그램에 따라야 한다는 것을 이해하는 것이다. 이렇게 하면 금주에 성공할 확률이 높아질 수 있다.

매
요
신

梅堯臣(1002~1060)

금주 인생 풍경, 금주할 때 반드시 거쳐야 할 길

매요신은 구양수의 좋은 친구다. 구양수가 술을 끊었을 때 전폭적으로 지지했을 뿐 아니라 몸소 모범을 보였다. 두 사람은 금주의 길에서 상부상조한 좋은 동반자였다.

매요신은 금주의 계단을 한 발짝 한 발짝 오르면서 자신이 어떤 어려움에 부닥쳤는지, 무엇을 망설이고 무엇 때문에 안간힘을 썼는지 시로써 모두에게 알렸다. 매요신이 친히 보인 금주 시범을 구경해 보자.

매요신은 자가 성유(聖兪)로 사람들은 그를 완릉(宛陵)선생(그가 태어난 선성(宣城)의 옛이름이 완릉 -역자 주)이라 불렀다. 그는 구양수의 평생의 좋은 친구였는데 안타깝게도 벼슬길이 순탄하지 못했다. 매요신은 시를 쓸 때 대상을 정확하게 잡아서 세밀하게 서술하고, 평담(平淡)을 추구하자고 주장하였으며, 송시의 '개산조사(開山祖師)(일파의 창시자)'로 불렸다. 남송의 육유(陸游)는 〈매성유별집서(梅聖兪別集序)〉에서 구양수의 문장, 채양(蔡襄)의 서예, 매요신의 시를 이르러 '삼자가 정립(鼎立)(솥의 발처럼 벌여 섬)하니 각자가 대가다'라고 말했다. 당시 매요신의 시의 영향력이 매우 컸음을 알 수 있다.

매요신에 대해 잘 아는 사람이 많지 않을 것이다. 매요신이 주인공은 아니지만 빛나는 조연 역할을 했던 재미있는 일화가 있다. 가우(嘉祐) 2년(1057), 구양수는 예부시(禮部試)(예부에서 주관하는 과거 시험)의 주 시험관에 임명되었고, 매요신은 참평관(參評官)(자격을 평가하는 직책)으로 주 시험관을 도와 초보적으로 답안지를 검토하는 일을 담당했다. 매요신은 답안지를 살펴보면서 청년 소식(蘇軾)이 쓴 〈형상충후지지론(刑賞忠厚之至論)〉을 발견하고 구양수에게 자세히 검토하면 좋겠다고 강력하게 추천했다. 자세히 검토해 본 두 사람은 놀라움과 기쁨을 금할 수가 없었다. 하지만 애석하게도 구양수는 자기 제자인 증공(曾鞏)의 글로 생각하고(제자에게 1등을 줄 수 없다고 여겨) 소식을 2등으로 처리했다. 매요신은 이처럼 청년 준재 소식의 문학적 재능을 첫눈에 알아보고 발굴해 낸 것이다. 후에 소식은 〈상매직강서上梅直講書(매직강(매요신)께 올리는 글)〉에서 다음과 같이 썼다.

대현大賢이 계시는데 그 문하가 되면 의지할 만한 분을 찾은 것이라고 여겼습니다.

소식은 매요신의 제자가 되기를 원했을 정도로 그를 존경했다.

매요신의 시에 보이는 금주 도전

매요신의 시는 소재가 풍부하면서도 평이하여 접근하기 쉽다. 사소하고 잡다하며 추악한 것과 같이 시에 잘 쓰지 않는 사물까지도 모두 과감하게 시의 소재로 썼으니,[1] 음주, 발병, 금주 같은 주제를 피하지 않은 것은 당연한 일이었다. 그의 시를 통해 그가 어떻게 금주에 도전했는지, 그리고 어떻게 한 걸음 한 걸음 매진했는지 관찰할 수 있다.

그가 걸은 길은 매우 길고 험난했다. 금주의 어려움에 부딪혀야 하는 데다 (현대의 이론인 동기 면담에서 제시한) 변화를 꾀하기가 쉽지 않았기 때문이다. 만약 금주를 하려는 사람이 있어 그와 함께 어려움에 부딪힌다면 '동기 면담'은 실행 가능한 방법이 될 수 있다. 매요신의 금주에 대한 점진적인 생각에 따라 각기 다른 단계로 나누고, 한 걸음 더 나아가 각기 다른 대처 방법을 제공할 수 있다면 적은 노력으로 큰 효과를 거둘 수 있을 것이다. 금주의 각 단계는 일직선이 아니라 순환이 반복된다. 매요신은 앞으로 나아가기도 하고 뒤로 물러서기도 했을 것이다. 매요신의 시를 분류해보면 각기 다른 금주 단계에서 그가 어떤 생각을 했는지 알 수 있다.

숙고 전 단계: 왜 금주해야 하는지 이해하지 못해

매요신도 다른 많은 문인처럼 항상 술을 마시고 시를 지었다. 그에게 음주는 삶의 일부분이었다. 그에게는 통음이나 대취와 관련된 시와 사가 적지 않다.

좋은 친구 만나	我願會良友
취한 얼굴 항상 붉기를 바란다오	醉顏日常赬
동해를 한 잔 술로 삼고	東海爲酒卮
오호를 한 그릇 국물로 삼아	五湖爲杯羹

_〈음주정린기원보飮酒呈鄰幾原甫(술을 마시고 원보에게 바치다)〉

동기 면담 Motivation Interviewing

동기 면담은 밀러William R Miller가 1983년에 제기한 이론으로 금주를 결심한 사람이 변화할 수 있도록 옆에서 돕는 치료법이다. 처음에는 주로 물질 중독인 사람에게 쓰였는데 이후 많은 분야에 응용되었다. 동기 면담은 현재의 변화 단계에 따라 각각의 치료 방향을 제시해주며, 내용 면에서는 그 안의 모순을 직시하고 변화의 동기를 강화해 주는 것이 중요한 의제가 된다.

동기 면담 시기 구분의 기본 치료 구조는 초이론적 모형Transtheoretical Model에서 왔다. 이는 프로차스카James Prochaska와 디클레멘테Carlo DiClemente가 1982년에 제시한 변화 모형으로 행위의 변화를 5단계The Stage of Change로 나눈 것이다. 숙고 전 단계, 숙고 단계, 준비 단계, 실행 단계, 유지 단계로 만약 여기에 재발이 더해지면 하나의 사이클이 된다.

낮이고 또 밤이고	一日復一夕
항상 눈을 뜨고 잠 이루지 못해	醒目常不眠

_〈영숙증주永叔贈酒(영숙(구양수)이 술을 주다)〉

매요신은 술을 잘 마셨고 술을 좋아했는데 이는 역사서인《송사宋史》
에까지 똑똑히 기록되어 있다.

매요신은 집안이 궁색하였는데 술 마시기를 좋아했다. 유명한 사람과 현자,
사대부들이 그와 친밀하게 교제했는데 항상 술을 지니고 그의 집에 가 그와 함
께 마셨다.

그는 가난하여 가진 재물이 별로 없었다. 친구들은 항상 그에게 술을
보냈다. 구양수가 매요신의 집을 방문했을 때 좋은 술이 그렇게 많은
것을 보고 놀라워하고 신기해했을 정도다.

그 당시만 해도 매요신은 술을 마시면 무슨 문제가 발생할지 알지
못했고 알코올이 건강에 어떤 영향을 미치는지도 알지 못했다. 금주의
필요성을 생각할 수 없었던 것은 당연한 일이었다. 이것이 바로 제1단
계인 '숙고 전 단계'의 현상이다.

숙고 단계: 혼란스럽고, 좋고 나쁨을 구별하기 어려워

소식이 급제했던 해로 시간을 되돌려보자. 당시 57세였던 시험관 매요
신은 〈막음주莫飲酒(술 마시지 마오)〉라는 제목의 '계주시戒酒詩(금주시)' 한 수

를 써서 구양수에게 주었다. 두 사람의 친분은 이 정도로 깊었다. 매요신이 무슨 까닭으로 금주했는지 설명하지는 않았지만 병이 났을 가능성이 매우 크다.

술 마시지 마오	莫飲酒
술이 어찌 원수란 말이오	酒豈讐
안회가 술을 마시지 않았으면 백발이 되지 않았을 것이오	顏回不飮不白頭
천 종은 요임금이라 일컫고	千鍾稱帝堯
백 고는 성인 공구孔丘(공자)라 한다오	百觚號聖丘
우정국은 수 섬을 마셔도 술이 몸에 머무르지 않았고	定國數石無滯留
강성(정현鄭玄)은 삼백 잔을 마시고도 그치지 않았으며	康成三百杯未休
완적은 술을 마시고 쓴 시가 더 힘이 있었다오	阮籍作詩語更遒
앞에 성인과 현인이 있는데, 누구와 의논할 것이오	聖賢在前誰與謀
입이 마르고 혀가 뻣뻣할 때 술로 축여야지	喉乾舌強須潤柔
술로 글을 비추면 등불로 비추는 것보다 낫다오	照見文字勝膏油

술 마시지 마시오. 술이 어떻게 원수란 말이오. 안회가 술을 마실 줄 몰랐으면 새파랗게 젊은 나이에 백발이 되지 않았을 것이오. 고대의 성현 가운데 요堯임금과 공자孔子는 각각 천 종鍾, 백 고觚의 술을 마실 수 있었다오. 한漢나라 시대 우정국于定國은 수 섬의 술을 마셨으나 술은 막 힘없이 신체를 통과하고 체내에 남아있지 않은 것 같았다오. 정현鄭玄(강성康成)은 삼백 잔을 마시고도 그칠 본새가 아니었다오. 완적阮籍은 술을 마신 뒤에 더 힘 있는 시를 썼다오. 이런 전대의 성인과 현인이 있는데

(술을 마실 것인가 말 것인가를) 누구와 상의하리오. 입이 바짝 타고 컬컬할 때 술로 축여야 한다오. 술을 마신 뒤 글을 쓰면 등잔 기름으로 비추는 것보다 더 도움이 된다오.

　자세히 읽어보면 매요신의 이 시는 술을 마시지 말라고 스스로 훈계하는 '막음주莫飲酒'라는 첫 세 글자를 빼고 나면 구절마다 옛 성인과 현인이 술 마시고 얻은 이점을 말하고 있어 앞뒤가 맞지 않는 것 같다. 이 글을 받은 구양수는 분명 한눈에 매요신의 속뜻을 알아보았을 것이다. 구양수는 회신에서 은연중에 매요신을 야유하고 있다.

　　그대 술을 마시지 말라고 말하는데　　　　　　　　子謂莫飲酒

　　나는 시를 짓지 말라고 말하겠소 ……　　　　　　我謂莫作詩

　　그대의 이 말은 이치에 맞지 않으니　　　　　　　此翁此語還自違

　　술에 취해 아무것도 모르는 것과 같다오 ……　　　豈如飲酒無所知

　　술은 마시되　　　　　　　　　　　　　　　　　　但飲酒

　　시는 짓지 마시오　　　　　　　　　　　　　　　莫作詩

　　내 말은 어리석은 말이 아니니 그대 잘 들으시오　子其聽我言非癡

　　　　　　　　　　　　　_〈답성유막음주答聖俞莫飲酒(성유의 막음주에 답함)〉

　그대가 나에게 술 마시지 말라고 말하는데 나는 그대에게 시를 쓰지 말라고 말하겠소 …… 그대의 '술 마시지 말라'는 말은 자가당착이라오. 이는 술을 마시고 대취해 아무것도 모르는 것과 같다오. …… 마음에 여유를 가지고 술을 마시도록 하고 차라리 시를 쓰지 마시오. 내 이 말은 무지몽매한 게 아니니 잘 듣기 바라오.

구양수는 매요신의 모순을 발견했다. 매요신은 아직은 금주하려고 결심한 게 아니었다. 이를 눈치챈 구양수는 떡이 되도록 취하면 마음속의 모든 분노나 불만이 사라질 수 있으니 계속 마시라고 격려했다. 시를 쓰는 일이 감정에 영향을 미치고 생각을 혼란스럽게 만든다는 것을 잘 알고 있는 구양수는 매요신에게 시를 쓰지 말라고 했다.

매요신과 구양수가 서신을 보내고 회신하던 당시의 시점에 두 사람이 정말로 시 쓰기와 술 마시기를 중단하지는 않았다. 하지만 그들은 토론의 장을 열어 음주의 장단점을 분석하고 토론했으며 한 걸음 더 나아가 둘 다 말과 행위가 일치하지 않는다는 것을 발견했다.

매요신은 구양수의 회신을 접하고 거기서 물러서지 않았다. 그는 야유를 당하자 마음이 편치 않았는지 또 구양수에게 회신했다. 아마 쓸수록 흥이 났던 모양이다.

나는 평생 즐기는 바가 없이	我生無所嗜
오직 즐기는 것은 술과 시라오……	唯嗜酒與詩
시루는 비어있고 (불을 때지 않아) 솥은 차갑지만	甑空釜冷不傁眉
침통하거나 굴하지 않지요	
처와 자식은 추위와 기아에 여러 차례 원망했답니다	妻拏凍餧數恚之
홀로 시를 읊조리고 술에 취하는 게 세상의 정리에 어긋나지만	但自吟醉與世違
이것 말고는 만사에 아는 게 하나도 없다오 ……	此外萬事皆莫知
그대들이 나를 비천하다고 여기지 아니하고	諸公尚恐竭智慮
지혜와 생각을 다 짜내 정성을 다해 술 마시기를 권면하는구려	勤勤勸飮莫我卑
그대의 말을 재배하며 받아들이겠소	再拜受公言

생각해 보니 그대는 의도적으로 습속을 거역하는 것 같소   竊意公矯時

(그대가) 시를 너무 사랑하니까   只愛詩

내가 (시를) 애착한다고 말하는 것이겠지요   謂余癡

_〈의운화영숙권음주막음시잡언依韻和永叔勸飮酒莫吟詩雜言(영숙이 술 마시라 권하고 시를 읊지 말라는

시의 운에 따라 지음)〉

　나는 일평생 즐기는 게 없다오. 그저 술 마시기와 시 쓰기만 즐길 뿐이지……. 집에서 오랫동안 밥을 짓지 못할 만큼 빈곤하여 처자식이 추위와 기아에 시달려 나를 원망해도 나는 고개를 숙인 적이 없다오. 세속의 인지상정에 어긋난다 해도 난 계속 시를 쓰고 술을 마실 거요. 이것 말고 다른 모든 일은 나와 관계가 없다오. …… 좋은 친구들이 나를 중히 여겨 온갖 방법으로 나에게 술 마시기를 권면한다오. 그대(구양수)가 나에게 해준 말에 감사하오. 하지만 추측건대 그대는 시대의 습속을 위배하고 고의로 그런 말(시를 읊지 말라)을 한 것 같소. 사실 시에 깊이 빠진 사람은 그대인데, 자기가 빠져있으니 나도 이렇게 푹 빠져있다고 말을 할 수 있는 것이겠지요.

　서두에 술을 마셔야 하는지 말아야 하는지에 대해 앞뒤가 맞지 않는 말을 하여 매요신의 본뜻을 파악할 수 없게 하는 등 두 사람의 서신 교환은 마치 만담을 하는 것 같다. 구양수는 술을 마시는 게 시를 읊는 것보다 낫다고 여겨 "시를 쓰지 말고 술을 마시라"고 말한다. 매요신 역시 그대도 나 못지않게 (술에) 깊이 빠졌다고 생각하며 "그래, 마시자고. 난 어차피 술고래가 되었다고!"라며 받아친다. 만약 작자의 이름을 가린다면 두 친구가 상대방이 무슨 말을 하는지 뻔히 알면서도 모르는 척하며

억지를 부리는 것으로 보일 것이다. 게다가 이들이 하는 말이 겉보기에는 논리적인 것 같으면서도 실제로는 말이 안 되는 게, 누가 봐도 대문호들이 서신을 주고받은 것으로는 보지 않을 것이다.

매요신의 생각을 살펴보면, 그는 음주가 어떤 영향을 미치는지 어렴풋이나마 알고 있어 술을 끊어야겠다고 생각하면서도 결단을 내리지 못하고 머뭇거리고 있다. 그래서 스스로 모순에 빠지게 되고 말과 행동이 일치하지 않는다. 이 시기 매요신에게는 현재의 음주 양태를 바꿔야 할 충분한 동기가 없다. 그러므로 그는 금주에 반드시 거쳐야 하는 과정을 겪는 중이라고 할 수 있다. 이런 음주와 금주의 모순 상태를 이르러 제2단계인 '숙고 단계'라고 한다.

준비 단계: 머뭇거리며 결단을 내리지 못해

매요신은 일정 기간 망설인 뒤 술을 마실 것인가 말 것인가 결정을 내렸다.

병이 많아 술 끊기 원해	多病願止酒
끊지 않으면 병도 그치지 않을 터이니	不止病不已
하지만 끊으면 즐거움이 없을까 두려워	止之懼無歡
그러니 병이 나도 끊는 것은 마땅치 않지 ……	雖病未宜止
술을 끊었는데 여전히 병이 낫지 않으면	止酒儻不瘳
끊으려 한 노력이 헛되고 공연히 부끄럽기만 하지	枉止徒可恥
끊어도 자연의 조화造化에 따라 변화할 것이고	止亦隨化遷

끊지 않아도 마찬가지로 죽을 것이니　　　　　　　不止等亦死

함부로 술 끊겠다고 말하지 말아야지　　　　　　愼勿道止酒

술을 끊을 수 있다면 군자라 할 수 있지　　　　　止酒乃君子

〈의도잠지주擬陶潛止酒(도잠의 금주를 모방하여)〉

　자주 병이 나니 술을 끊기 원한다. 술을 끊지 않으면 병도 낫지 않을 것이다. 하지만 술을 끊으면 즐거움을 느낄 수 없으니 병이 났는데도 술 마시기를 중단할 적절한 기회를 찾지 못한다. …… 만약 술을 끊은 뒤에도 여전히 쾌차하지 못한다면 술 끊기 위해 노력을 낭비한 게 아니겠는가? 설령 금주에 성공했다 해도 인생이란 대자연의 이치에 따라 변화하는 것이고(사람은 누구나 한번은 죽는다는 뜻), 술을 끊지 않아도 마찬가지로 죽는 거 아닌가. 신중해야겠다. 술을 끊어야겠다고 함부로 말하면 안 되겠구나. 금주는 군자나 할 수 있는 일이 아닌가.

　〈의도잠지주〉는 총 20구로 이루어졌는데, 구절마다 술을 끊는다는 뜻의 '지止'자가 들어 있다. 이 시기의 매요신은 이미 술을 끊으려는 마음이 있었다. 그는 음주의 이해득실을 분석한 뒤 음주와 병의 관계를 확실히 알게 되었다. 그래서 금주를 시도했는데 오히려 온몸 구석구석이 편치 않았다.

　이를 보면 매요신은 제3단계인 '준비 단계'에 들어섰음을 알 수 있다. 이 시기 그는 술을 끊는 방법을 생각해 내고 계획을 세웠으며, 실제로 금주를 시도하기도 했으나 오랜 기간 지속할 수 없었다. 번樊씨 성을 가진 그의 친구도 금주할 것을 권면했는데 매요신은 시를 써서 금주의 어려움과 염려되는 점을 표현했다.

젊은 시절 술 마시기 좋아했는데	少年好飮酒
나보다 잘 마시는 사람 별로 없었지	飮酒人少過
이제 머리가 성길 정도로 나이 들었는데도	今旣齒髮衰
여전히 술을 좋아하는데 많이 마시지 못해	好飮飮不多
마실 때마다 토하고 설사하니	每飮輒嘔洩
오장육부가 어찌 편하겠는가 ……	安得六府和
지금부터 술을 끊으려 하는데	予欲從此止
사람들이 비웃을까 걱정이 태산	但畏人譏訶
번 선생도 술 그만 마시라고 권면하는데	樊子亦能勸
노파심에서 거듭 충고하며 전혀 감싸주지 않는다	苦口無所阿
술을 끊는 게 옳다는 것 알고 있지	乃知止爲是
끊지 않으면 앞으로 어떻게 할 것인가	不止將如何

_〈번추관권여지주樊推官勸予止酒(번추관이 나에게 금주하라고 권함)〉

젊은 시절 나는 술을 좋아했는데, 나보다 더 많이 마시는 사람은 별로 없었다. 이제 나이가 많아 이도 빠지고 머리도 성글다. 그런데도 나는 여전히 술을 좋아하지만 많이 마실 수가 없다. 이제는 술을 마시면 위로 토하고 아래로 설사하며 온몸이 불편하다. …… 지금부터 술을 끊었으면 하는데 주변 사람들이 비웃을까 걱정된다. 번 선생도 술을 그만 마시라고 권면하는데 번거로움을 마다하지 않고 여러 번 충고한다. 나도 술을 끊는 게 옳다는 것을 알고 있다. 술을 끊지 않으면 앞으로 어떻게 할 것인가.

준비 단계에서 매요신이 맞닥뜨린 것은 무력감이었다. 분명 술을 끊겠다고 마음먹었는데 실제로 이를 실천하기는 생각보다 더 어려웠다. 잠깐 방심하여 한 잔 마시게 되면 결국 원점으로 돌아가 다시 술을 마시게 되어 십년공부 도로 아미타불이 되고 만다. 자신과 친구들의 기대가 물거품이 되는 것을 보면서 매요신은 어찌할 바를 몰랐다. 매요신은 이런 복잡한 심경을 생생하게 썼다. 이런 무력감은 사람을 뒷걸음질하여 변화에서 멀어지게 만든다. 이를 피하기 위해서는 특단의 조치가 필요하다.

실행 단계: 금주 시도

일정 기간 준비를 거쳐 매요신은 마침내 금주를 결심했고 실행에 옮겼다. 많은 술자리에서 술을 사양하며 마시지 않았다.

　친구와 헤어지며 전송할 때가 술을 입에 대기 가장 쉬운 때라는 사실을 매요신을 알고 있었다. 그는 〈송모비교파선성주부피천입보령送毛秘校罷宣城主簿被薦入補令(선성 주부를 그만둔 모 비교(관직)를 보내며)〉에서 다음과 같이 썼다.

당현종唐玄宗의 개원 연간에	嘗聞開元時
현령과 현장에게 훈계 새긴 석비를 하사했다고 하오	令長多賜戒
훈계 새긴 석비 여전히 남아있으니	戒石今尙存
세상의 상황은 달라졌으나 사실은 등질 수 없지	世異事不背
이별에 임하여 이것을 드리고 가려 하니	以此贈行行
술 없다고 날 탓하지 마시길	無酒勿我怪

매요신은 당현종이 〈신계新戒〉를 석비石碑에 새겨 현령들에게 하사하여 훈계로 삼게 했다는 사실을 언급하며, 당현종을 모방하여 송별 시를 통해 친구에게 말했다. "훈계를 새긴 그 석비가 여전히 존재한다네. 그러니 나를 탓하지 마시게. 우리 술 마시지 않는 게 좋겠네." 이 시기의 매요신은 송별할 때 굳은 결심이 깨지기 쉬우며, 도로 술 마실 위험성이 크다는 것을 똑똑히 알고 있었다. 매요신은 이 시기 이미 제4단계인 '실행 단계'에 들어섰다고 할 수 있다.

국화를 심은 뜻은 술을 마시자는 것인데	種菊將飮酒
국화는 피었는데 술이 없다오	菊開酒無有
그대의 눈을 저버리지는 않았으나	雖不負爾目
그대의 입을 저버렸구려	且己負爾口

_〈화강린기유국무주和江鄰幾有菊無酒(국화는 있는데 술이 없다오)〉

국화를 보면 술 마시고 싶은 생각이 든다. 이때의 매요신은 술 마실 가능성이 있는 위험한 때다. 그런데 다행히도 그는 꽃은 있으나 술이 없다고 말한다. 그는 또 다른 시에 이렇게 썼다.

그대 맑게 갠 경치 아깝겠지만	君但惜晴景
술을 끊음이 옳지 않다고 말하지 마시게	休言止酒非

_〈감춘지제이병지주수구유간운시우사청물경선感春之際以病止酒水丘有簡云時雨乍晴物景鮮

(봄날 병으로 금주하는데 수구씨가 편지를 보내와 비 온 뒤 날이 개어 경치가 아름답다고 함)〉

봄날 비 온 뒤 날이 갠 아름다운 경치 역시 술을 찾고 술과 맞닥뜨릴 수 있는 때다. 친구가 매요신과 함께 아름다운 경치를 감상하며 한 잔 마시자고 한다. 매요신은 병이 있어 마실 수 없다면서, (술이 없는 것을) 절대로 내가 술을 끊은 탓이라고 생각하지 말아 달라고 양해를 구한다.

술을 끊었다고 시에 쓴 뒤부터	詩成止酒後
병이 무서워 빈 잔을 든다	病怯擧杯空
짧아진 머리는 아직은 검은데	短髮雖然黑
마음은 늙은이 같다	心如一老翁

_〈의운화통판이월십오일우중依韻和通判二月十五日雨中(비 내리는 날에)〉

매요신의 글에 드러난 금주 시의 또 하나의 어려움은 마음속에 의탁할 바가 갈수록 적어진다는 것이다. 마음속이 텅 비고 심하면 울적하기까지 하여 마치 점점 늙어가는 노인네와 같다. 매요신은 술이 없으면 마음이 우울해졌던 것 같다. 하지만 그는 아무리 힘들어도 술을 마시지 않고, 하루를 견디면 금주 실행 단계는 하루 더 길어지는 것이라고 자신에게 말했을 것이다.

유지 단계: 건실하게 하루를 보내면 금주는 하루 더 길어져

매요신의 금주는 쉽지 않았다. 금주하면서 자주 금주를 중단하고 음주 재개를 부추기는 상황에 맞닥뜨린 것은 물론 그는 술을 권하는 친구들에게 일일이 대응해야 했다. 특히 여주汝州의 왕소王素는 특별히 장문의 편지를 보내 매요신이 뜻밖에 금주를 시작했다고 매섭게 비판하면서, 금주를 중단하고 도로 계속 술을 마시라고 권면했다. 매요신은 답신을 보냈는데 그 글에서 먼저 왕소가 편지에서 언급했던 논점을 정리했다.

(그대는 이렇게 지적했지요)

나이가 많이 들어	指以年齒衰
술이 없으면 어떻게 기력을 기르겠소	非酒何養氣
봄에 마시면 경치를 즐길 수 있고	春飲景可樂
여름에 마시면 더위를 피할 수 있다오	夏飲暑可避
가을에 마시면 마음에 시름 잊을 수 있고	秋飲心忘愁
겨울에 마시면 이불보다 더 따뜻하다오	冬飲暖勝被
취해 노래하면 아무도 이상하게 생각하지 않고	醉歌人不怪
취해 헛소리하면 아무도 꺼리지 않는다오	醉言人不忌
술의 공로가 실로 많은데	在酒功實多
술을 끊다니, 술이 무슨 죄가 있다고 그리하오	止酒酒何罪

_〈여주왕제대이장편권여복음주인사지汝州王制待以長篇勸予復飲酒因謝之(여주의 왕제대가 긴 글로 나에게 술을 다시 마시라고 권하여 이를 사절함)〉

나이가 많은 까닭에 (술을 마시지 않는데) 술이 없으면 어떻게 몸을 보양하고 기력을 기르겠는가. 봄날에 술을 마시면 아름다운 경치를 즐길 수 있고 여름에 술을 마시면 더위를 쫓을 수 있다. 가을에 술을 마시면 번뇌를 잊을 수 있고 겨울에 술을 마시면 이불보다 더 따뜻하다. 술에 취했을 때 노래하면 아무도 이상하게 여기지 않고, 허튼소리를 해도 아무도 꺼리지 않는다. 술의 좋은 점과 공로는 실로 많은데 왜 술을 끊으려 하는가. 술이 무슨 죄가 있는가?

이렇게 술의 공로를 정리한 뒤 매요신은 매우 공손하게 답신을 써서 자신은 정말로 병이 들어 건강을 위해 반드시 술을 끊어야 한다고 말하며 다음과 같이 예의를 갖추어 끝을 맺었다.

> 이를 써 그대에게 감사를 표하오 書此以謝公
>
> 그대의 말에는 진실로 묘미가 있소 公言誠有味

왕소씨, 정말 훌륭하고 멋진 말이오. 나에게 관심을 가져주셔서 감사하오. 하지만 나 매요신은 슬기로운 금주 생활을 계속 유지할 것이오.

여주汝州에 있으면서 매요신은 낮에는 일절 입에 술을 대지 않고, 저녁에는 절대로 파계하지 말라고 시시때때로 자신을 일깨웠다. 그는 다음과 같은 시를 썼다.

> 어젯밤 꿈에 그대 보았는데 昨夕夢見之
>
> 술을 많이 준비하라고 말하더이다 謂須多置酒
>
> 기분 좋아지라고 한 말이겠지만 雖慰魂來言
>
> 결코 다시는 입에 대지 않겠소 定不復入口
>
> _〈삼월십사일여주몽三月十四日汝州夢(여주에서 꿈에)〉

심지어 꿈에서까지 술이 나오고, 술을 더 많이 준비하라는 말을 듣는다. 매요신은 꿈속에서도 단호하게 거절한다.

외부에 음주에 대한 어떠한 암시가 있어도 매요신은 그 위기를 무산시키려고 시도했고 금주 상태를 유지했다. 이때의 매요신은 제5단계인 '유지 단계'에 들어섰다. 유지 단계에서 매요신은 술을 즐길 때와는 다른 생활 양태를 체험했고, 술에 미혹되던 시기에 놓쳤던 흥미롭고 사랑스러운 사물을 발견했으며, 술에 취해 망각했던 생활의 흥미를 되찾았다. 매요신은 생활 속에서 여전히 뜻하지 않게 술과 마주칠 기회가 많았는데도 오랫동안 금주를 지속했으니 매요신의 결심이 얼마나 강했는지 추측할 수 있다. 하지만 만약 파계할 가능성이 있는 상황을 예측하고 일찌감치 대응 방법을 마련했다면 그의 금주 유지 단계는 틀림없이 안정적으로 매일 지속되었을 것이다.

음주 재개 단계: 금주 과정을 복기하는 것은 금주하면서 반드시 거쳐야 할 과정

매요신의 금주의 길을 처음부터 다시 둘러보며 그가 각각의 금주 단계에서 쓴 시를 곱씹어보고, 금주하기 위해 분투 노력한 발자취를 되돌아보면 그가 금주의 길에서 얼마나 많은 진전을 이루었는지 알 수 있다. 매요신이 금주에 대해 전혀 이해하지 못하고, 어리석고 무지하며 머뭇거린 때부터 점차로 시도한 데에 이르기까지, 그리고 금주 상태를 유지한 데에 이르기까지, 안간힘을 쓰며 버티는 데서 받아들이는 데까지, 마음속에 망설인 데서 바로 금주한 데까지, 금주의 길에서 그가 내디딘 모든 걸음걸음은 쉽지 않았다. 만약 매요신처럼 단계에 따라 철저히 준비하고 변화의 동기를 강화하고 생각을 행동으로 옮긴다면 누구나 금주에 성공할 수 있을 것이다.

순조로운 금주─금주의 단계별 표현과 방법

제1단계: 숙고 전 단계 Precontemplation Stage

이 단계에서는 왜 금주해야 하는지, 어떤 방법으로 금주하는지, 금주하면 어떤 점이 좋은지에 대해 음주자에게 무분별하게 훈계하거나 충고하지 말아야 한다. 오히려 반감을 유발할 수 있기 때문이다. 음주자와 시간을 함께 보내면서 음주 원인, 음주가 주는 영향과 좋은 점 등을 포함한 음주에 대한 음주자의 생각을 경청하는 게 좋다. 기회가 된다면 한 발짝 더 나아가 음주가 미치는 영향에 대해 함께 생각해 보는 것도 좋다. 음주자의 생각이나 감정 표현에 관심을 기울이고, 음주의 좋은 점과 나쁜 점에 대해 스스로 생각해 볼 수 있도록 한다. 그리고 금주를 계획하는 사람에게는 기회가 되면 자신의 음주 행태가 어떠한지, 술 취한 후의 표현이 어떠한지 알게 한다. 이런 과정이 완료되면 음주자와 함께 다음 단계로 나아간다.

제2단계: 숙고 단계 Contemplation Stage

숙고 단계의 음주자는 한편으로는 자신의 음주 문제를 직시하기를 원하면서도 한편으로는 머뭇거리면서 곧바로 술을 끊으려고 하지는 않는다. 때로는 외적 요인 때문에 어쩔 수 없이 피동적으로 자신의 음주 문제를 직시하는 사람도 있다. 이때 음주자는 끊임없이 흔들리는 심리 상태에 처해 있으므로 아직은 알코올이 미치는 영향을 직시할 수도 없고 어려움과 맞닥뜨릴 수도 없다.

술을 끊으려는 사람을 동반하여 문제를 직면하기 시작하는 이 시기는 가장 어려운 단계다. 음주자를 도와 함께 '음주의 이로운 점과 해로운 점을 분석'해야 하며, 때로는 음주의 좋은 점과 나쁜 점이 무엇인가라는 가장 기본적이고 진부한 주제로 토론해야 한다. 음주의 좋은 점과 나쁜 점은 무엇일까? 토론을 원활하게 진행하기 위해 '밭 전田'자 모양의 표를 그려 각각의 네모 칸에 음주의 좋은 점과 나쁜 점, 음주 중단의 좋은 점과 나쁜 점을 써넣는다. 친구나 지인에게 부탁하여 여러 사람의 의견을 듣는 것도 좋은 방법이다. 어떤 의견이나 생각도 좋다. 모두 다 써넣자. 옳고 그르고 맞고 틀리고를 따질 필요 없다. 정확한지 아닌지 논쟁할 필요도 없다. 음주자를 위해 의견을 하나라도 더 생각해 낸 만큼 음주자가 문제를 직시하는 데 도움이 된다.

이로운 점과 해로운 점을 함께 분석하는 가운데 음주자는 자신도 모르는 사이에 자기모순이나 생각과 행동의 불일치를 발견하게 된다. 예컨대 술을 마셔야만 우정을 유지할 수 있다. 그런데 술을 많이 마시면 건강에 문제가 생길 수 있다. 건강에 문제가 생기면 친구들과의 모임에 참석하기 어려워진다. 설령 참석하더라도 술을 마시지 못한다. 모임에서 술을 마시지 않으면 뭔가 빠진 것 같은 생각이 든다. 이런 모순을 발견하는 것은 금주 시에 반드시 겪어야 하는 현상이다. 만약 음주자가 차차 이런 문제점을 발견하여 변화의 계기가 시작되고, 자발적인 금주의 동기가 만들어진다면, 대체로 숙고 단계의 목표에 도달했다고 할 수 있으므로 다음 단계를 향해 나아갈 수 있다.

제3단계: 준비 단계Preparation Stage

준비 단계에서는 금주 중인 사람과 함께 구체적인 금주 계획을 세울 수 있다. 음주에서 금주로 변화하는 과정에서 어떤 어려움에 부딪히게 될 것인가, 이런 어려움은 구체적으로 어떤 것들일까? 어려움에 직면했을 때를 예상하여 미리 어떤 준비를 해야 할 것인가 등이 그 내용이다. 이 부분은 생리적 준비와 심리적 준비로 나뉜다. 생리적 준비에서는 알코올 금단 증상에 어떻게 대처할 것인가, 음주 중단 기간의 약물 과다 사용의 조절, 일과 휴식의 적절한 분배 등의 문제를 토론해야 한다. 심리적 준비에서는 술 마시기 쉬운 기회가 언제인지 찾아내고, 이런 기회를 어떻게 피할 것인가, 만약 스트레스를 받거나 음주 암시에 직면했을 때 어떻게 대처할 것인가 등의 문제를 토론해야 한다. 이렇게 하면 음주자와 함께 고생스럽고 무기력한 준비 단계를 슬기롭게 넘어갈 수 있다.

제4단계: 실행 단계Action Stage

실행 단계에서는 이미 세워 놓은 금주 계획을 착실하게 실행해야 한다. 그리고 계획대로 정진하면서 필요하면 원래의 계획을 수정하기도 해야 한다. 이 시기에는 목하 금주를 실행하고 있는 사람의 금주 상황을 긍정적으로 인정해주고 지지해 주며, 여러 방식으로 신심을 북돋아 줘야 한다. 특히 가장 쉬이 음주를 재개할 수 있는 위험한 시기인 고위험 상황을 반드시 알아내야 한다.

제5단계: 유지 단계Maintenance Stage

유지 단계에서는 금주하는 사람에게 금주 상태를 장기간 유지하기 쉽지 않다는 사실을 알려줘야 하며, 위험 상황을 최대한 피하고, 음주 재개 가능성을 초기에 방지해야 함을 일깨워줘야 한다. 그리고 음주 재개를 촉발하는 요인이 적지 않은데, 특히 스트레스가 항상 금주 유지 상태를 깨는 중요한 원인이라는 사실에 주의하라고 일깨워줘야 한다.

금주 상태를 유지하는 일은 고생스럽고 힘들지만 알코올의 영향에서 벗어나면 차츰 그 안의 좋은 점을 느낄 수 있게 된다. 이 시기에 여러 방면에서 자신의 변화를 관찰해보면 업무, 인간관계, 정서적 건강과 생리적 건강 등이 이전과 달라졌음을 느낄 수 있다. 금주하는 사람은 이런 미세한 변화로 고무되며 하루하루 금주 상태를 유지하면서 보람을 느끼게 된다.

제6단계: 음주 재개Relapse Stage

술을 마시는 사람은 금주했다가 잠시의 부주의로 음주를 재개하는 경우가 있을 수 있다. 이때의 감정은 참으로 복잡하다. 좌절감을 느끼고 어찌할 바를 모르며 심지어 자포자기하기도 한다. 다른 사람은 이해할 수 없고 때로는 불만을 가질 수도 있다. 이럴 때 반드시 알아야 할 원칙이 있다. 많은 음주자가 금주 시에 반드시 겪어야 하는 상황이며 이런 음주 재개의 경험을 잘 이용하여 음주 재개를 가능하게 하는 관련 요인을 찾아내야 한다는 사실을 확실하게 인지해야 한다.

양
만
리

楊萬里(1127~1206)

그림자처럼 따라다닌 번뇌, 단주 처방전은 어디에

남송南宋의 양만리에게 눈길을 돌려보자. 그는 구양수, 매요신과 마찬가지로 여러 차례 금주를 생각했다고 언급했다. 심지어 '약정約定'을 쓰면서까지 스스로에게 금주하라고 일깨우고, 온갖 방법을 다 써봤으나 효과는 여전히 한계가 있었다.

당시의 의서를 펼쳐 양만리를 도울 수 있는 어떤 단주 처방이 있는지 알아보자. 만약 양만리가 현대에 살고 있다면 금주를 오래 지속하도록 도울 수 있는 어떤 약물이 있을까?

술을 마시면 호기만장豪氣萬丈인 양만리

술잔 들어 달을 한입에 삼켰는데   擧杯將月一口吞

머리 들어 바라보니 달은 여전히 푸른 하늘에 걸려있다   擧頭見月猶在天

이 늙은이 껄껄 웃으며 객에게 묻는다   老夫大笑問客道

둥근 달은 한 개인가 두 개인가고   月是一團還兩團

_〈중구후이일동서극장등만화천곡, 월하전상重九後二日同徐克章登萬花川谷, 月下傳觴

(중양절 이틀 뒤 서극장과 함께 만화 계곡에 올라 달 아래 술을 권함)〉

남송 사람 양만리의 시다. 시선 이백李白에게 경의를 표한 것으로 보이기도 하고 우열을 가리자고 의도적으로 도전하는 것으로 보이기도 한다. 이백은 달을 보고 고작 이렇게 읊었다.

잔 들어 밝은 달을 맞이하니   擧杯邀明月

내 그림자까지 모두 셋이 되었구나   對影成三人

_이백 〈월하독작사수月下獨酌四首〉의 제1수

그런데 양만리는 하늘의 달을 한입에 삼켰다고 호기롭게 말한다. 이런 호탕하고 분방한 말은 술을 마셔야만 내뱉을 수 있을 것이다. 아닌 게 아니라 양만리는 이 시의 서두에 다음과 같이 썼다.

이 늙은이 술이 갈급한데 달이 더 급했구나 老夫渴急月更急
술 따르자마자 달이 먼저 잔 속에 뛰어들다니 酒落杯中月先入

양만리는 술잔에 비친 달빛을 보면서 달이 자기보다 더 다급했다며 술 마시고 싶은 간절한 마음이 자기보다 더 강렬하다고 말한다.

술을 마신 뒤 양만리는 옆 사람에게 묻는다. "보시게, 달은 도대체 한 개인가 두 개인가?" 만취한 그가 이런 의문을 가질 가능성은 두 가지다. 하나는 달이 한 개만 있다면 내가 방금 달을 삼켰는데 왜 눈앞에 또 하나가 있는가? 그는 달이 한 개밖에 없을 리 없다고 생각했을 수 있다. 또 하나는 '복시'다. 눈 근육이 조절 능력을 잃어 초점을 맞출 수 없어 두 개처럼 보인 것이다. 어떤 이유든 대취하여 제정신이 아닌 까닭이다.

이백도 술을 잘 마셨고 양만리도 통쾌하게 마셨다. 이백은 달을 맞이하여 홀로 춤을 추었고 양만리는 달을 삼키고 크게 웃었다. 이백도 대취했고 양만리도 대취했다.

취해 낙화 앞에 곯아떨어지니 醉倒落花前
하늘과 땅이 이불과 베개라 天地即衾枕

〈우자찬又自讚(또 자찬함)〉

술에 취해 떨어진 꽃 위에 누우니 하늘과 땅이 모두 그의 이불과 베개가 되었다. 이백은 술에 취해 시를 읊었는데 양만리도 그에 못지않았다. 역시 술에 취해 많은 시를 남겼다.

술을 마셔도 절대 취하지 않아　　　　　　　　　　　飮酒定不醉
그래야 술의 맛을 음미할 수 있지　　　　　　　　　　嘗酒方有味

_〈상제점주취음이수嘗諸店酒醉吟二首(술에 취하여 읊음 2수)〉의 제1수

나는 술 마실 때 정해진 잔 수가 없어　　　　　　　　我飮無定數
한 잔 또 한 잔　　　　　　　　　　　　　　　　　　一杯復一杯
취하면 스스로 그치니　　　　　　　　　　　　　　　醉來我自止
몇 잔이나 마셨냐고 물을 필요 없다오　　　　　　　　不須問樽罍

_〈상제점주취음이수〉의 제2수

그는 첫 번째 시에 말한다. "나는 술을 마셔도 절대로 정신을 잃을 만큼 취하지 않는다. 그래야 술의 진정한 맛을 음미할 수 있으니까." 두 번째 시에서는 한 발짝 물러나 조절한다. "나는 술 마실 때 잔 수를 정해놓고 마시지 않는다. 한 잔 또 한 잔 계속 마신다. 내가 취한 뒤 누구도 와서 물어볼 필요 없다. 내가 어련히 알아서 그치지 않을까?"

이 두 수의 〈상제점주취음〉은 음주 전후의 심리 상태를 솔직하게 묘사했다. 두 시를 합하면 취한 사람의 전형적이고 상투적인 멘트가 된다. 양만리는 생각보다 많이 마셨다. 술을 마시기 전에는 자기는 아무리 술을 마셔도 취하지 않는다, 아무리 마셔도 자신에게는 과음이 아니라고 한다. 그러다가 술잔을 마주하면 마치 고장난 수도꼭지처럼 한 잔 또

한 잔 연거푸 마신다. 그러다가 취하면 어쩔 수 없이 잔을 멈춘다. 이때의 양만리는 자신이 무슨 부적절한 말을 했는지 어떤 후회할 짓을 했는지 자각하지 못한다. 통제력을 상실한 것이다.

머뭇거림과 지루함으로 점철된 양만리의 금주의 길

양만리는 술을 마시기 시작하면 그칠 줄 모르는 데다 여러 병통이 겹쳐 금주하려고 했던 것은 아닐까? 그는 금주하기로 해놓고 매우 복잡하여 이해하기 어려운 시 한 수를 썼는데 갈수록 잘못되어 가는 것 같다.

술을 끊으려면 먼저 약정해야지	止酒先立約
굳게 지키기를 바라는 마음으로	庶幾守得堅
스스로 약속하고 스스로 지켜야 하는데	自約復自守
일이란 게 꼭 그렇게 된다고 할 수는 없지	事亦未必然
약속의 말 입 밖에 내기도 전에	約語未出口
마음이 참담하여 전혀 즐겁지 않구나	意已慘不驩

_〈지주止酒〉[1]

양만리는 이 시의 서두에서 단정적으로 말한다. "금주를 시작하기 전에 신중하게 먼저 약정해야 한다." 하지만 두 번째 구절에서 속마음을 약간 드러낸다. "이렇게 해야 아마도 결심을 견지할 수 있을 거야." 그는 이어서 말한다. "내가 금주하기로 약정하면 잘 지켜야 할 텐데, 일이라는 게 생각만큼 순조로운 것은 아니지." 특히 양만리는 이 약정을 아직 입 밖에 내지도 않았는데 괜히 서글프고 마음이 즐겁지 않음을 스스로에게서 발견했다.

서둘러 백아(옛날 술잔)와 단절하려고	銳欲絶伯雅
이미 절교서를 써 놓았다	已書絶交篇
그런데도 어찌하여 술은 끊어지지 않고	如何酒未絶
스스로를 일깨우는데 시름이 앞서는가	告至愁已先
내가 내 뜻과 적이 되어	我與意爲仇
마음이 슬프고 괴로우면 어찌 편하겠는가	意慘我何便
차라리 마음이 하고 싶어 하는 대로 하여	不如且快意
백아를 다시 앞에 가져다 놓자	伯雅再遣前
다음날 또 병이 나면	來日若再病
차차로 강구해 보자	旋旋商量看

_〈지주〉

양만리는 시의 후반부에서 머뭇거림과 번뇌를 그렸다. 그는 서둘러 주기인 백아와 단절하려고 절교서까지 써 놓았는데 어째서 지금도 술은 끊어지지 않는가. 단지 스스로에게 일깨워주려고 했을 뿐인데 오히려 우울과 번뇌에 휩싸이는가. 그는 말한다. 자신의 마음과 적이 되어 이런 슬픈 심정에 직면하면 어떻게 스스로 처리할 수 있겠는가? 그리고는 어쩔 수 없이 말한다. "차라리 일단은 마음 내키는 대로 하자. 술잔이며 주기들을 눈앞에 되가져오자. 다음에 또 병이 나면 (금주할 것인지) 다시 궁리해 보자." 결국 겨우 시 한 수 쓰는 시간을 소모하는 동안 '금주'하겠다는 양만리의 생각은 깔아뭉개져 버렸다. '술을 끊으려면 먼저 약정해야지'라고 쓴 첫 구절과는 정반대가 되어버린 것이다.

양만리는 금주하려고 분투 노력했으며 질병에 시달리면서 여러 차례 의사에게 도움을 청했다.[2] 〈병중지주病中止酒〉에는 다음과 같이 썼다.

늘그막에 병이 나	老來因屬疾
다섯 달이 넘도록 술을 마시지 않았다	不飮五月餘

그는 일찍이 병으로 5개월이 넘게 술을 끊었다. 또 〈거세사월득임질 금우사월병유미유去歲四月得淋疾今又四月病猶未癒(작년 4월 임질에 걸렸는데 금년 4월 병이 아직 치유되지 않음)〉에서는 이렇게 썼다.

꽃피는 시절 오랫동안 술을 끊었는데	花時久斷酒
작약은 누굴 위해 피었나	紅藥爲誰開

비뇨생식기(요로) 관련 질병으로 양만리는 꽤 오랜 기간 술을 마시지 않았다. 꽃 구경을 하는데 술이 없으니 이를 슬퍼하고 원망하는 마음이 없을 수 없다.

이뿐 아니다. 그는 또 이렇게 썼다.

나그네 생활 무료하고 안타까운데	客裡無聊已無奈
술을 끊고 얼마 남지 않은 봄을 지내라니	更敎止酒過春殘

_〈병중지주이수病中止酒二首(병으로 금주 2수)〉의 제1수

타향에서 나그네 생활을 하는 양만리는 무료하고 또 딱히 어찌할 방법이 없었다. 게다가 술을 마실 수 없으니 어떻게 봄을 보내란 말인가?

> 병이 들어 무료한데 마음 달랠 길 없어 病裡無聊費掃除
> 명절에 술 마시지 못하니 더 시름에 잠긴다 節中不飮更愁予
> _〈단오병중지주端午病中止酒(단오에 병으로 금주)〉_

몸에 병들어 무료하기만 한데 딱히 마음을 달랠 방법이 없다. 단오절과 같은 큰 명절이 다가왔는데 술을 마실 수 없다니 양만리는 우울했다. 어느 해의 중추절 양만리는 또 술을 끊었다.

> 병이 들어 술 마시지 못하는 것이지 술이 없어서가 아니다 病來不飮非無酒
> 늘 즐거움을 좇고 싶으나 시름에 잠기기 일쑤다 老去追歡總是愁
> _〈중추병중불음이수中秋病中不飮二首(중추절에 병이 들어 술을 마시지 않아 2수)〉의 제1수_

지금 술을 마시지 않는 것은 술이 없어서가 아니라 병들었기 때문이다. (술을 마셔) 즐거움을 추구하고 싶으나 지금은 그저 우울하고 걱정스러울 뿐이다.

그는 여러 방법으로 번뇌를 달래보았으나 부정적인 감정만 일었다.

> 다른 사람이 술 마시는 것을 보는 것도 좋다 不如看人飮
> (보는 것만으로) 나도 취기가 도니까 亦自有醉意
> _〈주중신서지주舟中新暑止酒(배에서 더위로 금주)〉_

다른 사람이 술 마시는 것을 보는 것도 나쁘지 않다. 자기도 얼마큼은 취한 것 같으니까. 하지만 모란꽃을 보면서도 술을 마실 수 없어 그는 허탈해하며 푸념한다.

죽은 뒤 헛된 명성 무슨 소용 있는가　　　　　　　虛名身後眞何用

살아생전 술 한 잔이 더 낫지 않은가　　　　　　更判生前酒一杯

　_〈화팽중장대모단지주이수和彭仲莊對牡丹止酒二首(팽중장과 모란을 앞에 두고 금주 2수)〉의 제2수

죽은 후 이까짓 헛된 명성이 무슨 소용 있단 말인가. 차라리 지금 나에게 술을 다오. 술에 대한 갈망과 금주해야 한다는 생각이 오락가락, 엎치락뒤치락한다. 양만리는 급기야 결심을 깨고 술을 마신다.

오랜 시간 마시지 않는데 오늘 술을 마다하라고　　多時不飲今辭醉

웃으며 함께 즐거워할 일 예로부터 만나기 어려웠지　一笑相歡古罕逢

　_〈구일초자상자서상신주, 진퇴격九日招子上子西嘗新酒進退格(9일 자상과 자서를 초대하여

새 술을 음미함)〉

양만리는 오랜 기간 술을 마시지 않았다. 하지만 중양절은 보기 드물게 찾아오는 즐거운 날이다. 한 잔 마시지 않을 수 없다. 그는 취할 때까지 마시기로 했다.

양만리에게 금주는 매우 어려운 일이었다. 그는 오랜 기간 이 문제로 번뇌가 깊었다.

송나라 시대의 단주 처방

여러 차례 의사에게 치료받았던 양만리가 착실하게 금주하려면 "술을 끊으려면 먼저 약정해야 한다"라고 말한 대로 먼저 자신이 금주를 위한 규칙을 적어야 한다. 그리고 금주에 도움이 되는 약을 찾아야 한다. 그래서 그는 다음과 같이 썼다.

> 적을 파악하듯 병을 파악하고   料病如料敵
>
> 과녁에 적중하듯 약을 써야지   用藥如中的
>
> 〈파승령릉, 홀병상한, 알의양순, 여부담자, 일원일중, 개알당의공량, 구일이무병의, 사이
>
> 장구罷丞零陵, 忽病傷寒, 調醫兩旬, 如負擔者, 日遠日重, 改謁唐醫公亮, 九日而無病矣, 謝以長句(영릉 보좌관을
>
> 사직하고 갑자기 열병에 걸려)〉

정확하게 진단하고 병의 증세에 따라 약을 써야 한다. 당시의 의서를 펼쳐보자. 분명 양만리가 바랐던 처방이 있을 것이다.

술 다섯 되, 주사 반 량을 잘게 간다. 두 재료를 병에 담는다. 병 주둥이를 단단히 막아 돼지우리에 넣어 돼지가 마음대로 흔들게 하여 7일 후에 꺼낸다. 이를 단번에 마신다.

이는 북송의 의서《태평성혜방太平聖惠方》의 〈단주제방斷酒諸方〉에 나오는 여러 가지 방법 가운데 하나다. 술병을 돼지우리에 넣어 두고 돼지가 7일 동안 흔들게 한 뒤에 마시면 술을 끊을 수 있다고 한다. 남송 사

람인 양만리가 북송의 이런 방법을 들은 적이 있었을까?《태평성혜방》
은 송나라 시대 이전의 많은 처방과 민간요법을 수집하여 기록해 놓은
책으로, 그 가운데 한 편인 〈단주제방〉은 당나라 시대 사람 왕도王燾의
《외대비요外臺祕要》에서 가져온 것이다. 여기에 '단주방십오수斷酒方十五
首'가 있는데 그 가운데 몇 수를 소개한다.

　- 호랑이 똥 속의 뼈를 태워 재로 만들어 술과 함께 마신다.
　- 당나귀 새끼의 태반을 태워 재로 만들어 술과 함께 마신다.
　- 죽은 굼벵이(풍뎅이 유충)를 말려 찧어 가루를 만들어 술과 함께 마시면 영
원토록 술 이름만 들어도 구토하는데, 영험하다.
　- 술꾼의 입속에서 토해낸 고기 7조각을 그늘에 말려 태워 재로 만들어 복
용한다.
　- 땀에 전 신발을 술에 담가 하룻밤 재워 아침 공복에 마시면 토하게 되는
데, 술이라면 꼴도 보기 싫어진다.

　'단주방십오수'의 서두에 '천금단주방千金斷酒方'이라고 명기했는데
이는《천금千金》이란 책을 참고했음을 표시한 것이다. 여기에서 말하는
《천금》은《비급천금요방備急千金要方》을 가리킨다. 이 책은 당나라 시대
의 의사 손사막孫思邈이 지었는데, 여기에 나오는 단주법은 아마 그가 사
방에서 수집하여 기록했을 것이다. 그는 15수에 각종 신기한 방법을 기
록했는데 심지어 동물의 몸에서 진귀한 재료를 구하기도 한다. 죽은 벌
레나 물새의 똥을 태워 재를 만들어 술에 타서 마시는 방법도 있고, 당
나귀의 태반, 개 젖, 말 뇌, 말의 땀을 구해 술에 타 마시는 방법도 있으

며 더러운 신발을 하룻밤 술에 재운 뒤 마시는 방법도 있다. 이 가운데 상상하기조차 끔찍한 방법은 술꾼의 입속에 있는 고기를 토해내게 하여 7조각을 구하여 그늘에 말려 태워 재를 만들어 술에 타 마시게 하면 술을 끊을 수 있다는 내용이다.

양만리가 당시의 의서를 보았다면 이런 방법을 시도할 수 있었을까? 만약 진정으로 금주에 성공할 수 있다는 확신이 있다면 그는 분명 원했을 것이다. 하지만 이런 과정에서 어떤 느낌을 받았을까? 속이 거북하고 맛이 이상야릇하다고 생각하지 않았을까? 심하면 구역질이 나 속이 뒤집히지 않았을까? 이런 오심감은 이상한 방법으로 만든 재료들을 술에 타서 마셨기 때문이며 이로 인해 술을 보기만 해도 자신도 모르게 메스꺼워 속이 뒤집히지 않을까?

이 처방의 효과는 알 수 없다. 자주 의사를 찾아 치료받던 양만리가 의사에게 물어볼 기회가 있었는지도 알 수 없다. 그런데 처방을 자세히 살펴보면 모든 단주 처방에 속을 거북하게 하는 방법이 일관되게 들어 있다. 그렇게 보면 속을 거북하게 만드는 것이 단주 처방의 필요조건이라고 할 수 있는데, '행동치료'의 각도에서 보면 바로 혐오요법이라고 할 수 있다. 죽은 벌레나 물새의 똥을 태워 재로 만들어 술에 타 마셔 구역질 나게 하고 토하게 하는 등 혐오감을 가지게 하면 더는 술을 마시고 싶은 생각이 사라질 것이다.

그런데 세상일이란 다 뜻대로 되는 것은 아니다. 만약 그런 요법이 효과가 있다면 한 가지 초식이면 충분할 텐데 왜 15가지 초식이나 필요할까? 그 이유는 사람마다 혐오감을 갖고 거북함을 느끼는 대상이 다르고, 요법의 효과도 사람에 따라 다르기 때문일 것이다. 또 하나의 이유는 어쩌면 이런 단주 요법이 전체적으로 효과가 뚜렷하지 않았기 때문이었을 것이다. 그래서 한 가지 방법에 효과가 없자 또 한 가지 방법을 사용했으나 뚜렷한 도움을 받을 수 없었을 것이다.

어떤 처방이 나를 구할 수 있을까?—양만리의 물음

달을 삼키고 술에 취하여 시가를 읊는 일에서 무료하고 나태해진 데 이르기까지, 그리고 여러 차례 술을 끊고 심지어는 약정까지 한 데 이르기까지 양만리는 번뇌했다. 그는 끊임없이 알코올의 부정적인 영향을 느꼈고, 금주에 대한 도전에 잘 맞서려고 시도하면서 말 못 할 번뇌에 휩싸였다. 양만리는 치료할 수 있는 약물이 있어 술을 계속 마시지 않게 되기를 바랐는데, 그가 당시 의서에 기록된 단주 처방을 접했는지는 알 수 없다. 만약 그가 현대에 살고 있다면 여러 가지 금주 요법을 시도할 수 있었을 것이다. 그는 약물이 도움이 되기를 기대하면서 다음과 같이 물었을 것이다.

> 평생토록 게을리 살았는데　　　　　　　　　　　　平生只坐懒
> 어떤 약이 이 술꾼을 고칠 수 있겠소　　　　　　　何藥療秸康
>
> _〈화중량춘만즉사오수和仲良春晚卽事五首(중량의 춘만즉사에 화운함 5수)〉의 제2수

어떤 약이 양만리를 치료할 수 있을까? 정말로 그런 약물이 있다면 그가 금주하기로 마음먹었을 때 다짐했던 '약정'과 함께 배합한다면 술을 끊을 확률이 대폭 증가하지 않을까?

금주 애한—금주를 위한 약물

송나라 시대에는 특별한 단주 방법이 없었다. 양만리가 오늘날의 타이완에 살고 있다면 좋은 방법이 많을 것이다. 금주 약물은 일부에 불과하므로 우선 비약물적 방법을 시도해 볼 수 있다. 예를 들면 술 마실 가능성이 있는 상황을 살펴볼 수 있고, 직면한 불쾌한 감정과 스트레스를 해소하는 방법이나 지인들이 자신을 돕는 방법을 함께 궁리할 수 있다. 또 양만리도 금주라는 도전에 직면하여 자신이 어떤 단계에 있는지 스스로 관찰할 수 있다. 기타 일상적으로 사용하는 치료 전략으로는 유관관리有關管理(contingency management, 가족 간의 긍정적인 행동을 강화하기 위해 보상을 약속하는 치료 기법 -역자 주), 12단계 행동치료 등이 있다.

만약 양만리가 약물치료를 원한다면 다음의 약물 중에서 선택할 수 있다. 약물의 주요 성분은 두 종류로 나뉜다. 첫 번째는 "알코올 해독 alcohol detoxification" 약물이다. 이는 음주자가 술이 깰 때 복용하는 것으로 알코올 금단 시의 거북한 증상을 최대로 줄여준다. 두 번째는 "금주 alcohol abstinence" 약물로 목표는 음주자가 오랜 기간 금주할 수 있게 해주는 것이다.

금주 약물 가운데 첫 번째로 소개하고 싶은 것은 '혐오요법'을 치료의 기본으로 하는 약물인 다이설피람disulfiram이다. 1951년 미국에서 시판을 허가한 약물로 알코올 사용 질환의 치료에 사용하도록 최초로 승인된 약물이다.

다이설피람을 복용한 후 알코올을 섭취하지만 않으면 아무런 이상이 나타나지 않는다. 하지만 이 약을 복용하고 5일 후부터 알코올과 접촉(음주, 약술 음용, 요리 속의 알코올 성분)하면 구역질, 구토, 두통, 어지럼증, 얼굴 홍조 등이 나타나며 심하면 심장의 고동이 빨라지는(심계) 등 생리상의 불편한 반응이 나타난다. 알코올 대사물인 아세트알데히드가 아세트산으로 변하는 과정을 다이설피람이 차단하여 아세트알데히드가 누적되어 이런 거북한 생리 증상이 나타나는 것이다. 이렇게 해서 알코올에 대한 혐오감을 일으키게 하고, 심하면 두려움을 느끼게 하여 음주자가 술과 접촉하지 못하도록 하는 효과를 준다. 만약 부주의하여 다시 음주를 재개하면 위험할 수 있다. 심하면 의식불명 상태가 되기도 하며 더 심하면 생명이 위험해질 수도 있다.

항 갈망제인 날트렉손Naltrexone을 선택할 수 있다. 이는 혐오요법에 해당하지 않고 다이설피람처럼 약물 사용 후 알코올을 섭취하면 나타나는 거북함도 없다. 이 약의 주된 효과는 음주 후의 쾌감을 낮춰주고 음주에 대한 갈망을 줄여주며anti-craving 심리 혹은 환경 유발 인자의 영향을 약화시켜cue-induced reinforcement 재발률(음주 재개)을 떨어뜨린다. 말하자면 음주 충동을 줄여주고 음주 중단 시간을 늘려주는 것이다. 날트렉손은 1994년 알코올 치료에 쓰이기 시작했으며, 2006년에는 한 달에 한 번 맞으며 효력이 오래 유지되는 근육 주사제로 만들어졌다. 현대타이완에는 이 형태의 약제가 없다. 경구 투여 날트렉손은 2021년 타이완 위생복리부 식품약물관리서의 승인을 받아 약물허가증을 획득했다.

세 번째 약물은 아캄프로세이트Acamprosate다. 주된 작용은 금주 상태를 유지해주는 것으로, 음주 중단 후의 거북한 느낌을 줄여주며 속이 불편하여 또 술을 마시는 것을 피하게 해준다. 즉 음주 중단 후의 부적 강화不的强化(원하지 않는 어떤 특정한 것(주로 혐오하는 상황이나 사물 등)을 제거해 줌으로써 바람직한 행동의 강도와 빈도를 증가시키는 강화 -역자 주)나 반응을 줄여주는 작용을 하는 것이다blocks negative reinforcement. 아캄프로세이트는 금주 상태 유지를 돕고abstinence-promoting effects 신경 보호 작용도 갖추고 있다. 전반적으로 음주 확률을 줄여준다고 할 수 있다. 2004년 미국에서 금주 치료에 사용하도록 허가되었다.

(황밍치黃名琪 의사의 본 편에 관한 임상 연구와 교감에 특별히 감사드린다.)

금주 약물 소개

한국어 명칭	성분의 학명	작용 기전	작용
다이설피람(디설피람)	disulfiram	알코올 대사 과정을 차단, 알데하이드탈수소효소 기능을 억제하여 아세트알데히드가 누적되게 한다.	술을 마시면 알코올에 대한 혐오 반응이 생성된다.
날트렉손	Naltrexone	아편계 수용체 대항제로, 음주 후 생성되는 내생성 모르핀을 억제한다.	1. 음주 후 얻어지는 쾌감을 감소시킨다. 2. 알코올에 대한 갈망감을 감소시킨다.
아캄프로세이트	Acamprosate	글루탐산과 GABA 신경 전달계통을 조절하여 신경이 과도하게 흥분하거나 억제하는 실조 상태를 회복시킨다.	1. 음주를 중단한 후의 거북한 느낌을 줄여준다. 2. 상당히 긴 음주 중단 상태가 되도록 촉진한다.

에
필
로
그

도연명陶淵明(365~427)

술을 끊기 위한 선전포고, 왜 나만 따라해

시간을 되돌려 동진東晉 시대로 돌아가 보자.

'금주'의 시조라 할 수 있는 도연명은 어떻게 자신의 금주 상황을 시로 표현했을까? 당나라와 송나라의 문인들은 도연명의 시를 읽은 뒤 모두 분분히 창화唱和했는데 그들의 비슷한 점은 무엇일까? 그들은 금주와 음주 재개 사이에서 어떤 식으로 분투를 계속했을까? 음주의 영향에서 금주 도전에 이르기까지 모두 시대를 뛰어넘는 공통성이 있다.

술을 좋아하는 성품인데, 집이 가난하여 항상 즐기지는 못하였다. 친구들이 이와 같은 처지를 알고 간혹 술을 준비하여 부르면 달려가 다 마셔 반드시 취하고야 말았다. 취한 뒤에는 물러나는데, 일찍이 가고 머무름에 미련을 두지 않았다.

_〈오류선생전五柳先生傳〉

〈오류선생전〉에서 도연명은 말한다. 그가 친구의 집에 술을 마시러 가면 반드시 취해야 하고, 취한 뒤에는 물러가는데 자기 편한 대로 하였으며 누구의 눈치도 보지 않았다. 이처럼 자유자재하고 솔직하고 가식이 없으며 자신의 삶에 스스로 만족한 도연명은 많은 사람의 부러움을 샀다. 이제 당나라와 송나라를 넘어 동진 시대로 거슬러 올라가 음주 원로 도연명을 소개한다.

도연명을 화나게 한 오두미

도연명은 술을 좋아했고 고금에 통달했다. 특히 다음 사건은 많은 사람의 입에 오르내렸다.

　도연명은 대략 40세 때 팽택彭澤 현령이 되었는데 현 내의 공전公田에 고량高粱(수수의 하나. 술을 담글 수 있으므로 도연명은 술이 없을까 봐 걱정하지 않아도 되었다)으로 바꾸어 심으라고 명했다. 하지만 그의 아내와 아이들이 반대했다. 도연명은 어쩔 수 없이 일부 토지에 벼를 심었다.

이런 일이 있고 나서 상급 기관의 고위 관리가 팽택현에 시찰하러 오면서 미리 사람을 파견하여 도연명에게 관복을 갖추고 자기를 맞이하라고 요구했다. 도연명은 자기가 존중받지 못한다고 여겨 홧김에 이런 말을 내뱉었다.

나는 쌀 다섯 말 때문에 허리 굽혀 진지하고 공손하게 향리의 보잘것없는 소인을 섬길 수 없다.

그는 쌀 다섯 말밖에 안 되는 보잘것없는 월급을 위해 허리를 굽혀 예를 행하며 공손한 태도로 이런 소인배를 섬기고 싶지 않았다. 그래서 관직에서 물러나 관리 사회와 영원히 결별하고 그 유명한 〈귀거래사歸去來辭〉를 썼다.[1]

이 내용은 《진서晉書》에 기록되어 있다. 글의 앞뒤 문맥을 자세히 살펴보면, 상급자가 시찰 오는데 가식적으로 공손한 태도를 보이고 싶지 않았던 것이 도연명이 관직을 내던진 직접적인 원인이라는 사실을 발견할 수 있다. 그렇다면 간접적인 원인은 무엇일까? '쌀 다섯 말'에 그 비밀이 숨어있지 않을까? 그는 자기 생각대로 공전 전체에 고량을 심어 술을 담글 수 없게 되었고 아내와 아이들에게 한 소리 듣기까지 했다. 그래서 아내와 아이들의 말에 따라 공전의 일부에 쌀을 심었다. 자기가 마실 수 있는 술의 양이 줄어든 것이다. 더군다나 월급으로 겨우 쌀 다

섯 말을 받아서는 생활비로 쓰기도 부족하다. …… 그가 관리가 된 것
은 입에 풀칠하고 술을 마시기 위함이었는데 자연을 사랑하는 자신의
천성을 오히려 거스르게 되었다. 관리가 된 뒤로는 모든 일이 순조롭지
않았다. 그래, 깨끗하게 그만두자! 도연명은 80여 일 동안 팽택령 직을
수행했는데 자기 취향에 맞지 않다는 것을 깨달았다. 하지만 다른 각도
에서 생각해 보자. 만약 도연명이 현령직을 계속 수행하면서 백성들에
게 쌀이 아닌 고량을 더 많이 심게 했거나, 공전 전체에 심도록 명령했
다면 자기 바람은 만족시켰을지 몰라도 끔찍하고 무시무시한 화를 면
키 어려웠을 수도 있지 않았을까?

40세에 은퇴하여 몸소 경작했던 도연명은 야인으로 돌아가 직책이
없으니 마음 쓸 필요가 없어 홀가분했다. 그는 이 느낌을 다음과 같이
썼다.

벼슬을 내려놓고 자연(고향의 채마밭)으로 돌아왔구나   復得返自然

_〈귀원전거오수歸園田居五首〉의 제1수

자기 본성을 되찾고 은거 생활 10년, 그는 유명한 시 〈음주飮酒〉를 썼
다. 이 시의 제5수에는 많은 사람이 낭랑하게 읊조리는 명구가 나온다.

동쪽 울 밑에서 국화를 꺾어 들고   採菊東籬下
편안한 마음으로 남산을 바라본다   悠然見南山

그는 〈음주〉의 서문에서 이 시를 쓴 유래를 설명했다.

우연히 좋은 술이 생겨 저녁이면 으레 그 술을 마신다. 내 그림자를 마주하여 혼자서 잔을 다 비우다 보면 어느 틈에 취한다. 취한 후에는 시 몇 구절을 지으며 홀로 즐거워한다.

술에 취해 시 몇 구절을 쓰며 스스로 즐겼던 도연명은 후세의 시화詩畫에서 영원히 변치 않는 우상이 되었다.

이렇게 술을 좋아했던 도연명이 급기야는 금주시를 쓰게 되는데 바로 〈지주止酒〉라는 시다. 도대체 도연명에게 무슨 일이 있었을까?

도연명이 금주하면서 묘사했던 고전적 양태

〈지주〉는 매우 사실적이고 재미있는 시로, 문자 그대로 그의 금주 상황을 많은 사람과 함께 나누고자 하는 내용이다. 이 시는 세 단락으로 나눌 수 있다. 한 단락씩 감상해 보자.

사는 곳은 성읍에 가까워도	居止次城邑
유유자적 홀로 한가롭다	逍遙自閑止
큰 나무 그늘에 앉아 쉬기도 하고	坐止高蔭下
사립문 안을 거닐기도 한다	步止蓽門裡
채마밭의 아욱이 가장 맛있고	好味止園葵
아이들과 함께하는 것은 가장 큰 기쁨이다	大懽止稚子

나는 도시의 근교에 사는데 아무런 구속 없이 한가하고 자유롭게 지

낸다. 생활하는 범위는 넓지 않아 스스로 만족하기 쉽다. 큰 나무의 짙은 그늘에 앉아 쉬고, 거닐고 싶으면 집안에서만 산보한다. 채소밭의 아욱이 내가 가장 좋아하는 맛있는 음식이며, 평생의 가장 큰 즐거움은 아이들과 함께 지내는 것이다.

이 시작 단락은 음주와는 아무런 관계가 없어 보인다. 그는 은퇴 후의 한가로운 삶의 즐거움을 이야기하는데, 이는 이후에 맞닥뜨린 금주의 고통과 선명하게 대비하기 위함이다.

평생토록 술을 끊지 않고 즐겼으니	平生不止酒
술 없으면 즐거움도 없어	止酒情無喜
저녁에 술 마시지 않으면 편히 잘 수 없고	暮止不安寢
아침에 술 마시지 않으면 잠이 깨지 않아	晨止不能起
매일같이 술을 끊으려 했으나	日月欲止之
기혈이 순조롭지 못해	營衛止不理
술 끊으면 즐겁지 않다는 것만 알았을 뿐	徒知止不樂
어떤 이로움이 있는지 몰랐지	未知止利己

나는 평생 술을 즐겨 지금까지 술을 끊을 수 없었다. 술을 끊으면 즐거움도 없어지기 때문이다. 술을 끊으면 밤에는 잠들 수 없고 낮에는 일어나기 어렵다. 나는 매일 금주하려고 생각하는데, 술을 끊으면 심신이 말을 듣지 않을까 끊지 못한다. 술을 끊으면 즐거움이 없어진다는 것만 알지 자신에게 어떤 이로운 점이 있는지는 모른다.

두 번째 단락에서는 금주의 어려운 점과 고통을 언급했다. 이 시를 읽으면 도연명은 역시 도연명이라는 생각에 찬탄을 금할 수 없다. 사람이 이렇게 솔직할 수가 있다니. 이 시의 세 번째 단락에서 그는 결국은 평소 바라던 대로 금주를 결심한다.

이제야 술 끊는 게 좋다는 걸 깨닫고 　　　　　　　　始覺止爲善

오늘 아침에 정말로 끊어버렸다 　　　　　　　　　今朝眞止矣

이제부터 계속 금주하면 　　　　　　　　　　　　從此一止去

장차 해 뜨는 부상의 물가에 머물게 되리라(신선이 된다는 뜻) 　將止扶桑涘

맑은 얼굴 이전의 (젊고 생생한) 모습으로 돌아가리니 　清顏止宿容

어찌 천년, 만년만 가겠는가 　　　　　　　　　　　奚止千萬祀

금주가 좋은 일임을 깨닫기 시작하여 오늘에야 정말로 술을 끊었다. 앞으로 줄곧 이 상태를 유지하여 부상扶桑 나무가 자라는 물가에 머무르리라(신선이 사는 곳에 이르리라). 술을 끊으면 맑고 빼어난 나의 얼굴은 젊은 시절의 모습에 머무르게 될 것이며, 천년만년 유지될 것이다.

도연명은 금주의 효과를 널리 알리고 있는데, '기분이 맑고 상쾌하다'라는 말로 그 효과를 형용했다.

도연명 같은 장기 음주자의 감각을 살펴보면서 그의 금주 과정을 복습해보자.

먼저 도연명은 음주를 중단한 후 즐거움을 느낄 수 없었다고 말한다. 오랜 기간 술을 마시면 도파민 분비량이 보통 사람보다 훨씬 적다. 도파민은 감정과 욕망을 조절하는 역할을 한다. 분비가 감소하면 외적 자극도 따라서 감소한다. 그래서 무감각하게 되는 것이다. 이것이 바로 도연명이 말하는 '즐거움이 없다(情無喜)'이다.

다음으로 장기 음주자가 음주를 중단하면 심박이 빨라지고 혈압이 상승하며, 쉬이 초조해지고 불면 등으로 표현되는 '알코올 금단 증상'이 나타날 수 있다. 이는 도연명이 언급한 '저녁에 술 마시지 않으면 편히 잘 수 없고, 아침에 술 마시지 않으면 잠이 깨지 않는다(暮止不安寢, 晨止不能起)'로, 새벽부터 늦은 밤까지 생활 전반에 금단 증상의 영향을 받게 된다.

도연명은 이어 자신은 매일 금주하려고 생각하나 술을 끊으면 심신이 말을 듣지 않는다고 말한다. 알코올 중독 의학의 각도에서 보면 장기적으로 술을 마시면 뇌가 손상되는데, 손상된 영역이 장기 음주자의 충동 통제 능력impulsivity, 자아 조절 능력self-regulating, 의사 결정 능력decision making에 영향을 미친다. 뇌가 손상되면 대뇌가 담당하는 '통제력'을 이용하여 강제로 음주를 중단시키는 일이 정상적인 사람들보다 훨씬 어렵다. 도연명이 다른 사람의 도움도 없는 상황에서 금주하려고 해도 목표를 달성할 수 없었던 것은 당연한 일이었다.

그 후 도연명은 그냥 술을 마셨다. 그것도 엄청나게 많이.

하늘이 준 자식 운이 이것밖에 안 되니　　　　　　　　　天運苟如此
또 잔 속의 물건(술)이나 마실 수밖에　　　　　　　　　且進杯中物

　　　　　　　　　　　　　　　　　　　　　　_〈책자責子(자식을 나무람)〉

아이들이 발전성 없고 학문을 좋아하지 않는 사실을 해학적으로 나무라면서 마지막에는 천명으로 돌리며 탄식한다. "운명인 게지, 하늘이 준 운이 이것밖에 안 되는 것을 어찌하겠나." 그렇게 생각하니 마시지 않을 수 없다. 도연명은 또 술잔을 기울인다.

알코올이 도연명에게 어떤 영향을 미쳤든 관계없이 당나라와 송나라의 실력 있는 문인들은 도연명의 시 〈지주〉를 앞다투어 모방했다.

금주의 길 위 어디서나 보이는 문인의 군상

도연명의 이 시가 송대 문인들에게 끼친 영향은 지대하다. 그 가운데서도 가장 유명한 것은 소식蘇軾과 소철蘇轍 형제가 쓴 (존중과 공감을 표현한) 화도시和陶詩(도연명의 시에 화운和韻한 작품 -역자 주)다. 이 두 사람(특히 소식)은 도연명의 시구의 끝 글자에 쓴 운각韻脚(압운하는 글자)을 그대로 사용했다.

소식은 〈화도지주和陶止酒(도연명의 금주에 화운함)〉에서 다음과 같이 썼다.

자잘한 병이 모두 술 마신 때문이니	微痾坐杯酌
술을 끊으면 병도 낫게 된다	止酒則瘳矣

자신의 몸에 자잘한 병이 있음은 한 잔 한 잔 마시다 보니 그렇게 된 것으로, 술을 끊으면 병도 나을 거라고 말한다. 소철은 〈차운자첨화도공지주次韻子瞻和陶公止酒(자첨이 쓴 도연명의 금주에 화운함을 차운하여)〉에서 다음과 같이 썼다.

쇠약하고 병든 까닭은	自言衰病根
아마도 술잔에 있는 듯	恐在酒杯裡

자신이 병든 까닭은 아마도 술을 마셨기 때문일 거라고 말한다. 소식 형제 두 사람은 인생의 침체기와 병통에 시달릴 때 도연명을 떠올렸고, 그를 본받아 술을 끊으려고 했다.

소식과 소철의 화도시에 앞서 매요신은 〈의도잠지주擬陶潛止酒(도잠의 금주를 모방하여)〉를 썼는데 서두는 다음과 같다.

병이 많아 술 끊기 원해　　　　　　　　　　　多病願止酒
끊지 않으면 병도 그치지 않을 터이니　　　　　不止病不已

이후 남송 사람 진여의陳與義는 〈제공화연명지주시인동부諸公和淵明止酒詩因同賦(여러 사람이 도연명의 금주시에 화운함을 인하여 지음)〉를 썼는데, 서두는 다음과 같다.

강을 좋아하여 한평생 표류하면　　　　　　　愛河漂一世
빠져들어도 멈출 수 없지　　　　　　　　　　既溺不能止

역시 음주를 멈출 수 없다는 데 착안하여 쓴 것이다. 육유는 때때로 모두에게 이렇게 알렸다.

자주 지주시를 낭송한다　　　　　　　　　　時誦止酒詩
　　　　　　　　　　　　　　　　　　　　_〈유거즉사幽居即事〉

송나라 시대의 문인들은 앞다투어 도연명을 모방했다. 그들 시의 일부는 정치적으로 뜻을 이루지 못할 때 은거 생활을 상상하는 내용이었고, 다른 일부는 각종 질병에 시달리는 내용이었다. 이들 문인은 신체의 갖가지 병통이 호전되기를 기대하여 금주한 것이었다. 하지만 사람마다 금주를 지속한 기간이 달랐고 건강 회복 상황도 같지 않았다.

이들 외에도 송나라 시대의 많은 문인이 금주를 선포했다. 진기陳起는 〈지주시규止酒示圭〉에서 친구에게 이렇게 썼다.

> 잔 속의 물건(술)이 병나게 하여 위험에 이르게 하고 　　一病杯中物致危

술이 우리를 병나게 한다는 말이다. 왕대수王大受는 〈이질지주以疾止酒(병으로 금주함)〉에서 자신이 금주할 때 상황을 언급했다.

> 이미 모든 일에 아무 생각이 없는데 　　已於萬事都無念
> 술잔만 보면 마에 씌운다 　　只向三杯亦有魔

어떤 일에든 욕심이나 바라는 것도 없는데 술잔을 보면 마에 씌워 마시고 싶어진다. 장뢰張耒는 친구들과 자신의 금주 비방을 공유했다.

> 술을 끊는 것은 황하의 터진 구멍을 막는 것과 같아 　　止酒正似塞決河
> 장작과 목초를 두껍게 쌓고 그 위에 자갈을 덮어 　　厚積薪芻傅砂礫
> 작은 개미구멍도 없이 견고해야 하지 　　堅牢不使見蟻漏
> 작은 틈이라도 벌어지면 강물이 세차게 터져 나온다 　　一線才通便奔激
> 　　　_〈지주증군수양환보止酒贈郡守楊環寶(금주하고 군수 양환보에게 바침)〉

술을 끊는 것은 물길을 막는 것 같아 작은 개미구멍도 있어서는 안 된다. 만약 작은 틈이라도 갈라지면 둑이 터지는 대재앙을 초래할 수 있다.

서로 다른 인물이 각각의 금주 상황에서 분투노력하며 긴 시간, 혹은 짧은 시간 금주 상태를 유지했다. 문인들이 고통스러운 금주의 한 면을 보여주며 시와 사를 통해 시대를 뛰어넘는 금주 군상을 드러내었다고 말할 수 있다.

금주와 음주 재개 사이를 오락가락하며 분투

이 문인들의 금주는 잘 유지되었을까? 결국 포기하지는 않았을까? 그들이 안간힘을 쓰며 버티고 분투하는 모습을 보자. 먼저 북송 시대 사람 황정견黃庭堅의 마음의 소리를 들어보자.

일생을 망친 것 오직 하나 있는데	斷送一生惟有
만사를 깨뜨리는 데 이를 능가하는 게 없다	破除萬事無過
분대粉黛로 아름다운 눈썹 그린 가기 추파 던지며	遠山橫黛蘸秋波
마시지 않는 나를 옆에서 비웃는구나	不飮旁人笑我
꽃 시듦이 마치 병으로 여위고 허약한 사람 같아	花病等閒瘦弱
봄 시름 막을 곳 없는 사이	春愁沒處遮攔
잔이 손에 건네졌으니 남기지 말아야지	杯行到手莫留殘
달 기울고 사람들 흩어지는 것은 아니겠지	不道月斜人散

_〈서강월西江月〉

이 시의 서두 두 구절은 특별하다. 밑도 끝도 없어 종잡을 수 없다. 일생을 망친 오직 그 하나는 무엇일까? 모든 것을 깨뜨리는 데 그것을 능가하는 것이 없다니, 이것이 도대체 무엇일까? 황정견은 수수께끼 맞히기 놀이를 하는 것일까?

답은 바로 '술'이다. 황정견이 하고 싶었던 말은 "내 일생을 망친 것은 술, 사람을 고뇌하게 하는 모든 일을 해결해주는 데 술보다 더 나은 게 없다"이다. 이 두 구절은 한유韓愈의 시를 인용한 것이다.[2] 한유는 한 시에서 "일생을 망친 것은 다만 술이 있을 뿐(斷送一生惟有酒)"이라 했고, 또 다른 시에서는 "만사를 깨뜨리는 데 술을 능가하는 것은 없다(破除萬事無過酒)"라고 하며 두 구절에 모두 '술 주酒'자를 썼다. 황정견은 이 시에서 '술 주'자를 쓰지 않았는데, 감히 쓰지 못한 것인지 아니면 쓸 생각이 없었던 것인지는 알 수 없다. 하지만 이 두 구절만 놓고 보면 그가 술에 대해 갈등했다는 사실을 추측할 수 있다. 사실 그는 이 사의 서문에 다음과 같이 썼다.

이 노부 술을 끊어 더는 술을 마시지 않는다. 연회 모임에 참석하여 홀로 맑은 정신으로 옆에 앉아있는데, 자리에 참석한 손이 사 한 수 얻고자 하길래 붓을 들어 글을 지었다.

옆 사람들이 모두 술을 마시는데 자기는 마시지 않고 한쪽 구석에서 처량하게 글을 쓴다. 이 사의 전반부는 '마시지 않는 나를 옆에서 비웃는구나'라는 구절로 끝을 맺는다. 황정견의 말마따나 심지어는 가기조차도 황정견이 술을 마시지 않는다고 놀린다. 후반부의 내용은 이렇다.

황정견이 봄꽃이 지는 것을 보며, 봄철에 공연히 이는 뒤숭숭한 마음을 떨쳐버리지 못하고 있는데 술잔이 황정견의 손에 건네졌다. 황정견은 안 마실 수 있었을까? 답은 '남기지 말아야지(莫留殘)'다. 술을 남김없이 다 마셔야지. 달 기울고 사람들 흩어지고 나면 또다시 모여 술 마실 기회는 없다.

여기에서 황정견이 묘사한 것은 술을 끊은 후 음주 재개 상황이다. 그는 이 사에서 '술 주酒'자조차도 쓰지 않았다. 다른 사람이 (술 마시지 않는다고) 비웃어도 아랑곳하지 않고 그냥 넘어갔다. 하지만 여러 차례 지속되자 결국은 술을 마시고 말았다. 표면상의 이유는 눈앞의 술잔을 피할 수 없다는 것이었지만, 사실은 그의 마음속 깊은 곳에 숨어있는 친구와 헤어지는 섭섭함과 저조한 정서와 우울한 감정을 피할 수가 없었기 때문이었다. 이것이 바로 갈등의 시점이다. 북송의 황정견만 경험한 게 아니라 남송의 유극장劉克莊도 금주하려고 발버둥질 한 경험이 있다. 그의 시를 보자.

오랫동안 고래처럼 마시지 않았으니	久罷長鯨吸
어찌 두더지 조롱을 벗어날 수 있으리	寧逃鼴鼠嘲
약의 힘을 입어도 큰 효과 없어	不蒙藥王力
잘못 생각에 술과 결별하였다	誤絶麴生交

〈여자무신춘득질지주십년, 무오추개계소음이수余自戊申春得疾止酒十年, 戊午秋開戒小飮二首

(무신년 봄부터 병으로 금주한 지 10년, 무오년 가을 계율을 깨고 조금 마심 2수)〉의 제1수

오랜 기간 고래가 물을 빨아들이는 것처럼 호쾌하게 마시지 못하고,

주량은 두더지가 조롱해도 관계없을 정도로 적어졌으나 관계없다. 병이 난 후 약물을 복용해도 별 소용이 없다. 나는 그 당시 술 때문으로 잘못 알아, 술과 결별하고 더는 술을 마시지 않았다.

황정견은 사의 서에서 '금주하여 술을 마시지 않았다'라고 써놓고 사의 본문에서는 (술잔이 건네져서) 마지못해 술을 마셨다고 썼는데, 유극장은 황정견처럼 우회적으로 표현하지 않았다. 그는 시제試題(시의 제목)에 금주한 지 10년 후 파계하고 조금씩 마셔야겠다고 호쾌하고 시원시원하게 직접적으로 썼다. 재미있는 것은, 그는 앞 두 구절에서 10년 동안 금주하기 위해 노력한 사실을 썼는데 그 호방한 기세가 하늘을 찌를 정도다. 하지만 세 번째와 네 번째 구절에서는 10년 동안 수련한 내공을 스스로 부정하듯이 오해였다고 해명한다. 유극장은 자기가 술과 결별한 것은 오해에서 비롯되었다고 설명한다.

유극장은 지난날의 금주 성과를 부정한 것 같다. 그는 자신이 쓸데없이 노력했다고 생각했으며 이제는 옛날의 좋은 관계로 돌아가야겠다고 했다. 그는 음주의 좋은 점을 언급했지만, 사실은 그의 글에서 알코올에 대해 안간힘을 쓰며 버티는 모습을 찾아볼 수 있다. 그의 이런 버팀은 무려 10년이나 계속되었다.

유극장의 버팀과 황정견의 갈등은 판에 박은 듯이 같은 모습으로, 그 안에 술을 끊으려는 사람이 이해해야 할 많은 심리 상태가 들어 있다. 이들의 버팀과 갈등은 도연명의 시 〈지주〉에서 일찍이 명료하게 언급되었다. 도연명은 '술을 마시지 않으면 즐겁지 않다'라는 생각, 그리고 금주가 초래하는 심신의 금단 증상을 극복하려고 했고, 황정견은 술을 마시고 싶어 했으나, 한편으로는 글에 '술 주'자를 쓰면 파계하고 결국 술을 마시게 될까 봐 염려했다. 그리고 많은 문인이 병이 들어 금주하면서도 한결같이 술을 생각했다. 이런 복잡다단한 느낌은 서로 다른 시간과 공간에 끊임없이 나타났다. 금주는 시대를 초월하여 모든 사람이 부닥치는 공통적인 난제라고 할 수 있다.

금주 원로의 메시지—알코올 중독은 만성 질환, 금주는 장기적 도전

유극장이 10년 동안 술을 끊었는데 헛일이라고 할 수 있을까? 황정견은 금주했다가 다시 술을 마셨는데 금주에 실패했다고 보아야 할까? 도연명이 상당 기간 금주하다가 음주를 재개했다면 그동안의 시간은 어떻게 보아야 할까? 마음과 힘을 모두 낭비했을 뿐이라고 해야 할까?

알코올 중독 과학의 눈으로 보면 이런 과정들은 아직 안정적인 금주 상태에 도달하지 않았을 뿐이라고 말할 수 있다. 금주에는 성공도 없고 실패도 없으며 판단을 내리기도 어렵다. 금주는 장기적인 도전이기 때문이다.

현대의 질병 개념에서는 알코올 사용 장애를 장기적인 관리가 필요한 만성 질환으로 취급한다. 안정적으로 관리하지 않으면 질병은 재발할 수 있다. 또한 관련 합병증이 발생할 위험도 증가한다. 이런 만성 질환으로는 당뇨병이나 고혈압을 예로 들 수 있는데, 규칙적으로 휴식하거나 정시에 약물을 복용하여 관리하지 않으면 혈당이나 혈압이 조절되지 않고, 중풍이나 심혈관 질환과 같은 관련 합병증이 발생할 위험도 증가한다.

알코올 사용 장애도 이 같은 만성 질환이다. 다만 다행인 점은 이 만성 질환은 뇌에서 온다는 것이다. 그리고 공교롭게도 뇌는 모든 사고, 감정, 결정 등 업무를 담당한다. 다른 만성 질환과는 달리 뇌가 정상적인 상태를 벗어났거나 뇌의 이성 통제센터가 마비되었을 때는 정서를 안정적으로 유지하고 충동적인 행위를 줄이며 스스로 통제하여 술을 마시지 않도록 하기가 쉽지 않다. 그리고 한 걸음 더 나아가 알코올 중독은 질환의 일종이고 자신은 정상적인 상태가 아니라는 사실을 인정하는 일도 쉽지 않다. 음주 재개는 표면상으로는 원점으로 되돌아간 것처럼 보이고, 다시 금주하려면 모든 일을 처음부터 다시 시작해야 할 것 같지만, 이 책을 다 읽고 나면 결코 그렇지 않다는 사실을 차츰 이해하게 될 것이다. 음주를 재개했다고 해도 이를 재금주의 기회로 삼으면, 이런 과정은 금주를 위해 앞으로 계속 전진하는 기회가 될 수 있다. 이는 음주의 종점을 향해 나아갈 때 반드시 거쳐야 할 과정 가운데 하나

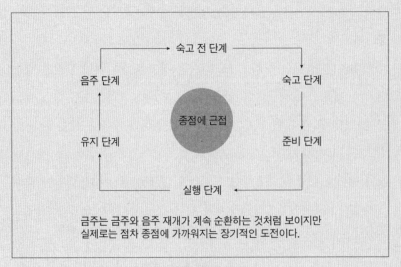

금주는 금주와 음주 재개가 계속 순환하는 것처럼 보이지만 실제로는 점차 종점에 가까워지는 장기적인 도전이다.

음주 재개 분기

금주 단계 구분

구분	개인 표현	조언 방향
숙고 전 단계	음주자는 자신에게 알코올과 관련된 문제가 있거나, 알코올 중독일 수 있다는 사실을 인식하지 못한다.	음주자와 함께 알코올에 관한 의문을 제기하고, 알코올이 미칠 수 있는 영향을 발견하고, 음주에 대한 갈등을 직시한다.
숙고 단계	음주자는 음주 관련 문제와 알코올 중독 문제를 직시하기 시작한다. 하지만 고칠 것인가 말 것인가에 대해서 마음속에 여전히 갈등이 존재한다.	음주자 마음속의 갈등을 확대하여 함께 음주와 금주의 이해득실을 분석하고 변화 후의 좋은 점을 다각도로 살펴본다.
준비 단계/ 결정 단계	음주자는 금주하려는 생각과 실행하려는 생각을 가지기 시작했다. 하지만 여전히 태도를 결정하지 못하고 동요한다.	음주자와 함께 구체적인 금주 계획을 세운다. 이에는 금주 금단 증상에 대한 준비, 음주 가능한 위험 상황에 어떻게 대비할 것인가 등을 포함한다.
실행 단계	음주자는 금주 중이다. 금주를 견지하는 한편, 조정하기도 한다.	음주자에게 (금주에 대한) 확신을 키워주고, 정기적으로 음주자와 금주의 어려운 점을 논의하며, 때로는 원래의 금주 계획을 조정한다.
유지 단계	음주자는 새로운 금주 생활을 지속적으로 유지하며, 점차 이런 생활 유형에 익숙해지고 습관이 된다.	음주자와 함께 음주 재개 가능성이 있는 시점과 내적 외적 암시에 대해 논의하고, 이에 대처하면서 초래될 수 있는 감정과 스트레스를 직시한다.
음주 재개	음주자가 (파계하고) 다시 음주를 재개한다.	음주자와 음주 재개 원인을 논의한다. 만약 다시 금주를 시작하면 이런 요인들을 피할 수 있다.

일 뿐이다. 다시 말하면 음주 재개는 결코 실패를 의미하는 게 아니다.
오히려 이런 기회에 자신의 음주 재개 위험 상황이 어떤 것인지 다시

관찰하여 어떤 외적 내적 암시를 피해야 할 것인지, 어떤 식으로 피해야 할 것인지, 그리고 어떻게 주의력을 전환할 것인가 등을 알아내야 한다.

기회가 되면 친구나 지인과 협조하여 대체 방안이 있는지 논의하고, 현재의 금주 동기와 행위가 어느 단계에 있는지 평가하고, 혹은 금주 관련 약물을 사용하는 것이 적합한가를 상의하는 것도 무방하다. 음주 재개를 자신의 금주 페이스 조절의 기회로 삼는다면 금주의 길을 변함 없이 계속 전진할 수 있을 것이다.

금주는 금주와 음주 재개가 순환하는 것처럼 보이지만 실제로는 점차 종점에 가까워지는 장기적인 도전이다. 알코올 중독은 만성 질환으로 대해야 하며, 금주는 개인의 끈기와 강단 그리고 과학 지식과 관련 자료를 어떻게 활용하느냐에 따라 성공 여부가 달려있다.

그대, 술을 끊으시게

옛사람들도 음주운전을!

현대인만 음주운전을 하는 게 아니다. 역사적으로도 많은 음주운전에 관한 이야기가 있었다. 옛사람들의 시와 사를 읽을 때, 알코올 중독 과학이라는 색안경을 끼고 보면 그들의 많은 행위가 '음주운전'에 해당한다는 사실을 발견할 수 있다. 특집에서는 옛 문인들의 '음주운전 순위'를 살펴보자. 순위에 오른 사람에는 누가 있을까? 순위에 오른 이유는 무엇일까? 타이완에는 음주운전에 관한 유명한 표어가 있다. '술 마시면 운전대 잡지 말고 운전대 잡으려면 술 마시지 말자.' 이 표어의 배후에는 어떤 알코올 중독 과학이 숨어있을까? 음주는 왜 운전에 영향을 미칠까? 그렇다면 어떤 영향을 미칠까? 타이완 사회에서는 음주운전을 어떤 시각으로 바라볼까? 그리고 어떤 관련 법규가 있을까? 알코올 중독 과학의 색안경을 끼고 다음 내용을 보자.

5위 _ 말 타고 별을 좇은 유우석

나는 조용히 촛불이 다 타 없어지는 것을 보고 있는데	寂寂獨看金燼落
잇달아 옥산이 무너지듯 잇달아 취해 곯아떨어지누나	紛紛只見玉山頹
고양의 술꾼 역이기와 짝이 될 수 없음이 부끄러워	自羞不是高陽侶
홀로 말 타고 밤하늘에 가득한 뭇별과 함께 돌아간다	一夜星星騎馬回

_〈양주춘야, 이단공익, 장시어등, 단시어평로, 밀현이소부창, 비서장정자복원, 동회어수관, 대주연구, 추각촉격동발고사, 지첩거펑이음지, 체야예군공공첨취, 분연취침, 여유독성, 인제시어단군침상, 이지기사揚州春夜 李端公益 张侍御登 段侍御平路 密縣李少府暘 秘書張正字復元 同會於水館 對酒聯句 追刻獨擊銅鉇体故事 遲輒擧觥以飮之 逮夜艾羣公沾醉 紛然就枕 余偶獨醒 因題詩於段君枕上 以志其事(양주의 봄밤에 단공 이익, 시어 장등, 시어 단평로, 밀현의 소부 이창, 자가 복원인 비서 장정 등이 물가에 가까이 있는 관사에 모여 술을 앞에 놓고 연구聯句를 짓되 촛불이 한 치 타들어 가면 동발을 두들기던 고사대로 (작시가) 늦으면 잔을 들어 술(벌주)을 마셨다. 한밤중이 되자 연로한 사람들이 술에 취해 잠들었고, 나는 우연히 홀로 깨어 단군(단평로)의 베개에 시를 써 이 일을 기록했다.)〉

상상을 초월하는 타이완의 음주운전과 단속 건수

음주운전은 '알코올이나 주류 음료의 영향 아래 동력 엔진 차량(때로는 자전거, 엔진이 장착된 기계장치, 승마도 포함된다)을 다루거나 운전하는 것'이다. 다시 말하면, 체내에 알코올이 남아 있는 상태에서 차를 운전하여 길에 나오면 음주운전에 해당한다. 음주운전은 오늘날의 사회에서 절대적인 위법 행위로, (타이완에서는)《도로교통 관리 처벌 조례》나 《형법》에 저촉된다. 유우석의 상황은 가장 흔히 일어나는 음주운전의 예인 '친구 모임'이 파한 후다. 타이완에서는 대체로 이자카야居酒屋나 값싸고 양 많은 야식을 먹을 수 있는 음식점인 러차오디엔熱炒店, 그리고 오리 요리나 양고기 요리와 함께 술을 마실 수 있는 식당에서 친구들이 모인다. 즐거운 마음으로 권커니 잣거니 거나하게 마시다 보면 대취하기 십상이다.

체내 알코올 농도가 일정량에 이르면 신체와 정신이 모두 알코올의 영향을 받게 된다. 이런 상황에서 차를 운전하여 길에 나오면 음주운전이 된다. 만약 유우석이 오늘날의 사회에서 살고 있다면 경찰의 음주 단속에 걸렸을 것이다. 음주 측정치(날숨의 알코올 농도)가 규정된 기준을 초과하면 법에 따라 처벌된다.

타이완의 인구 2300만 명 가운데 한 해에 음주운전 단속에 걸리는 건수는 무려 10만 건이나 된다. 매우 높은 수치. 각계의 노력으로 2019년에 10만 건으로 떨어졌으며, 2020년에는 8만 건으로 줄었다. 이 가운데 3분의 2가 오토바이고 나머지 3분의 1이 자동차다. 음주운전 사고 시간대는 주로 오후 4시부터 밤 12시다. 아마 단속에 걸리지 않은 건수는 이보다 훨씬 많아 단속 건수의 몇 배가 될 것이다.

나는 조용히 눈앞의 촛불이 타들어 가 스러지는 것을 보고 있는데, 모두 하나씩 하나씩 잇달아 취해 곯아떨어진다. 나는 주량이 그대들처럼 크지 못해 지금 그대들과 함께 마실 수 없어 부끄럽기 짝이 없다. 그대들끼리 마시는 게 좋겠다. 나는 홀로 말을 타고 집에 돌아가야겠다. 하늘에 가득한 별이 나를 동반하여 함께 돌아간다.

유우석이 몇몇 친구들과 모여 정해진 시간 안에 시 짓는 놀이를 했다. 시간을 넘기면 벌주를 마셔야 한다. 시간을 재는 방식은 촛불을 이용한다. 촛불이 다 타들어 가 스러지는 때 함께 동발을 두들기면 그 시간이 붓을 놓는 시점이다. 이렇게 지어진 시들을 이르러 '격발시擊鉢詩'라고 한다.

유우석은 시에서 자신이 술을 마셨다고 쓰지는 않았지만 이런 모임에서는 술을 마시지 않는 게 거의 불가능하다. 시의 제목에서 언급한 것처럼 만약 벌주를 마셨다면 자칫 자신의 주량 임계치 이상 마시기 십상이다. 한밤중이 되자 유우석의 친구 중에는 (제시간에 시를 완성하지 못해 벌주를 마시고 취해) 곯아떨어지는 사람도 있고 잠자는 사람도 생겼다. 유우석은 아마 시 짓는 속도가 빨라 벌주를 덜 마신 것 같다. 그는 술에 취하지 않아 멀쩡하다고 생각하고 이 시를 써 놓고 몰래 말을 타고 집으로 돌아갔다. 유우석의 이런 행위가 바로 음주운전이 아니면 무엇이란 말인가!

4위 _우물 바닥에서 곯아떨어진 하지장

하지장은 배를 탄 듯 흔들흔들 말을 타고   知章騎馬似乘船

눈앞이 아물거려 우물에 떨어져 물 아래서 잤다오   眼花落井水底眠

_〈음중팔선가飮中八仙歌〉

두보는 하지장이 술에 취해 말을 탔는데 쓰러질 듯 비틀거리며 마치 배를 타는 것처럼 흔들거렸으며, 잠시 눈이 침침해져 비틀거리며 우물 가로 갔다가 우물에 빠져 우물 바닥에서 잠들었다고 시에 썼다.

만년의 하지장은 술을 잘 마신 것으로 유명했으며 그의 주변 사람들은 모두 주량이 센 유명인사였다. 이백은 그와 의형제를 맺은 술 형제였다. 두 사람이 금 거북을 술로 바꾼 일화는 오늘날까지 전해 내려오고 있다. 두보는 하지장에게 아부하고 싶었는지 그를 주선酒仙이라 부르고, 그의 시 〈음중팔선가〉에서 하지장을 팔선八仙의 으뜸으로 꼽았다.

만약 두보의 시 내용이 사실이라면 하지장은 천만다행으로 목숨을 건졌다고 할 수 있다. 술에 취해 말을 타고 가다가 부딪쳐 까무러쳤는

날숨 알코올 농도 Breath Alcohol Concentration, BrAC**와 혈중 알코올 농도**Blood Alcohol Concentration, BAC

날숨 알코올 농도는 음주 측정 시 사용하는 방식으로, 호기 검사법으로 알코올 농도를 측정한다. 날숨 1리터당 1밀리그램의 알코올이 함유되어 있으면 1mg/L이다. 《형법》 조문에 '날숨에 함유된 알코올 농도가 1리터에 0.25밀리리터'라고 언급했으면, 날숨 1리터당 0.25밀리리터의 알코올이 함유되어 있음을 나타낸다.

혈중 알코올 농도는 채혈을 통해 얻을 수 있다. 혈액 100밀리리터당 1그램의 알코올이 함유되어 있으면 1g/dℓ인데 보통 퍼센트(%)로 표시한다. 예컨대 《형법》 조문에 '혈중 알코올 농도가 0.05%'라고 언급되어 있으면 100밀리리터의 혈액에 0.05그램의 알코올이 함유되어 있음을 나타내는 것이다.

현재 공인된 날숨 알코올 농도와 혈중 알코올 농도의 비율은 1 : 2000으로 상호 환산할 수 있다.

지 아니면 너무 취해서인지는 모르겠지만, 우물에 떨어졌는데도 통증을 느끼지 못하고 차가운 우물물에 젖어 냉기가 엄습하는데도 깨어나지 못하다니. 만약 시간이 좀 더 지체되었다면 목숨을 걱정해야 하는 상황이었다.

복잡한 알코올 농도와 법령 규범

인체 내에 알코올 농도가 기준을 초과하면 인사불성이 될 수 있다. 하지장이 우물 바닥에서 잠이 든 것은 바로 이 때문이다. 사람마다 체질이 다르지만 대부분 날숨 알코올 농도가 리터 당 0.75밀리리터 이상이면 기면 상태가 나타나고 리터 당 1.5밀리리터 이상이면 의식불명 상태에 빠지게 된다.

의식불명 상태가 되면 외부의 소리 자극, 동통 자극에 반응하지 못한다. 꼬집어도 아픈 줄 모르고 아무리 깨워도 일어나지 못한다. 이런 상태에서는 운전을 하든 안 하든 관계없이 무조건 생명의 안전에 지대한 영향을 받는다.

타이완 음주 운전법에서 규정한 기준은 의식불명을 초래하는 음주 측정치와 비교하면 훨씬 엄격하다. 현행 음주운전 규정에 따르면 날숨 알코올 농도가 리터 당 0.15에서 0.24밀리리터 사이면 법에 따라 벌금을 부과하고 차량을 압수 보관하며 운전면허를 정지한다. 날숨 알코올 농도가 리터 당 0.25밀리리터 이상이면 《형법》의 공공 위험죄에 의거하여 벌금이나 유기도형에 처하고 차량을 몰수한다.

왜 이렇게 법규가 엄격한지 의아해하는 사람도 있을 것이다. 알코올 측정치 0.75 이상이어야 기면 상태가 나타나는데 왜 0.15나 0.25에 벌칙이 있을까? 통계에 따르면 알코올 측정치 0.15에 이르면 운전 사고 확률이 일반 운전 사고의 1.2배가 되며, 알코올 측정치 0.25에 이르면 사고 확률이 일반 운전 사고의 2배가 된다. 알코올의 영향 아래 운전하면 속도와 거리 판단 능력이 떨어지며 즉각적인 반응도 느려진다. 음주운전과 사고의 인과관계가 확실하므로 법규가 엄격해지지 않을 수 없는 것이다.

하지장은 이미 인사불성일 정도로 취한 상태에서 말을 탔는데, 틀림없이 알코올 농도가 낮지 않았을 것이다. 만약 오늘날의 타이완이었다면 벌금만 내고 끝나는 게 아니라 그의 차, 아니 그의 불쌍한 말도 압수 보관되었을 것이다.

타이완의 알코올 농도와 법령 규범

날숨 알코올 농도(mg/L)	0.15mg/L 이상	0.25mg/L 이상
혈중 알코올 농도(%)	0.03% 이상	0.05% 이상
적용 법령	《도로교통관리처벌조례》(제35조) 《도로교통안전규칙》(제114조)	《형법》(제185조의 3) 속칭 음주운전공공위험죄
유형	행정처벌	형사처벌
음주운전 초범	1. 과태료 자동차: 3만~12만NTD 오토바이: 1.5만~9만NTD 2. 면허 정지: 1~2년. 12세 미만의 아동을 태우거나, 부상이나 사망사고의 경우는 가중처벌	1. 벌금: 20만NTD 이하의 벌금 2. 징역 2년 이하의 유기도형에 처함. 사망사고: 3~10년의 유기도형에 처함. 중상: 1~7년의 유기도형에 처함
음주운전 재범	5년 이내에 재범, 과태료 중과 1. 과태료 재범: 자동차 12만NTD, 오토바이 9만NTD. 삼범 이상: 이전의 과태료 금액에 9만NTD 증액 부과 2. 면허 정지: 3년 내 운전면허 시험 응시 불가. 중상 혹은 사망사고 시에는 면허 취소, 운전면허 시험 응시 불가, 차량 몰수	5년 이내에 재범, 형량 증가 1. 벌금: 20만NTD 이하의 벌금 2. 징역 2년 이하의 유기도형에 처함. 사망사고: 5년 이상 유기도형~무기도형에 처함. 중상: 3~10년의 유기도형에 처함
초·재범 동일 처벌	1. 현장에서 차량 압수 보관 2. 도로교통 안전 강의 강제 수강 3. 운전면허 시험 다시 봐야 함: 음주운전 방지 교육, 알코올 중독 치료, 차량 시동 잠금장치 4. 동승자 연좌 처벌	

3위 _ 말에서 떨어져 다친 두보

나 두보는 제후(기주도독夔州都督 백무림柏茂林)의 나이 든 빈객

술자리 파했는데 술 취해 흥에 겨워 금장식한 창 높이 들고 노래 부른다

말에 오르니 갑자기 젊은 날이 생각나

말발굽에 부서진 돌들이 구당협 벼랑에 날릴 정도로 말을 몰았지 ……

백발이 되도록 많은 사람 놀라게 하였으므로

젊은 날처럼 말 위에서 활을 쏠 수 있다고 믿었지 ……

생각지도 못하게 말에서 떨어져 몸을 다치고 말았으니

살면서 너무 흥에 겨우면 욕 당하는 일이 많지

이런 일을 당하여 근심과 비통함 속에 몸져누워 있으니

늙어가는 나이에 번민과 조급함까지 더해지누나

벗들이 위문하려고 부끄러워하는 나를 찾아오니

지팡이 짚고 억지로 일어나 동복의 부축을 받는다

이야기 마치면 입 벌려 큰 소리로 웃고 ……

말에서 떨어진 사람을 하필이면 말을 타고 와서 위문하다니

그대 보지 못했는가, 혜강이 《양생론》을 쓰고도 살육된 것을

甫也諸侯老賓客, 罷酒酣歌拓金戟. 騎馬忽憶少年時, 散蹄迸落瞿塘石. …… 向來皓首驚萬人, 自倚紅顏能
騎射. …… 不虞一蹶終損傷, 人生快意多所辱. 職當憂戚伏衾枕, 況乃遲暮加煩促. 明知來問腆我顏, 杖藜
强起依僮僕. 語盡還成開口笑, …… 何必走馬來爲問, 君不見嵆康養生遭殺戮.

_〈취위마추, 제공휴주상간醉爲馬墜, 諸公攜酒相看(술에 취해 말에서 떨어졌는데, 여러 친구가

술을 들고 문병 옴)〉

시의 전반부에서 두보는 술을 마시고 노래 부르며 무기를 높이 들고 즐거워한다. 그는 젊은 시절 말을 타고 종횡무진 사방으로 치달리던 때를 회상한다. 그때는 참으로 패기가 넘쳤었지. 이제 백발이 성성하다 해도 취기에 혈색이 돌고 윤기 흐르는 얼굴을 믿고 여전히 해낼 수 있다고 자신한다. 하지만 불행하게도 비극이 발생하고 말았다. 아차 하는 순간 두보가 말 등에서 떨어지고 만 것이다. 이 얼마나 큰 좌절인가. 한창 득의양양 거들먹거리고 있을 때였는데…….

집에 돌아온 두보는 시름에 쌓여 몸져누웠다. 나이 들었다고 생각하

알코올 농도가 조금만 증가해도 운전 감각은 크게 떨어진다

두보의 상황을 보면 체내 알코올 농도가 매우 높지는 않다고 해도 음주 기마에는 또 다른 위험이 도사리고 있다는 것을 알 수 있다. 알코올은 대뇌의 기능에 심각한 영향을 미친다. 알코올 측정치가 리터 당 0.15에서 0.24밀리미터면 판단력을 상실하고 통제력이 떨어지며 감각의 수용에 영향을 받을 가능성이 크다.

판단력을 상실한다는 것은 주위 환경과 차량 상태에 대한 경각심이 약해졌다는 것을 말한다. 판단력을 상실하면 또 상대 속도와 거리에 대한 판단력이 흐려진다. 그래서 앞차와의 거리 유지, 제동할 것인가 말 것인가와 (좌우) 회전할 것인가 말 것인가에 대한 판단력이 모두 저하된다. 통제력의 약화는 주로 가속할 때와 제동할 때 드러난다. 통제력이 약화되면 지금 추월할 것인가 말 것인가, 제동하고 신호를 기다릴 것인가 아니면 그냥 통과할 것인가, 경찰의 검문을 거부할 것인가 말 것인가 등을 결정하기 쉽지 않다. 통제력이 떨어지면 운전할 때 평소와는 다르게 행동하게 된다.

감각의 수용에 영향을 받으면 신체 균형 조정 능력이 떨어지며 시청각의 민감도가 떨어진다. 술에 취한 사람은 걸을 때 비틀거리며 오토바이를 타면 넘어지거나 미끄러지기 쉽다. 음주운전을 하면 시청각의 민감도와 공간 감각 능력이 떨어지며, 운전대를 마음먹은 대로 조작하기 쉽지 않아 사고를 낼 가능성이 커진다.

두보가 아차 하는 순간 말에서 떨어진 것은 판단력, 통제력, 감각 수용 능력이 알코올의 영향을 받은 결과다.

니 걱정되고 초조했다. 그가 다친 사실을 알고 친구들이 (술을 가지고) 병문안을 왔다. 말이 병문안이지 두보가 한바탕 자초지종을 이야기하자 모두 즐겁게 웃어댔다. 어이없는 두보는 자조할 수밖에. "혜강이 조용히 집에 틀어박혀 있었으면 살해당하지 않았겠지."

두보는 술에 취한 하지장의 과장된 행동을 기록했는데, 사돈 남 말한 꼴이 되고 말았다. 하지장은 술에 취해 우물에 빠지고, 그는 술에 취해 말에서 떨어졌으니 말이다. 두보의 좋은 친구들(술친구)이 두보가 다쳐 누워있다는 소식을 듣고 술을 들고 병문안 와서 그의 앞에서 진탕 먹고 마시고 음악으로 흥을 돋우었다.

두보의 당시 심정은 매우 복잡했을 것이다. 오죽하면 마지막 구절에 "그대 보지 못했는가, 혜강이 《양생론》을 쓰고도 살육된 것을"이라고 썼을까? 나 두보 술 취해 말 타는 것이 위험한 일임은 알지만, 집에서 양생하면서 화를 자초하느니 차라리 술 마시고 말을 타고 말란다. 어찌 되었든 내가 선택하고 내가 책임지는 거 아니겠는가!

알코올 농도와 운전의 관계

날숨 알코올 농도 (mg/L)	혈중 알코올 농도 (%)	운전 능력에 미칠 수 있는 영향	사고율
0.15 이하	0.03 이하	음주하지 않은 상태와 비교할 때 뚜렷한 영향 없음	1배
0.15	0.03	속도와 거리 판단 능력 저하, 균형감각 저하, 시청각 민감도 저하	1.2배
0.25	0.05	운전 감각이 떨어짐, 외적 자극에 대한 반응이 느려짐.	2배
0.75	0.15	판단 능력에 심각한 영향을 받음, 정신이 오락가락함, 시야가 모호해짐.	25배
2.5	0.5	만취, 인사불성	〉50배

2위 _취해 귀소본능을 잃은 이청조

해질녘 시냇가 정자에서 놀던 때를 잊을 수 없어

흠뻑 취해 집으로 돌아가는 길도 찾지 못했지

실컷 놀고 저녁 늦게 뱃머리를 돌렸는데

길을 잘못 들었나 봐, 연꽃 무성한 깊은 곳

어떻게 빠져나갈까

빠져나가려고 애쓰는 사이

음주운전 하지 않고 귀가하는 방법을 찾아야 한다

보통 음주운전 초범이라면 음주운전 규정 위반 '도로교통 안전 강의'를 수강하고, 운전면허를 압수당하고, 압수 기한이 끝나면 면허증을 되돌려 받아 운전할 수 있다. 만약 이청조가 오늘날의 사회에서 음주운전 단속에 걸렸다면 문제가 매우 심각할 수 있다. 그녀는 당시 만 18세가 되지 않았고, 틀림없이 무면허 운전이기 때문이다. 물론 정지당할 운전면허증은 없지만, 향후 1년간 운전면허 시험 응시에 제한을 받는다. 더 걱정스러운 것은 이청조 본인은 물론, 그의 아버지 이격비李格非(이청조의 보호자)도 휴가를 내고 딸을 데리고 도로교통 안전 교육을 받아야 한다는 것이다. 교육이 끝나고 집에 돌아간 후 어린 이청조는 아마도 상당히 곤란한 상황에 처하게 되지 않았을까…… 이청조가 음주운전을 하지 않을 수 있는 방법을 찾아보자.

집으로 돌아갈 때 이청조는 (일행 가운데) 술 마시지 않은 친구가 있는지 물어 그 친구에게 노를 젓게 할 수도 있다. 또는 시냇가 정자에서 쉬었다가 술이 깨면 방법을 생각해 볼 수 있다. 안타깝게도 당시에는 전화가 없었다. 그렇지 않았다면 가족의 도움을 받는 것도 좋은 방법이었을 것이다.

만약 오늘날 같으면 일단 지하철이나 버스 등 대중교통을 이용하거나 택시(또는 수상택시)를 타고 돌아갔다가 다음 날 다시 와서 배를 가져가면 된다. 오늘날은 대리운전이 있다. 전화 한 통화면 대리운전 기사가 와서 이청조를 대신하여 배를 저어 안전하게 집에 데려다줄 것이다. 그러면 이청조는 노를 젓지 않아도 되니 놀고 있는 손으로 시를 쓸 수 있지 않았을까?

놀란 물새 떼가 날아올랐지

_〈여몽령如夢令(꿈 같은 짧은 노래)〉

나는 자주 시냇가 정자에서 놀던 때를 회상한다. 해거름 때까지 놀다가 술에 취해 그만 집으로 돌아가는 길을 잃었다. 흥이 다할 때까지 놀다가 날이 어두워져서야 배를 저어 집으로 돌아갔는데, 배가 그만 연꽃이 만개한 연못의 깊은 곳으로 잘못 들어가고 말았다. 빠져나오려고 바삐 노를 저어댔는데, 연못에서 놀던 물새 떼를 놀라게 했나 보다. 물새 떼가 일시에 날아올랐다.

이 사는 이청조의 대표적인 작품이다. 믿을만한 고증에 따르면 이 사를 지은 시기는 그녀가 결혼을 하기 전으로 아직 18세가 되지 않았을 때였다. 미성년자인 이청조가 흠뻑 취해 자기가 얼마나 많이 취했는지도 깨닫지 못하고 흥이 다할 때까지 놀다가 너무 취한 나머지 집에 돌아가는 길을 분간하지 못해 배를 저어 집에 돌아가려고 하다가 무성한 연꽃잎에 걸려 꼼짝 못 하게 되었다. 이청조는 차를 운전한 것도 말을 몬 것도 아니고, 배를 탔지만 어쨌든 확실한 것은 음주운전, 특히 미성년 음주운전을 했다는 것이다.

길을 잘못 들어 연꽃 무성한 깊은 곳에 갇힌 것은 자동차 운전으로 치면 스스로 박은 것이라고 할 수 있다. 다행히도 아무런 문제가 없었고 단지 연꽃이 핀 연못 깊숙이 들어갔을 뿐이다. "어떻게 빠져나갈까, 빠져나가려고 애쓰는 사이"라는 가사에는 길을 잃은 조급한 심정이 두드러지게 드러나 있다. 만취한 이청조가 한편으로는 배를 저으면서, 한편으로는 어떻게 하면 연못을 빠져나갈 수 있을까 궁리하는 사이, 갑자기 물새 떼가 놀라 날개를 치며 날아올랐다. 이 때문에 그녀가 놀라 조금이나마 술이 깼는지는 알 수 없지만 어쨌든 결국에는 집으로 돌아가는 길을 찾지 않았을까?

1위_ 취해 인사불성이 되어 돌아온 산간

산공이 길을 나섰는데 어디에 가시는가	山公出何許
고양지에 술 마시러 가시겠지	往至高陽池
해진 뒤 수레에 실려 큰 대자로 누워 돌아오는데	日夕倒載歸
만취하여 인사불성이다	酩酊無所知
때로는 말을 타고	時時能騎馬
흰 모자를 거꾸로 쓰고	倒著白接䍦
채찍을 높이 들어 갈강에게 묻는다	擧鞭向葛彊
병주의 유협과 비교하면 어떠냐고	何如幷州兒

_《진서晉書·산도전山濤傳》

이 노래는 역사서인 《진서晉書》에 나온다. 역시 《세설신어世說新語》에도 수록되어 있으며,[1] 송나라 시대 곽무천郭茂倩의 《악부시집樂府詩集》에서는 이 노래를 〈잡가요사雜歌謠辭〉로 분류하여 수록했는데, 〈양양아동가襄陽兒童歌〉라고도 한다. 당시 양양의 아이들이 이 노래를 흥얼거렸다. "산간山簡 선생이 집은 나섰는데 어디에 가시려나? 분명 고양지에 (술 마시러) 가실 거야." 저녁때가 되자 그는 수레에 실려 큰 대자로 누워 관청으로 돌아왔는데 만취하여 인사불성이다. 그는 때로는 말을 타려고 하는데 여전히 취해서 흰 모자를 거꾸로 썼다. 채찍을 휘두르며 말에 채찍질하다가 옆에서 수행하는 갈강葛疆에게 묻는다. "나하고 그대 고향 병주의 유협하고 누가 더 센가?"라고.

산도山濤는 죽림칠현竹林七賢의 한 사람으로 여덟 말의 술을 마신 것으로 유명하다. 그의 아들 산간山簡 역시 그에게 조금도 뒤지지 않았다. 그는 그가 항상 다니던 연못이 있는 정원을 '고양지高陽池'라 이름 붙였다.[2] 산간은 취하면 길에 쓰러져 마치 시체처럼 수레에 실려 돌아오거나 지저분하고 단정하지 못한 옷차림으로 돌아다녔으며 심지어 모자도 거꾸로 쓰고 다녔다. 아이들이 자신을 놀리는 노래를 불러도 조금도 개의치 않았다. 그리고 자신이 주변 사람들에게 어떤 민폐를 끼치는지도 알지 못했다. 그의 행태를 보면 당시 산간이 양양을 지키는 장군이란 사실을 상상하기 어려울 정도다. 당시의 정권이 안정되지 않았는데도 그는 종일 술을 마셨다. 젊은 시절 근면하고 진취적이었으며, 승진 속도도 빨랐고 여러 차례 황제에게 상주하여 현명하고 유능한 인재를 천거했던 사람이었는데…….

산간이 세상에 널리 알려진 것은 그의 공적 때문이 아닌 그의 취태 때문이었다. 역대의 많은 문인이 산간이 술에 취한 모습을 노래했다. 유신庾信은 〈양류가楊柳歌〉에서 다음과 같이 썼다.

고양지에서 술 마시는 게 제일이지   不如飮酒高陽池

해 저물어 돌아올 때 모자를 거꾸로 썼다지   日暮歸時倒接䍦

이백은 〈양양곡襄陽曲〉에서 다음과 같이 노래했다.

산공은 술에 취할 때　　　　　　　　　　　　山公醉酒時

고양지에서 대취하지　　　　　　　　　　　　酩酊高陽下

머리에 하얀 두건을　　　　　　　　　　　　頭上白接䍦

거꾸로 쓰고서 말에 올랐지　　　　　　　　倒著還騎馬

　소식도 〈구양회부유접리금침, 희작차시사지歐陽晦夫遺接䍦琴枕, 戲作此詩謝之(구양회부가 두건과 거문고의 죽침을 잃어 장난삼아 이 시를 지음)〉에서 다음과 같이 썼다.

현이 없는 가야금에 도연명의 뜻을 부칠 수 있고　　無弦且寄陶令意

취해 수레에 실려 오는 것을 보면 산공이지　　　　倒載猶作山公看

　신기질도 그의 사 〈정풍파定風波〉(작야산공도재귀昨夜山公倒載歸, 어젯밤 산공이 수레에 실려 돌아와)에서 다음과 같이 썼다.

어젯밤 산공이 수레에 실려 돌아왔는데　　　　昨夜山公倒載歸

취해 진흙처럼 흐느적거린다고 아이들이 놀려댔지　　兒童應笑醉如泥

　산간은 세상 사람들의 눈을 의식하지 않았고, 번거롭고 자질구레한 예절에 얽매이지 않았으며, 만취하고도 말을 탔고, 말 위에서 오만방자하고 호방한 말들을 내뱉었는데 모두 문학사상 끊이지 않고 재현된 주제가 되었다. 하지만 진지하고 엄격하게 따져보면 그의 행위는 음주운전에 해당한다.

산간은 특별한 신분이다. 그는 당시 양양을 지키는 대장군이었다. 오늘날의 육군 사령부의 사령관이나 군단의 지휘관에 해당한다. 어떤 직책이었든 타이완에서는 공직으로, '공무원 음주운전 관련 행정책임 건

음주운전을 반복하면 상황은 더욱 복잡해진다

산간이 만취하여 수레에 실려 돌아온 지 얼마 지나지 않아 술이 좀 깼다고 생각하고 말을 탔는데 이는 음주 기마에 해당한다. 이런 현상은 현대 사회에서도 자주 볼 수 있다. 술이 깨기 시작하면 어떤 사람은 의식이 회복되었으므로 운전해도 문제가 없다고 잘못 판단하여 차를 몰고 길에 오른다. 하지만 이들의 판단력, 통제력, 균형감각은 아직 완전히 회복되지 않은 상태다. 이럴 때 무모하게 운전하면 매우 위험하며 사고 확률도 증가한다. 이런 상태에서는 모든 일이 다 헷갈릴 수도 있다. 심지어는 경찰의 음주 측정도 거부할 수 있다.

술이 완전히 깼는지는 알코올의 체내 대사 속도를 근거로 하여 판단한다. 보통 사람들의 간은 1시간에 대략 10그램의 알코올을 대사한다. 물론 개인의 체질과 음주량이 술 깨는 속도에 영향을 미치지만 간이 대사할 수 있는 효소는 대략 그 정도의 양이다. 2배의 술을 마셨다고 해서 대사 속도가 2배로 빨라지지는 않는다. 그러므로 술을 마시고 최소한 반나절(12시간)에서 하루(24시간) 뒤에 운전해야 안전을 보장할 수 있다. 다시 말하면, 전날 저녁에 술을 마시면 다음 날 아침까지는 술이 완전히 깨지 않는다는 말이다. 설령 알코올 농도가 0까지 떨어졌다고 해도 알코올이 여전히 뇌에 영향을 미치므로 주의력과 판단력이 떨어질 수 있다. 이런 상황에서 운전하면 위험하다. 타이완 음주운전 사고 통계 데이터에 따르면 전날 밤에 취해 다음 날까지 깨지 않아 발생한 사고의 비율이 상승하여, 5명의 사고자 가운데 1명이 이에 해당하며 사고 시간은 새벽 4시부터 정오까지다.

산간처럼 반복적으로 음주운전을 하는 사람은 오늘날의 타이완이라면 면허 취소다. 이런 사람이 다시 운전하려면 다시 운전면허 시험을 봐야 한다. 시험 전에 음주운전 방지 교육을 받아야 하는 동시에 상황에 따라서는 알코올 중독 치료를 병행해야 할 수도 있다. 운전면허 시험에 통과한 뒤 의무적으로 차량에 시동 잠금장치를 장착해야 한다. 이는 차량에 장착하여 알코올 농도를 측정하는 장치로 날숨 알코올 농도가 기준치를 초과하면 시동이 억제되는 일종의 예방성을 띤 조치다.

1년 동안 산간은 시동 잠금장치가 장착된 교통수단만 운전할 수 있다. 만약 이런 규정을 미리 알았다면 그는 음주운전을 하기 전에 한 번 더 생각해 보지 않았을까?

의 처리 원칙'에 따라 징계 처분을 받는다. 음주운전 사고를 내지 않았을 경우에는 신계申誡(훈방)에서 대과大過(중과실)까지의 처분을 받는다. 만약 음주운전 사고가 나면 사건 경위에 비추어 기과記過(과실을 기록에 남김), 정직 혹은 면직되는데 모두 엄격한 처분이다(기과는 경고보다는 무겁고 기대과記大過(중과실을 기록에 남김)보다는 가벼운 처분이다─역자 주).

취해 수레에 누웠다고 비웃지 마소. 예로부터 음주운전에 살아 돌아온 자 몇이나 되던가

음주운전이 초래하는 문제는 매우 심각하다. 술에 취하면 판단력, 사고력, 공간인지 능력이 통제할 수 없을 정도로 하락한다. 하지만 술을 마실지 말지, 현재 내가 마셔도 되는 컨디션인지 아닌지는 자신이 능동적으로 통제하고 판단할 수 있다. 의사는 알코올에 관한 임상경험과 연구물을 제공해 준다. 공중위생학자는 음주운전 관련 사고와 사망 사건을 조사하고, 몸에서 받아들일 수 있는 알코올 농도 상한선을 세밀하게 연구하여 제시한다. 법학 전문가는 관련 벌칙을 연구·제정한다. 이들의 공통점은 음주운전이 초래하는 문제가 줄어들기를 바란다는 것이다.

정책은 여러 방면으로 나뉘는데, 크게는 사고 전 예방과 사고 후 처벌로 나눌 수 있다. 예방은 매우 중요하다. 그래서 경찰들이 음주운전 단속에 나선다. 경찰들은 날숨 알코올 농도를 측정하거나, 면허가 취소된 뒤 다시 운전면허 시험에 응시하는 사람에게는 차량 시동 잠금장치를 장착하게 한다. 이런 정책들로 음주운전 사고를 줄일 수 있다는 것을 연구 결과를 통해 알 수 있다. 만일 불행히 사고가 났어도 면허 취소,

면허증 압수, 도로 안전 교통 강습(한국의 준법운전강의)과 알코올 중독 치료 등 음주운전 재발을 막기 위해 시행하는 여러 조치는 모두 음주운전 사고를 줄이는 효과적인 방법이라는 사실 역시 연구 결과를 통해 알 수 있다. 음주 행위와 영향 그리고 알코올 구매 등의 방면에서 음주 연령과 사용 제한, 또는 알코올 가격, 판매와 마케팅 규범 제한 등의 일반적인 정책을 제정하는 것도 효과가 있는 것으로 나타났다. 음주가 사회에 미치는 영향은 교통사고는 물론이고 가정 폭력, 성범죄, 싸움, 소란 등의 행위를 증가시킨다. 음주 후 타인을 상해하거나 사회에 끼치는 어떤 형태의 영향이든 가볍게 볼 수 없다.

2019년 7월, 타이완에서는 음주운전 관련 새로운 제도가 정식으로 시행되었다. 오토바이나 자동차 운전자의 음주운전 벌금이 더 무거워졌고, 동승자는 연좌 처벌되며 차량 시동 잠금장치를 장착해야 한다. 자전거도 음주운전의 대상에 포함되어 관련 법규가 제정되었다. 이 모든 게 음주운전과 그것이 초래하는 해악을 줄이기 위함이다. 옛사람들의 음주운전 이야기는 사실은 오늘날의 음주운전 실태를 그대로 반영한 것이라고 해도 과언이 아닐 것이다.

(본편은 臺灣酒駕防制社會關懷協會의 심의를 거쳤음.)

음주 측정 거부 벌칙(2019년 음주운전 신법)

1. 초범: 18만NTD의 벌금에 처한다. 재범: 5년 내 2번 이상일 경우 매번 18만NTD를 추가 부과한다.
2. 자동차나 오토바이를 압류 보관한다.
3. 운전면허 취소(초범: 3년 내에는 시험에 응시할 수 없다. 재범: 5년 내에는 시험에 응시할 수 없다.)
4. 음주운전 위반 도로 안전 교통 강습(한국의 준법운전강의)을 강제로 수강해야 한다.
한국: 1년 이상 5년 이하의 징역 또는 500만 원 이상 200만 원 이하의 벌금
공무집행방해죄가 적용되는 경우: 5년 이하의 징역 또는 1000만 원 이하의 벌금

후기

문학과 의학의 만남

의료 종사자인 나는 병원에서 여러 종류의 음주 관련 환자나 알코올 중독자를 만난다. 이들은 서로 다른 형태의 음주나 금주의 관문에서 분투하고 있다. 이들은 삶의 주변에서 만날 수 있는 사람들이다. 음주자는 우리 가족이 이따금 언급하는 친척일 수도 있고, 멋있는 동창이나 활발하고 생기 넘치는 동료일 수도 있다. 모임에서 만나 함께 즐겁게 술을 마시던 사람일 수도 있고, 스트레스를 풀기 위해 최근 함께 술을 마신 사람일 수도 있다. 음주는 어쩌면 문화 융합을 위한 선택일 수도 있고, 동료 사이나 업무상 필요한 행위인지도 모른다. 음주의 좋은 점은 많이들 얘기하지만, 음주가 심신에 미치는 영향에 대해서는 화제에 올리지 않는 경향이 있다. 음주부터 알코올 중독에 이르기까지의 과정은 드러나지 않고 있다. 그리고 그 안에서 자신뿐 아니라 가족도 고통받는다.

"중독은 뇌의 병변으로 치료할 수 있는 질환이다. 술은 우리가 일상생활에서 가장 자주 접촉하는 중독 물질이다." 이 말은 현대 과학에서 이해하는 "알코올 사용" 방식으로 알코올 중독에 직면하여 의학에서 평가, 진단, 치료하는 방법이다. 하지만 문화 속의 음주는 다르다. 시와 사를 예로 들면 문인들은 음주에 여러 함의를 덧붙여 사람마다 비슷하면서도 다양한 상황을 체험하고 느낀다. 시와 사 속의 술은 정서를 자극하는 매혹적인 역할을 하지만 풍부한 술의 이미지는 교육과 문화를 통해 현대에도 여전히 노래의 주제가 되고 있다. 과학과 문학의 각도에서 관찰해보면 문학으로 술을 해석하는 사람은 많고, 과학으로 술을 해석하는 사람은 적다. 그러므로 의학 상식과 기본적인 과학 개념을 공유한다면 술에 대해 균형 있고 다양하게 이해할 수 있을 것이다.

이 책을 쓰기 시작한 것은 병원 내 교육활동에서 비롯되었다. 알코올 중독이란 주제를 논할 때 개별 사례를 예로 들면 개인 정보를 누설한다는 의심을 받을 수 있다. 이 문제의 해결점을 고민하던 중에 황밍치黃名琪 선생이 도연명陶淵明의 음주 사례를 교재로 사용한다는 말을 듣고, 당송 시대의 시와 사를 토론의 대상으로 삼으면 되겠다는 영감을 얻었다. 옛 문인들이 시와 사에 넌지시 드러낸 정보와 정서는 마치 약속이나 한 것처럼 현대인과 깊은 공감대가 형성된다. 감상하며 즐기는 시와 사가 음주 연구에 어울리는 자료가 된 것이다. 자료를 이해하는 데 많은 시간을 쏟아야 했지만 다행히도 감상과 글쓰기는 모두 흥미로웠다.

2020년 3월 전염병이 창궐하는 상황에서 첫 번째 편인 유영柳永을 썼는데 다행히도 '故事 StoryStudio' 즈옌芷嫣 편집장이 격려해 주었고, 게재하지는 못했으나 전체적으로 수정하면 좋겠다는 권고를 받았다. 두 번째 편은 신기질辛棄疾이었는데 훌륭하다는 평을 받았고, 잡지에 게재하게 되었다. 그 후 2년 동안 틈틈이 글을 썼다. 투고 때마다 세심하게 편집해주고 피드백을 준 이잉伊盈 편집장과 편집진에게 감사드린다.

책으로 엮어야겠다는 생각을 싹트게 해준 펑언豐恩 편집장께 특별히 감사드린다. 펑 편집장은 스토리 이벤트에 매우 중요한 역할을 해주었다. 내 글에 대한 팡위芳瑜 편집장의 높은 평가에 감사드린다. 팡 편집장은 여러 장절을 모아 책으로 만드는 데 필요한 세부 사항을 조언해 주었으며 목차의 대강을 정리하도록 이끌어 주었다. 그래서 이미 쓴 장절의 내용을 고쳐 새롭게 늘릴 수 있었고, 한 단계 한 단계 완성해 나갈 수 있었다. 터비엔特編에게 감사드린다. 그녀는 장절이 일치하고 문장이 유려하도록 조금도 간과하지 않고 하나하나 짚으며 자세히 교정해 주었다. 미술 디자인을 한 우위시엔吳郁嫻은 만나본 적은 없으나 재능이 넘치는 그녀 덕분에 이 책이 새로운 생명을 찾을 수 있었다.

지아훙佳弘과 장닝章甯에게 감사드린다. 두 사람은 첫 번째 시독자試讀者가 되어 직접적인 느낌을 알려주고 피드백을 주었다. 완시婉曦는 문장을 정확하게 교정해 주었다. 후밍祜銘과 페이쉬안佩瑄은 중독 과학에 대한 전문적인 의견을 제시해주었다. 이징萓靚은 전문적인 번역에 대한 조언을 주고, 적합한 글자와 단어 선택 요령을 가르쳐 주었다. 저잉哲瑛은 각국의 관련 논문을 찾는 요령을 알려주었다. 위쉬안玉軒은 중문 논문 격식과 문장부호 사용 방법을 지도해 주었다. 차이웨이采薇, 단니丹妮, 천위안陳圓, 왕칭王晴은 자세한 조언을 주었다. 이처럼 많은 분의 도움으로 모호함과 착오를 줄일 수 있었다. 특히 〈알코올 중독 과학〉 부분을 자세하게 교정해 준 황밍치黃名琪 의사에게 감사드리며 이 책이 기대를 저버리지 않았으면 좋겠다.

마지막으로 퇴근 후 늦은 밤까지 글을 쓰면서 한 해 동안 바쁘게 살아온 나 자신에게 감사한다. 묵묵히 지지해 주면서 항상 강요에 못 이겨 억지로 글을 읽어준 식구들에게 감사드린다.

이 책을 읽어주신 독자 여러분께 감사드리며 또다시 책을 통해 만나기를 기대한다.

| 나의 음주 스타일 |

평소 술 마시는 습관 ──단숨에 벌컥 마신다──→ 며칠 주기로 술을 마시나? ──거의 매일──→ 금주를 생각하거나 시도한 적 있다

조금씩 홀짝이며 마신다

가끔 마신다

친구나 의사가 술을 줄이라고
권한 적이 있다

거의 없다

살면서 술을 적게 마셔야겠다고 ────있다────→ 술을 적게 마시도록
생각한 적이 있다   친구가 도와준 적이 있다

없다

술로 인해 몸이 편치 않거나
병이 나거나
부상 당한 적이 있다

없다

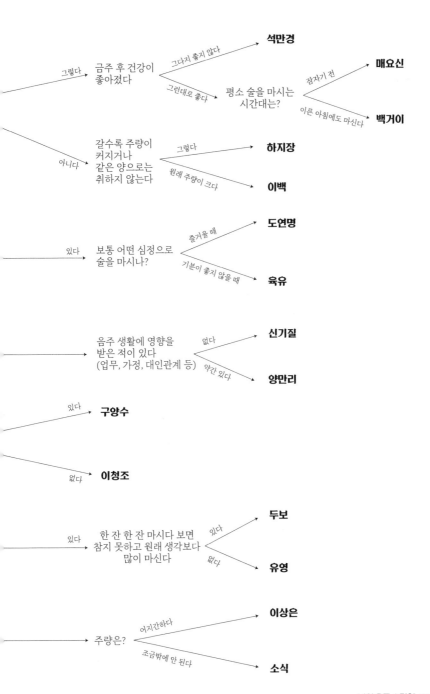

그렇다 → 금주 후 건강이 좋아졌다
- 그다지 좋지 않다 → **석만경**
- 그런대로 좋다 → 평소 술을 마시는 시간대는?
  - 잠자기 전 → **매요신**
  - 이른 아침에도 마신다 → **백거이**

아니다 → 갈수록 주량이 커지거나 같은 양으로는 취하지 않는다
- 그렇다 → **하지장**
- 원래 주량이 크다 → **이백**

있다 → 보통 어떤 심정으로 술을 마시나?
- 즐거울 때 → **도연명**
- 기분이 좋지 않을 때 → **육유**

음주 생활에 영향을 받은 적이 있다 (업무, 가정, 대인관계 등)
- 없다 → **신기질**
- 약간 있다 → **양만리**

있다 → **구양수**

없다 → **이청조**

있다 → 한 잔 한 잔 마시다 보면 참지 못하고 원래 생각보다 많이 마신다
- 있다 → **두보**
- 없다 → **유영**

주량은?
- 어지간하다 → **이상은**
- 조금밖에 안 된다 → **소식**

신기한 지식이 늘었다

술에 관한 고대의 재미있는 이야기 가운데 가장 먼저 생각나는 것은
《사기史記·골계열전滑稽列傳》에 나오는 순우곤淳于髡의 고사다. 한번은 제
齊나라 위왕威王이 순우곤에게 얼마나 술을 마셔야 취하냐고 물었다. 순
우곤은 "신은 한 말을 마셔도 취하고, 한 섬을 마셔도 취합니다"라고 대
답했다. 위왕은 기가 막혀 또 물었다. "한 말을 마시고 취한다면 어떻게
한 섬을 마실 수 있소?" 순우곤은 그 까닭을 설명했다. "평상시 대왕께
서 술을 내려주시면 법을 집행하는 관원이 곁에 있고 어사御史가 뒤에
있어 두려워하며 마시게 되니 한 말도 못 마시고 취합니다. 하지만 날
이 저물어 남녀가 동석하고 신발이 서로 뒤섞이며 술잔과 그릇이 어지
럽게 흩어지고 마루 위의 촛불이 꺼지고 좀 야해지기 시작하면—아니,
제 말뜻은 파티 기분이 나기 시작한다는 뜻입니다— 한 섬을 마실 수
있습니다."

순우곤의 이 우화는 제위왕에게 무절제하게 술 마시지 말라는 간언
의 뜻을 담고 있지만 이런 간언은 코믹하긴 하나 과학적이라고는 할 수
없다. 그 후 전문적으로 술을 묘사한 문학 작품은 서한西漢 사람 추양鄒
陽의 〈주부酒賦〉다. 《서경잡기西京雜記》에 수록된 이 작품은 남의 이름을
빌린 위작이라는 논쟁이 있어 온 만큼 추양이 원작자라고 할 수만은 없

다. 또한 이 작품은 술을 묘사했다기보다는 궁중의 연회 순간을 묘사했다고 할 수 있다. 대표적인 것이 다음의 구절이다.

하사하신 순주醇酎(깊고 맛있는 술)에 취하면 천 일 만에 깨어난다 …… 백발의 신하들을 불렀고 공손하고 예의 바른 손님들 모였다. 많은 사람이 모인 널찍한 자리에 앉고 조각한 병풍을 배열했다. 꽃무늬 수놓은 가벼운 비단으로 방석 만들고 서거犀璩(미옥)로 방석의 네 귀퉁이를 눌렀다.

육조六朝 시대에 이르러 선비들이 미친 듯이 마음껏 술을 마시는 일이 흔했다. 술을 즐겼던 유령劉伶은 아내가 술을 끊으라고 충고하자 〈주덕송酒德頌〉을 지은 뒤 이런 말을 했다.

하늘이 나 유령을 낸 것은 술로 이름나게 하려 함이다. 한 번 마시면 한 곡斛(열 말)은 마셔야지 다섯 말로 족하겠는가? 아낙네의 말은 절대 들어서는 안 되지.

아내는 유령을 위해서 잔소리를 한 것인데 유령은 한 귀로 흘리는 것도 모자라 그 자리에서 헛소리를 늘어놓는다. 정말 욕먹을 만하다. 유령은 분명 심각한 알코올 중독자였을 것이다.

랴오보차오廖泊喬 의사의 새로운 책 《주태백을 위하여》는 중독 과학의 각도에서 시詩와 사詞에 들어있는 술과 관련된 이야기를 풀었다. 특히 이 책에는 술과 인연이 깊은 역대의 저명한 문인들이 나오는데, 예컨대 미친 듯이 술 마시는 게 습성이 된 이백과 두보, 금주를 시도했던 백거이, 신기질, 육유 등은 모두 우리가 잘 알고 있는 대시인이고 위대한 문학가다. 중독의학에 대한 랴오廖 의사의 연구와 문학이 융합된 이 책은 체재에서 구조에 이르기까지, 그리고 발상에서 실천에 이르기까지, 텍스트를 이론의 기초로 삼아 심오한 내용을 알기 쉽게 논평하고 전문 지식을 분석하여 여러분이 이미 읽은 적이 있거나 외운 적이 있는 당시唐詩와 송사宋詞를 더욱 과학적으로 이해할 수 있게 해주었다.

나 같은 문학 연구자가 흔히 사회적 맥락과 외연 요인으로 옛사람들의 음주 원인을 설명하는 것과는 상대적으로 생리적 (음주) 욕구와 중독 증세는 술을 즐기는 과정의 중요한 일환일 것이다. 하지만 음주는 심령과 상상의 세계에서 보면 참소와 화를 피하는 염세적 콤플렉스를 가지고 있거나 또는 술을 마시고 미치광이인 척하며 은둔하는 데 대한 동경을 품고 있다. 이런 생리적 요인과 심리적 요인이 얽히고설켜 시인 문호의 다채로운 풍모를 구성하는 것이다. 내가 좋아하는 인터넷 밈Internet Meme에 야옹이 동영상이 있는데, 흰색 야옹이의 배경색은 천연색이고 그 아래 "신기한 기술이 늘었다"라는 자막이 처리되어 있다. 이 말로 내가 이 책을 읽은 느낌을 표현하고 싶다.

祁立峰

《讀古文撞到鄕民》 작가

인문 의학이 새로운 영역으로 발걸음을 옮겼다

경정서警政署의 통계자료에 따르면 최근 몇 년 동안 음주운전 사고가 4000건이 넘었다. 내가 입법위원이던 기간에 끊임없이 발생하는 음주운전 사고, 특히 음주운전 상습범과 사망사고에 대해 여러 차례 안건을 올렸고 관련 법조에 연서했다. 형사책임을 무겁게 하여 음주운전 위법 행위를 효과적으로 막기 위함이었다. 국민건강서 최근 몇 년의 자료에 따르면 현재 40만 명이 넘는 미성년자가 알코올음료와 접촉한 적이 있다. 미성년자의 음주를 방지하고 아동과 청소년이 알코올과 접촉할 기회를 줄이기 위해 나는 2018년 관련 아동 소년 권익법 법조문 수정 제안 발의를 선도했다. 음주나 음주운전, 청소년 음주는 국민의 심신 건강에 중대한 영향을 끼친다.

젊고 우수한 후배 의학자 한 명이 마음과 힘을 다하고 과학보급 방식을 통해 사회 대중에게 기본적이고도 중요한 의학 개념과 중독 관련 지식을 소개했다. 이런 책을 접할 수 있어 매우 기쁘다. 이 책의 저자 랴오보차오는 정신과와 중독과 의사로서 매우 창의적인 사람이다. 그는 고대의 시와 사를 자신의 전공과 결합하여 재미있고 유머러스하게 음주운전의 영향과 오늘날 우리나라의 음주운전 법령을 끌어냈다. 그리고 청소년 음주에 대해서도 이청조의 시와 사의 변화 분석을 통해 특징을 설명했다. 나는 중화민국 의사공회 전국연합회 이사장의 신분으로 '최근의 연구에 따르면 소량의 음주가 심혈관에 이롭다는 관념이 더는 적용되지 않는다는 사실과 적당량의 음주는 보호 효과가 있다는 증거가 부족하다는 사실'을 여러 차례 주장했다. 랴오 의사도 이 책의 곳곳에서 시와 사에서 언급한 술의 작용을 찾아내었고 음주의 영향을 흥미진진한 이야기로 풀었다.

이 책이 출판되어 기쁘다. 랴오 의사는 여러분이 잘 알고 있는 옛사람들을 예로 들고 여러 시와 사 등의 자료를 인용하였는데, 대부분 중고등학교 교재에도 나오는 친숙한 문학 작품이다. 또한 쉬운 말투와 감정이입의 기법으로 옛사람들의 음주 문제를 다루었으며, '음주 문제 선별 검사 설문'과 금주 방법 등 전문적이고 심오한 주제를 알기 쉽게 풀어 제시했다. 이 책은 17개 장(프롤로그, 에필로그, 특집 포함)으로 구성되었는데 음주에서 금주에 이르기까지 순차적으로 서술하였으며 문장이 뛰어나고 풍부한 지식을 담고 있다. 저자는 의학의 영역을 넘어 다른 분야와의 결합을 시도했다. 독자들이 쉽게 읽을 수 있고 의학과 중독과학에 대해 생각을 달리할 수 있을 것으로 기대된다. 이 책을 즐겁게 읽고 더 크고 다양한 지식을 얻어 알코올에 대한 인식을 새롭게 하며 우리 사회가 올코올 중독에 대해 중시하는 계기가 되기를 바란다.

邱泰源

입법위원, 대만대 의학대학 교수立法委員, 臺大醫學院醫學系教授
중화민국 의사공회 전국연합회 이사장中華民國醫師公會全國聯合會理事長

무언가에 중독된 자만이 그 이름을 남기리

2년 전쯤 퇴근을 앞둔 저녁 무렵 회사 편집부 앞으로 온 생소한 투고 편지를 받았다. 투고자는 예의 바르게 자신이 중독 예방 및 치료과 의사라고 소개하고 글의 주제는 宋송나라 시대의 사인詞人 유영柳永의 음주에 관한 것이라고 설명했다. 당시 원고를 검토하던 나는 겨우 투고 이유 설명 부분에서 눈이 번쩍 뜨였다. 사람을 흥분의 도가니로 몰아넣은 이 편지는 랴오보차오라는 의사가 쓴 것이었다. 뜻밖에도 이 편지는 우리 '故事StoryStudio'와 저자 랴오보차오를 이어준 멋진 여정의 시발점이 되었다.

'故事StoryStudio'의 철학은 삶에서 역사를 발견하는 것이다. 그리고 술은 삶의 일부분일 뿐 아니라 인류 문명의 매우 중요한 자리를 차지한다. 고대 그리스의 주신酒神 신앙에서 2021년 아카데미 외국어 영화상에 빛나는 《어나더 라운드DRUK》에 이르기까지, 2000여 년 동안 인류와 알코올은 이처럼 떼려야 뗄 수 없는 사이였다. 저자는 당나라와 송나라 시대의 문사들이 알코올과 공존하고 투쟁한 이야기를 썼다. 당신이 어떤 시간에 어떤 공간에서 살든 관계없다. 읽으면 마음속에 공감을 불러일으킬 것이다. 소동파(소식)는 술을 빚었고 이청조는 술에 목숨을 걸었으며 도연명은 술에 취했고…… 이 책 속의 인물들은 당신이나 나와 다름없는 공통된 인간성을 지니고 있다. 우리는 연약한 순간이 있고 의혹에 휩싸이는 순간이 있으며 만사 제쳐두고 미친 듯이 노래하고 싶은 순간이 있다. 오늘 술이 있으면 오늘 거나하게 취한 뒤, 꿈속에서 느꼈던 적막함을 하소연할 사람이 없다는 것을 발견하면 된다.

저자 랴오보차오가 참 멋있게 풀이했다. "술을 마신 뒤에는 나도 모르게 내 몸을 잊고 심지어는 세속의 관직도 잊는다. 정신이 몸 밖에서 노닒이 마치 아득한 옛날의 화서국華胥國에서 노니는 것 같고, 천지와 우주가 개벽한 태초의 시절로 돌아간 것과 같다." 설령 아득히 먼 천 년의 밖에서 산다고 해도 알코올이 혈액에 흘러 들어가기만 하면 마치 태초에 설정된 특별한 인간성의 시점으로 되돌아간 듯 고금을 막론하고 공감하게 된다. 저자의 글을 보면 알코올의 작용이 시가와 이토록 비슷하다는 사실에 놀라게 된다.

또 하나 경이로운 사실이 있다. 나는 보통의 상상과는 상반되게 글쓰기는 타고난 재능으로 흐르는 구름 같고 흘러가는 물과 같은 신비한 선물이며 정신과 지혜의 노동이라고 줄곧 생각해 왔다. 신체 근육의 단련은 안정적이고 지속적인 연습과 도전에 달려 있다. 글쓰기도 마찬가지다. 근면하고 규칙적인 글쓰기 습관을 기르는 것이 이 분야의 기예를 정진시키는 유일한 방법이다. 저자인 랴오보차오가 바로 글쓰기 훈련의 모범 사례다. 1년 내내 진료에 바쁜 그는 놀랍게도 업무 이외의 시간에 꾸준히 글을 썼다. 의사가 이렇게 시간이 남아도는지 의혹을 가질 정도다. 그는 또 의학 지식과 고대의 시사를 융합하고, 영역을 넘나드는 글솜씨를 매 편의 글에서 자유자재로 운용하며 완숙한 경지를 보여주었다.

이 책이 출판되어 세상에 나와 우리의 공동 여정에 잊기 어려운 기념비가 된 것을 매우 흥분된 마음으로, 그리고 진심으로 축하한다. 랴오보차오는 정신과 의사의 전문적인 시각으로 문인들의 생명 역정과 시사詩詞를 결합하여 고금을 뛰어넘는 두루마리 그림을 그려내었으며 객관적이면서도 공감적으로 과학에서 출발하여 인성에까지 직행했다. 예로부터 성현은 고독했지만 오로지 술 마신 자들은 이름을 남겼다고 말한다. 어쩌면 이 책이 나온 뒤에는 과거와 미래의 '무언가에 중독된' 사람만이 자신의 지위를 확립하기 시작할 수 있지 않을까?

胡芷嫣

故事 StoryStudio 편집장

술을 마주하고 노래 부르자. 인생, 살면 얼마나 사는가!

석기 시대 이래 알코올이 인류의 삶에 파고든 지 1만 년이 넘었다. 알코올의 용도는 광범하다. 종교의식, 의약 목적(소독이나 진통), 사교 활동 등 널리 쓰인다. 알코올의 면모는 다채롭다. 환락을 주고 시름을 덜어주며 마음을 편하게 해주고 위세를 떨치게 해준다. 때로는 통제 불능이나 폭력을 야기하기도 한다. 알코올의 촉각은 다방면으로 발동한다. 혼사·상사·경사, 봄·여름·가을·겨울, 희로애락과 그림자처럼 함께하며, 항상 매란국죽梅蘭菊竹, 일월성신日月星辰, 풍상우설風霜雨雪을 노래하는 가사에 들어간다. 알코올의 드나듦은 변화무쌍하며 한계가 없다. 역사문화와 경제 발전에 대한 영향은 깊고도 크다.

알코올은 우리 삶에서 커피나 담배 외에 가장 자주 만나는 중독 물질이다. 고서적에서도 일찍이 옛 문명에 숨어 있는 중독의 위험에 대해 언급하고 있다. 사람들도 과음이나 폭음이 각양각색의 사회 문제나 건강 문제를 초래한다는 사실을 알고 있다. 기록에 따르면 장기 음주를 '질환'의 시각으로 처음 본 사람은 벤자민 러시Dr. Benjamin Rush다. 그는 1784년, 장기 음주는 의사가 치료해야 할 문제라고 주장했다. 1894년, 스웨덴에서 처음으로 '알코올 중독alcoholism'이란 용어가 제기되었고 비슷한 시기에 의학에서는 알코올 중독을 연구하기 시작했다. 1892년, 레

슬리 킬리Leslie Keeley가 제기한 "의료는 비처벌식 개입으로 알코올 중독자의 삶을 개혁한다"라는 견해는 후속의 과학 발전에 굳건한 토대가 되었다. 이로써 알코올 중독은 사실상 최 초로 과학적 연구와 치료의 대상이 된 정신 질환의 하나가 되었다.

과학의 덕분으로 오늘날에는 알코올 중독이 뇌의 생리 기제의 병변 현상이라는 사실을 다 알고 있어 더는 모호하고 추상적인 '심리 질환' 개념으로 알코올 중독을 대하지 않게 되었다. '심리心理'라는 어휘는 뇌의 기능(심장의 기능이 아님)을 가리키는 표현이다. 요점을 말하면 즐거움을 담당하는 보상중추가 과도하게 활성화하고, 충동을 억제하는 이성 중추가 과도하게 약해져 '가속 페달은 힘이 있는데 브레이크가 잘 듣지 않는' 신경회로 시스템이 만들어지면서 평범한 재미에 따분함을 느끼고, 평범한 스트레스에는 과도하게 반응하게 된다. 알코올 중독의 진전 과정은 대체로 라이프 스테이지life stage(인생 주기)에 따라 달라진다. 여러 가지 원인으로 알코올 중독의 임상 증상의 양태에 갖가지 변화가 생기는 것이다. 따라서 개별 사안이 어떻게 나타나는지 확실하게 파악하려면 장기적인 전공 육성, 관련 증상 숙지, 문제점 분별 등이 필요하다. 이 책의 저자 랴오보차오 의사는 이런 요구에 부합될 뿐 아니라 알코올 중독 치료 분야에 대단하고 값진 사명감을 보여주고 있다.

랴오 의사는 정신과 전공의 과정을 마치고 2019년 우리 병원에 와서 많은 의사가 바라면서도 머뭇거리는 중독의학 펠로우 과정을 밟았다. 우리 송덕원구松德院區는 1995년에 중독 예방 및 치료과를 설립한 뒤 천챠오치陳喬琪, 린우창오林武毅, 수리엔원束連文 등 많은 선배 의사의 노력으로 점차 안정적으로 발전하고 있는 타이베이 중독 전문 인재 양성의 요람이다. 수련 기간에 랴오 의사는 과중한 임상 업무 중에도 빠른 속도로 자신의 경험을 쌓아 나갔으며 연구와 교학을 통해 끊임없이 정진했다. 그리고 타이완을 대표하여 인도네시아에 가서 술과 약 중독 치료 원칙에 대해 강연했다. 관례적인 사례를 검토하고 과학 문헌을 되짚어보면서 그는 뛰어난 통합정리 능력을 발휘하여 체험하거나 깨달은 사실을 빠른 속도로 기록해 나갔다. 하지만 그의 마음을 무겁게 내리누른 것은 어떻게 하면 공부한 바를 대중이 이해하는 언어로 바꿀 수 있느냐 하는 생각이었다.

한번은 병실에서 도연명의 음주 역정, 그리고 음주가 초래하는 사회 심리 문제를 토론한 적이 있다. 나는 알코올 중독 교재를 검토하면서 알코올 중독의 한恨은 동서고금을 막론하고 다 같다고 덧붙였다. 그런데 이 설명이 랴오 의사의 마음속에 오랫동안 웅크리고 있었던 시적인 정취와 문장력을 불러일으켰나 보다. 그의 뛰어난 문학적 재능은 이미 여러 차례 상을 받아 인정됐으므로 더 말할 나위가 없다. 그의 감정 서술은 서사적이면서도 이치에 들어맞는다. 또한 많은 자료를 취사선택하여 용어를 섬세하게 분류하고 전문적인 비평을 가한다. 정말 놀라움을 금할 수 없다. 그는 유려한 서사 능력으로 옛 문인들의 독특한 인생 이야기를 그려내고, 생동적인 구성으로 독자들이 음주의 다양한 세계를 관찰할 수 있도록 안내한다. 이렇게 고금을 꿰뚫고 문학과 과학을 융합하는 능력은 재능이나 천부적인 소질로만 되는 게 아니다. 창의적인 지혜와 영리함이 필요하며(전혀 새로운 관점으로 문장과 시에 드러난 실마리를 풀이해야 한다) 도전적인 담력과 식견이 필요하다(알코올 중독이라는 딱지를 붙이려면 판에 박은 듯한 부정적인 낙인과 연결해서는 대중이 받아들이기 어렵다).

이 책은 독자들이 음주에서 알코올 중독 그리고 금주에 이르기까지의 역정을 이해할 수 있도록 인도하며 청소년과 여성 음주 문제, 음주 운전 문제도 다루었다. 어떤 행위의 발생은 뇌 기능에 근원을 둔다. 랴오 의사는 의사의 입장에 서서 여러 가지 신체의 합병증(당뇨병 등)을 차근차근 일깨워 주었다. 특히 뛰어난 글솜씨로 각종 알코올 중독 증상(금단현상, 불면, 기억 상실, 치매 등)을 소개했으며, 이 증상과 뇌의 기능 실조와의 관계를 연결하여 심오한 내용을 알기 쉽게 설명했다. 또한 여러 가지 알코올 중독 치료 방법을 익살스럽고 유머러스하게 소개하기도 했다.

문학과 의학의 경계를 넘나드는 이 작품은 과학 상식에 참신하고 전위적으로 생동하는 아름다움을 장식했다. 이 책에서 인용한 옛 문인들의 시를 읽다 보면 마치 옛 대가들의 삶에 가까이 있는 것 같다. 사실 중독 치료의 정수는 각 사안의 독특한 생명의 토론에서 출발하여 변화하는 에너지에 공명하는 것이다. 마치 "술을 마주하고 노래 부르자. 인생, 살면 얼마나 사는가(對酒當歌, 人生幾何!)"라는 시구와 같다. 여기의 술은 잔 속의 물건이 아니라 알코올이 녹인 생명의 역력한 그림자다.

黃名琪

타이베이 시립 연합병원 송덕원구 중독과 주임

타이베이 의학대학 정신과 겸임교수

타이베이 음주운전 예방 사회관회협회 상무이사

프롤로그. 3000년 전의 계주문

1   이백李白 〈장진주將進酒(그대, 한 잔 드시게)〉.

2   맹호연孟浩然 〈과고인장過故人莊(친구의 농장을 찾아)〉.

3   왕유王維 〈위성곡渭城曲(위성의 노래)〉.

4   소식蘇軾 〈수조가두, 병신중추, 환음달단, 대취, 작차편, 겸회자유水調歌頭, 丙辰中秋, 歡飮達旦,
    大醉, 作此篇, 兼懷子由(수조가두, 병신년 중추, 아침까지 즐겁게 마시고 대취하여 이 작품을 지으며 자유子由(동생 소
    철蘇轍)를 생각하다)〉.

5   《역경》의 원리로 이 숫자들을 해독해야 한다. 이 6개의 숫자는 《역경》의 한 괘상卦象이고,
    숫자는 각각 하나의 효爻를 상징한다. 6개의 효가 합하여 하나의 괘가 이루어지는데, 이
    숫자의 비밀을 풀면(숫자의 비밀을 푸는 논리는 상당히 복잡하다. 하지만 간단하게 말하자면 홀수는 양이고 짝
    수는 음이다) '음양음음양양(☵)'이다. 숫자 3개가 하나의 조組인데, 위쪽에서 아래쪽으로 배
    열한다. 위의 '음양음(☵)'은 수水(물)이고, 아래의 '음양양(☱)'은 택澤(못)이다. 수와 택이 결
    합하면 '절괘節卦(☵)'가 된다.

01. 소식 북송의 문호, 술을 빚으며 무엇을 넣었을까?

1   〈계주송〉.

2   〈기건안서득지진일주법寄建安徐得之眞一酒法〉.

3   〈진일주〉 시의 자주自註: 황주에서 담근 밀주와 유사했다(頗類予在黃州日所醞蜜酒也).

4   이외에 소식의 친구도 서로 다른 각각의 곡물로 술을 담갔다. 안정군왕安定郡王 조세준趙
    世準은 동정호를 거쳐 운반해온 감귤(장강 이남에서 재배)에 벼와 억새풀을 넣어 함께 쪄 만든
    뒤 그에게 보냈다. 그는 이를 보고 〈동정춘색시洞庭春色詩〉와 〈동정춘색부洞庭春色賦〉를 지었
    다. 정주定州에 가서 소식은 현지 소나무의 마디와 송진에 기장, 보리를 넣어 함께 쪄 술을
    만들었다. 이 술은 약간 쓴맛이 있었으나, 소식은 산패하기 쉬운 포도주보다 낫다고 느꼈
    다. 그러고는 〈중산송료부中山松醪賦〉를 지었다(〈동정춘색부〉와 〈중산송료부〉의 서예 합본이 현재 중국
    길림성박물원吉林省博物院에 소장되어 있다).

5   본문에서는 '질량'이란 용어 대신 구어체인 '중량'을 썼다. 밀도의 정의는 단위 체적 하 물질의 질량으로 정의되어야 한다.

6   《國民飮食指標手冊》(民國107月10月出版).

7   최근의 연구에서 적정량의 음주가 신체 보호 작용을 한다는 증거가 부족하다는 것을 발견했다. 그러므로 '적정량의 음주는 건강에 이롭다'라는 설은 오늘날의 연구 결과에 부합되지 않는다.

02. 이백 자칭 주선, 최고의 술 홍보대사

1   〈장진주將進酒〉전문

그대 보지 못했는가	君不見
황하 물 하늘에서 내려와	黃河之水天上來
기운차게 흘러 바다로 가면 다시 오지 못하는 것을	奔流到海不復回
그대 또 보지 못했는가	君不見
고대광실 거울에 비치는 백발의 슬픔을	高堂明鏡悲白髮
아침에는 검은 실 같더니 저녁에는 눈이 되었구나	朝如靑絲暮成雪
세상살이 뜻을 얻었을 때 마음껏 즐겨야지	人生得意須盡歡
황금 술 단지 헛되이 달 아래 두지 마소	莫使金樽空對月
하늘이 나에게 재주를 주었을 땐 반드시 쓸 곳이 있으려니	天生我材必有用
천금을 흩으면 다시 돌아온다오	千金散盡還復來
양 잡고 소 잡아 신나게 즐겨보세	烹羊宰牛且爲樂
한 번 마시면 삼백 잔은 마셔야지	會須一飮三百杯
잠부자여, 단구생이여	岑夫子, 丹丘生
한잔 쭉 들이키시게	將進酒
잔을 멈추지 말고 취하도록 드시게	君莫停
그대에게 노래 한 곡 불러 줄 테니	與君歌一曲
귀 기울여 들어 주시게	請君爲我傾耳聽
풍악과 산해진미가 귀한 것이 아니요	鐘鼓饌玉不足貴
그저 길게 취해 깨어나지 않길 바랄 뿐	但願長醉不用醒
예로부터 성현은 모두 고독했지만	古來聖賢皆寂寞
오로지 술 마신 자들은 이름을 남겼다오	惟有飮者留其名
진왕(조식曹植)은 옛날 평락관平樂館에서 잔치할 적에	陳王昔時宴平樂
한 말에 만 냥 술을 마음껏 즐겼다지	斗酒十千恣歡謔
주인장은 어이하여 돈이 없단 말을 하오	主人何爲言少錢

곧 술을 받아 그대에게 따르리라 徑須沽取對君酌

오화마, 진귀한 여우 갓옷 五花馬, 千金裘

아이 불러 내어가 좋은 술 바꿔다가 呼兒將出換美酒

그대와 함께 만고의 시름 녹이리라 與爾同銷萬古愁

2 〈월하독작사수月下獨酌四首〉의 제2수 전문

하늘이 술을 사랑하지 않았다면 天若不愛酒

하늘에 주성이 없었을 것이고 酒星不在天

땅이 술을 사랑하지 않았다면 地若不愛酒

땅에 주천이 없었겠지 地應無酒泉

하늘과 땅도 술을 사랑했으니 天地既愛酒

내가 술 사랑하는 건 부끄러운 일 아니지 愛酒不愧天

청주는 성인과 같고 已聞淸比聖

탁주는 현인과 같다고 하였지 復道濁如賢

현인과 성인을 이미 들이켰으니 賢聖既已飮

굳이 신선을 찾을 거 있겠나 何必求神仙

석 잔이면 대도와 통하고 三杯通大道

한 말이면 자연과 하나가 된다지 一斗合自然

술 마시는 즐거움 얻으면 될 뿐 但得酒中趣

깨어 있는 자들에게 전할 거 없지 勿爲醒者傳

〈월하독작사수月下獨酌四首〉의 제3수 전문

춘삼월 함양성은 三月咸陽城

비단을 펴 놓은 듯 온갖 꽃이 만발해 千花晝如錦

누군들 봄날 홀로 수심 떨칠 수 있으랴 誰能春獨愁

이럴 땐 술을 마셔야지 對此徑須飮

곤궁과 영달, 장수와 단명은 窮通與修短

하늘의 조화(운명)로 이미 정해진 것 造化夙所稟

한 통 술에 삶과 죽음이 차이 없으니 一樽齊死生

세상만사 따질 일 없지 萬事固難審

취하면 세상천지 다 잊고 醉後失天地

홀로 베개 베고 잠이나 자는 것 兀然就孤枕

내 몸이 있음도 알지 못하니 不知有吾身

이게 바로 가장 큰 즐거움이지 此樂最爲甚

〈월하독작사수月下獨酌四首〉의 제4수 전문

끝없는 시름이 천 갈래 만 갈래	窮愁千萬端
좋은 삼백 잔 마셔볼거나	美酒三百杯
수심은 많고 술은 적은데	愁多酒雖少
그래도 마시니 수심이 사라지누나	酒傾愁不來
그래서 옛 주성들은	所以知酒聖
얼큰히 취하면 마음이 트였었구나	酒酣心自開
백이伯夷는 곡식 마다하고 수양산 골짝에 누웠고	辭粟臥首陽
안회는 밥그릇이 비어 늘 배가 고팠지	屢空飢顏回
당대에 술이나 즐길 일이지	當代不樂飲
헛된 이름은 부질없는 것	虛名安用哉
게와 조개는 선약인 금액이고	蟹螯卽金液
술지게미 언덕은 봉래산蓬萊山이라	糟丘是蓬萊
좋은 술 실컷 마시고서	且須飲美酒
달밤에 누대에서 취해 볼거나	乘月醉高臺

03. 두보 인생난제, 어찌할 도리 없어! 술로 푸는 수밖에

1 술을 즐기려면 작은 봉록이나마 필요해, 미친 듯이 노래하며 성스러운 조정에 몸을 의탁
   한다(貪酒須微祿 狂歌託聖朝) -(〈관정후희증官定後戱贈(벼슬이 정해진 뒤에)〉).

2 문에 들어서는데 통곡하는 소리가 들린다. 아이가 눈을 뻔히 뜨고 굶어 죽은 것이다. 복
   받쳐 오르는 슬픔을 어떻게 참을 수 있겠는가. 이웃들도 슬피 울며 눈물을 흘린다. 아비
   된 자로 부끄럽기 짝이 없다. 아이를 먹여 살린 능력도 없다니(入門聞號咷, 幼子饑已卒. 吾寧舍一
   哀, 里巷亦嗚咽. 所愧爲人父, 無食致夭折) -(〈자경부봉선현영회오백자〉).

3 《황제내경黃帝內經·소문素問·비론痺論》.
   황제가 물었다. "비증痺症은 어떻게 발생하는가요?" 기백岐伯이 답했다. "바람(風), 찬기운
   (寒), 습기(濕) 이 세 가지 기운이 뒤섞여 몸에 들어오면 이것이 합해져 비증이 생깁니다.
   그 가운데 바람의 기운이 강하면 행비行痺(팔다리와 몸이 쑤시고 무거우며 마비가 오는데, 그 부위가 일정
   하지 않고 수시로 이동한다)라고 하고, 찬기운이 강하면 통비痛痺(팔다리와 몸이 쑤시고 통증이 있는데, 차
   게 하면 증상이 심하여지고 덥게 하면 감소한다)라 하며, 습기가 강하면 착비著痺(많은 습기로 인하여 경락
   經絡이 막혀서, 일정한 자리가 마비되어 저리고 아픈 병)라고 합니다."(黃帝問曰, 痺之安生. 岐伯對曰, 風寒濕三氣
   雜至, 合而爲痺也. 其風氣勝者爲行痺, 寒氣勝者爲痛痺, 濕氣勝者爲著痺也.).

4 《황제내경黃帝內經·소문素問·풍론風論》.
   황제가 물었다. "나쁜 바람이 사람을 손상하는데, 추위를 느끼고 열이 나는 것이 반복되

거나, 열사병에 걸리거나, 한기가 들어 몸이 뻣뻣해지고 땀은 나지 않거나, 기혈이 손상되어 문둥병에 걸리거나, 한쪽 팔다리를 쓰지 못하거나, 뇌졸중으로 쓰러지는 경우가 있습니다. 그 병들은 원인이나 증상이 각각 다르게 나타나고, 이름도 다르며, 오장육부에까지 이르기도 하는데 왜 그런지 이해할 수 없습니다. 설명을 듣고 싶습니다." 기백이 답했다. "바람의 기운이 피부 사이에 숨어 있어 안으로 서로 통하지 못하고, 밖으로 나쁜 기운을 발산할 수도 없습니다. 이 바람은 몸속을 잘 돌아다니며 여러 차례 변하는데, 주리(살가죽 겉에 생긴 작은 결, 외부 기운이 피부를 통과하는 첫 관문, 땀구멍 등)가 열리면 오싹하여 춥고, 주리가 닫히면 열이 나고 가슴이 답답합니다. (주리가 열려 들어온) 찬 기운 때문에 먹고 마시지 못하게 되고, (주리가 닫혀 뜨거워진) 열기 때문에 근육이 삭게 됩니다. 그러므로 깜박깜박 잊게 하고 소름이 끼쳐 떨게 하면서 음식을 먹지 못하게 만드는데, 이를 한열이라고 합니다."(黃帝問曰, 風之傷人也, 或爲寒熱, 或爲熱中, 或爲寒中, 或爲癘風, 或爲偏枯, 或爲風也. 其病各異, 其名不同. 或內至五臟六腑, 不知其解. 願聞其說. 岐伯對曰. 風氣藏於皮膚之間, 內不得通, 外不得泄. 風者, 善行而數變, 腠理開則洒然寒, 閉則熱而悶. 其寒也則衰食飮, 其熱也則消肌肉, 故使人怢慄而不能食, 名曰寒熱)

04. 유영 북송의 슈퍼 아이돌, 밝히지 않은 음주의 폐해

1   섭몽득葉夢得 《피서록화避暑錄話》.

05. 이청조 마시자! 한 잔의 술, 길을 잃고 헤매다

1   우중항于中航의 《이청조연보李淸照年譜》에서는 이청조의 일생을 5기로 나누었다. 소녀 시기(1세~17세), 동도 초혼東都初婚(18~23세), 청주향거靑州鄕居(24~37), 내치 세월萊淄歲月(38~43), 강남 유랑(44세 이후).

2   역사를 보면 여성도 술을 마셨다. 송나라 시대의 시인 이청조 외에 주숙진朱淑眞도 있다. 주숙진도 사에서 자주 음주와 술 취함을 언급했다. 명나라와 청나라 시대에도 술을 애호하고 잘 마신 여성에 대한 기록이 있다. 문학사에서 유명한 것으로는 《홍루몽紅樓夢》의 제62회 〈감상운취면작약약藥袡憨湘雲醉眠芍藥袡〉이다. 하지만 문학, 희곡, 회화, 조각이든 간에 관계없이 전통적으로 여성의 음주 형상은 거의 묘사되지 않았다. 아마도 전통적으로 여성의 음주는 사회 가치 규범에서 받아들이지 못한다는 낙인이 찍혀 부정적인 형상으로 분류되었기 때문인 것 같다.

3   위생복지부 국민건강서의 《국민 음식 지표 편람》의 권고에 따르면, 남성은 매일 맥주 500밀리리터(또는 알코올 20그램)를 초과하지 않아야 하고, 여성은 맥주 250밀리리터(또는 알코올 10그램)를 초과하지 않아야 한다.

06. 하지장 이백과 두보가 만든 주선, 술에 취해 우물에 떨어져

1 두보〈음중팔선가〉전문.

하지장은 배를 탄 듯 흔들흔들 말을 타고	知章騎馬似乘船
눈앞이 아물거려 우물에 떨어져 물 아래서 잤다오	眼花落井水底眠
여양왕汝陽王 이진李璡은 세 말 술 마시고야 천자를 알현했고	汝陽三斗始朝天
길에서 누룩 실은 수레만 만나도 침을 흘렸으며	道逢麴車口流涎
주천군酒泉郡에 봉지가 옮겨지지 않음을 유감으로 여겼다오	恨不移封向酒泉
좌상 이적지李適之는 흥이 나면 잔치에 하루 일만 전이나 썼고	左相日興費萬錢
큰 고래가 모든 강물 들이키듯 술을 마셨으며	飲如長鯨吸百川
잔을 머금고 성인(청주)을 즐기며 스스로 세상의 현인이라 칭했다오	銜盃樂聖稱世賢
최종지崔宗之는 말쑥한 미소년으로	宗之瀟灑美少年
잔 들고 오만한 눈으로 푸른 하늘 바라보면	擧觴白眼望靑天
준수한 자태 아름다운 나무가 바람맞고 서 있는 듯	皎如玉樹臨風前
소진蘇晉은 부처 앞에서 재계하며 용맹정진했는데	蘇晉長齋繡佛前
취하면 자주 불문의 계율을 위반했다오	醉中往往愛逃禪
이백은 술 한 말에 시 백 편을 썼고	李白一斗詩百篇
장안長安 저자의 술집에서 잠자기 일쑤였으며	長安市上酒家眠
천자가 오라고 불러도 배에 오를 수 없을 정도로 취하여	天子呼來不上船
스스로 신臣은 주중선酒中仙이라 일컬었다오	自稱臣是酒中仙
장욱은 석 잔 술 마시고 일필휘지하여 초서草書의 명인으로 전해지는데	張旭三盃草聖傳
왕과 황친귀척 앞에서도 모자를 벗어 맨머리를 보였지만	脫帽露頂王公前
휘두르는 붓 종이 위에 떨어지면 구름과 연기 흐르듯 초서가 되었다오	揮毫落紙如雲煙
초수焦遂는 술 다섯 말은 마셔야 비로소 분발했는데	焦遂五斗方卓然
고담준론과 장광설로 연석宴席에 있는 사람들을 놀라게 했다오	高談雄辯驚四筵

2 〈제원씨별업〉은 〈우유주인원偶遊主人園〉이라는 제목으로도 불린다.

07. 이상은 남만적 사와 술, 사랑이 깊을수록 상처도 깊어

1 원호문元好問 〈논시절구삼십수論詩絶句三十首〉의 제12수

망제望帝의 춘정은 두견새의 슬픈 울음에 가탁하고	望帝春心託杜鵑
가인의 거문고는 흘러버린 세월의 서글픔을 불러일으킨다	佳人錦瑟怨華年
시인들은 서곤체西崑體가 아름답다고들 말하는데	詩家總愛西崑好

유감스럽게도 아무도 주해를 달지 않았구나 　　　　獨恨無人作鄭箋

2 〈금슬錦瑟〉 전문

아름다운 비파줄 까닭 없이 오십 줄일까 　　　　錦瑟無端五十絃

줄 하나 기둥 하나 젊은 시절 생각나게 해 　　　　一絃一柱思華年

장주莊周는 새벽꿈 속 자유로운 나비 되었고 　　　　莊生曉夢迷蝴蝶

망제는 춘정을 두견새에 가탁했지 　　　　望帝春心托杜鵑

푸른 바다에 달 밝으니 진주가 눈물 흘리고 　　　　滄海月明珠有淚

남전 땅 따뜻한 날 옥돌에서 연기 피어올랐다지 　　　　藍田日暖玉生煙

이 정(此情, 그때의 그 광경)을 왜 지금에야 추억하는지 　　　　此情可待成追憶

그때는 온통 허탈하고 막막하기만 했었지 　　　　只是當時已惘然

3 〈무제〉 전문

만날 기회는 얻기 어렵고, 이별 때는 차마 떠나지 못해 　　　　相見時難別亦難

바람도 힘 떨어진 늦봄, 온갖 꽃 떨어진다 　　　　東風無力百花殘

봄누에 죽어서야 실뽑기를 그치고 　　　　春蠶到死絲方盡

촛불은 재 되어서야 눈물이 마르지 　　　　蠟炬成灰淚始乾

(여자는) 새벽에 거울 보며 구름처럼 풍성한 머리털 색바램을 슬퍼하고 　　　　曉鏡但愁雲鬢改

(남자는) 밤 깊도록 잠 못 들고 시 읊조리며 달빛 차가워짐을 느끼지 　　　　夜吟應覺月光寒

봉래산 가려 해도 여기선 길이 없으니 　　　　蓬山此去無多路

파랑새야 가서 임 소식 알아보고 오렴 　　　　靑鳥殷勤爲探看

4 〈무제〉 전문

겹겹이 깊게 휘장 드리운 막수의 방 　　　　重幃深下莫愁堂

자리에 누웠는데 적막한 밤은 길고도 길어라 　　　　臥後淸宵細細長

무산의 신녀가 초왕과 운우지락을 누린 것처럼 인생은 원래 꿈이고 　　　　神女生涯原是夢

청계淸溪의 소고小姑처럼 사는 곳 본래 낭군 없다오 　　　　小姑居處本無郞

바람과 물결은 마른 가지 연약하여 꺾여짐을 알지 못하는데 　　　　風波不信菱枝弱

이슬 내리는 달밤 누가 계수나무 향기 풍기게 하는가 　　　　月露誰敎桂葉香

그리움에 빠지면 설령 전혀 무익하다고 해도 　　　　直道相思了無益

치정에 빠져 평생 슬픔에 젖어도 나는 괜찮다오 　　　　未妨惆悵是淸狂

08. 백거이 술 권하는 시인, 그의 친구가 되려면

1 〈신정병후독좌초이시랑공수新亭病後獨坐招李侍郞公垂(몸져누워 있다가 일어나 새로 지은 정자에 홀로 앉아 시랑 이공수를 부르다)〉 전문

새로 지은 정자에 찾아오는 손님 없어 　　　　新亭未有客

종일토록 혼자서 할 일이 마땅찮아 　　　竟日獨何爲

아직 따뜻할 때 차 끓이는 화로에 진흙 발라 메우고 　趁暖泥茶竈

찬바람 막으려고 대나무 울을 둘렀다오 　　防寒夾竹籬

두통이 막 가라앉은 뒤 　　　　頭風初定後

침침했던 눈이 조금씩 밝아지길래 　　眼暗欲明時

천천히 조금씩 마시면서 　　　　淺把三分酒

느긋하게 시 몇 구절 짓고 있다오 　　閑題數句詩

걸상 두 개 가져다 놓아야지 　　　應須置兩榻

하나는 그대가 와서 앉을 수 있도록 　一榻待公垂

09. 석만경 기괴한 음주 스타일, 나뭇가지 위에서도 술을 마셔

1 송宋나라 시대의 알코올은 대부분 찹쌀, 멥쌀, 과일 등으로 양조한 저순도의 곡주와 과일
주였다. 순도를 오늘날의 함량으로 환산하면 대략 5퍼센트(질량 퍼센트 농도)로, 10퍼센트가
되지 않는다. 증류주도 있었는데, 그다지 유행하지 않았다. 시에 자주 나오는 '백주白酒'는
술의 색깔이 비교적 맑은 황주黃酒(약주)였다.

2 대체로, 알코올의 장기적인 자극이 계속되면 알코올 자극의 수용을 담당하는 수용기의
총량이 낮아지며, 민감도도 떨어진다. 이런 질과 양의 변화로 동량의 알코올이 유발하는
신경 손상이 줄어든다.

10. 육유 알고 보니 당뇨병 환자, 죽 끓이고 술도 마셔

1 당뇨병의 원인에 대해 간단하게 알아보자. 음식을 먹은 뒤, 음식물이 소화·분해되어 포도
당이 만들어진다. 이 포도당은 소화기로부터 혈액을 통해 전신에 운반된다. 이와 동시에
췌장을 자극하여 인슐린을 분비하게 한다. 인슐린은 혈액 속의 포도당이 신체의 모든 세
포 안으로 들어가 에너지를 만드는 일을 돕는다. 인슐린이 없으면 (또는 신체의 세포가 인슐린에
민감하지 않으면) 포도당이 전신의 세포에 흡수·이용되기 어렵다. 그러면 혈액 속의 포도당
함량이 떨어지지 않아 고혈당을 유발한다. 일정 기간 고혈당 상태가 지속되어 신장이 포
도당을 회수할 수 있는 한계치를 초과하면(보통 사람들은 소변에 포도당이 없다. 신체는 포도당을 유용
한 물질로 보아 신장에서 회수하여 혈액으로 돌려보낸다), 포도당이 혈액으로부터 스며 나와 소변이 되
는데, 이를 당뇨병이라 한다.

2 사마상여司馬相如의 원래 이름은 사마장경司馬長卿으로 서한西漢의 사부가이다. 《사기史記
사마상여열전司馬相如列傳》에 다음과 같은 기록이 있다.
상여는 말은 어눌했으나 글은 잘 지었다. 평소 그는 소갈병消渴病을 앓고 있었다.

(相如口吃而善著書, 常有消渴疾.)

후세의 문인들은 소갈증을 말할 때 항상 '상여병相如病', '장경병長卿病'을 대명사로 사용했다. 또, 그가 일찍이 문원령文園令 벼슬을 역임했으므로 문원병文園病으로 부르기도 했다.

3 《본초강목 곡지사穀之四》

곡주는 다음과 같은 치료 효과가 있다. 약재의 효력을 널리 퍼지게 하는 효능이 있고, 온갖 사악한 독기를 죽인다. 혈맥을 통하게 하고, 장과 위를 두텁게 해주며(기능이 좋아지게 한다는 말), 피부를 매끈하고 윤기 있게 해주고, 습한 기운을 발산해준다. 근심과 화를 해소해주고, 말을 원활하게 하게 하고 뜻을 펴게 해준다(米酒. 主治. 行藥勢, 殺百邪惡毒氣, 通血脈, 厚腸胃, 潤皮膚, 散濕氣, 消憂發怒, 宣言暢意).

4 식전 음주가 혈당을 낮추어 주는 주요 원인은 알코올이 포도당(글루코스) 신생합성gluconeogenesis 능력을 낮추어 주기 때문이다. 다시 말하자면, 단백질 속의 아미노산amino acid과 지방 속의 글리세롤glycerol이 포도당을 대사해 내는 능력이 떨어지기 때문이다. 이와 동시에, 알코올은 간의 글리코겐 분해glycogenolysis 능력을 떨어뜨린다. 다시 말하자면, 글리코겐을 포도당(글루코스, glucose)으로 분해하는 능력을 떨어뜨리는 것이다. 공복 시에는 혈당이 낮은 편인데, 앞에서 말한 두 가지 작용을 통해 혈당을 일정하게 유지한다. 그런데 알코올이 몸에 들어가면 평형이 깨질 수 있다. 포도당 신생합성 능력과 글리코겐 분해 능력이 떨어질 때 인체 내의 혈당이 낮아진다.

5 식후 술을 마시면 글리코겐 분해를 자극하여 글리코겐을 포도당으로 분해하는 능력을 상승시켜 이로 인해 혈당이 증가하게 된다. 또, 알코올은 지방과 근육 세포의 혈중 포도당 흡수를 막아, 혈당이 신체에 저장·이용되지 못하고 혈액에 머물게 되는데, 이 또한 혈당이 증가하는 원인이다. 이상의 두 가지 원인으로 식후 혈당이 더욱 높아진다.

11. 신기질 술잔에게 전하는 말, 다시 오면 박살 내버리겠다

1 〈청평락淸平樂〉(운연초수雲煙草樹)의 서.
창보에게 드림, 당시 저는 병으로 술을 끊었습니다. 창보는 여러 차례 시를 지었는데, 이 시의 마지막 부분에 언급했습니다(呈趙昌甫, 時僕以病止酒, 昌甫日作詩數遍, 末章及之).
〈수조가두水調歌頭〉(아역복거자我亦卜居者)의 서.
새 거주지로 이사하려 했으나 이루지 못해 느끼는 바가 있어 장난삼아 썼다오. 당시 나는 병으로 술을 끊은 상황이었다오(將遷新居不成, 有感, 戱作. 時以病止酒).
이 두 사의 서에서 모두 '병으로 술을 끊었다'라고 썼다.

2 당시 유행했던 송사의 소령小令(50자 이내의 짧은 시형을 통틀어 이르는 말. 전편이 한 단段으로 이루어진다)은 편폭의 제한이 있어 감정을 충분히 표현하기 어려웠다. 하지만 장조長調(사詞 가운데서 가장 긴 형식으로 91자 이상으로 이루어졌다)는 편폭이 긴 편이라, 심오한 감정을 충분히 표현할 수도

있고 사건을 서술할 수 있으며, 심지어는 풍유할 수도 있고 생각이나 감정을 기탁할 수도 있었다. 신기질은 장조에 능했으며, '부賦로써 사詞를 만든다(부체를 도입하여 사의 표현력을 풍부하게 만드는 방법).', '산문으로써 사를 만든다(산문의 문장 구조, 경사자집經史子集의 어휘, 전고 등을 인용하여 사의 표현력을 풍부하게 만드는 방법).'를 실천하였다. 원래 부체나 산문 방식으로 주제를 표현하던 습관을 장조 방식을 통해 나타낸 것으로, '고문의 방법을 사에 기탁'하는 것이다. 부의 대화는 순자荀子 이후의 전통으로 장조에서 부체의 문답 방식을 도입하여 사의 주인공이 혼잣말하던 것이 두 사람의 대화로 바뀌게 되었다. 심지어는 각종 사물과도 대화한다.

12. 구양수 술 취한 늙은이, 모순된 심경과 금주 묘책

1 올해 39세가 되었는데, 새로 피어난 꽃을 보면서 백발이 부끄러울까 두렵다오(到今年才三十九, 怕見新花羞白髮) -(《병중대서봉기성유이십오형病中代書奉寄聖兪二十五兄》).

2 〈여왕의민공與王懿敏公〉
중년이 되어 쇠약하고 병이 더욱 심해져, 과거 시험장에서 나오고부터 아파서 술을 마실 수 없다오(中年衰病尤甚, 自出試院, 痛不能飮).

3 〈걸외임제일차자乞外任第一劄子〉
이 때문에 10년 동안 앓아온 질환인 안질이 도졌습니다. 게다가 연로하여 차가운 성질의 약을 복용할 수 없어 엄동 이후로 눈이 어둡고 피로하여 사물을 보기 어렵습니다(因此發動十年來久患眼疾. 又爲老年, 全服涼藥不得, 自深冬已來, 氣量昏濁, 視物艱難).

4 〈여왕룡도익유, 자승지與王龍圖益柔, 字勝之〉구통지칠九通之七
초춘 이후 임갈淋渴병을 얻어 몸이 야위고 정신이 혼미하고 기력이 쇠약해져 스스로 지탱할 수 없습니다(自春首已來, 得淋渴疾, 癯瘠昏耗, 僅不自支).

5 당唐나라 육우陸羽의 《다경茶經》, 소경蘇敬의 《신수본초新修本草》에 차의 치료 효과가 언급되어 있다. 여기에서 말하는 온갖 병을 다스린다는 말은 아마도 이뇨, 해갈, 두통과 안구 건조 치료, 심지어는 치질과 역병 치료 등을 가리키는 것 같다.

6 〈감사感事〉 시의 자주自註 내용은 다음과 같다.
전 왕조의 전례에 양부兩府(중서성中書省과 추밀원樞密院)의 보필하는 신하에게만 해마다 용차龍茶 1근을 하사하게 되어 있다. 나는 인종仁宗 황제의 조정에서 학사 겸 사관수찬을 지냈다. 사관史館(국사 편찬 기구)에 국사가 없어 검토할 수 있도록 한 부를 내려달라고 요청하였는데, 드디어 천장각天章閣의 사본을 사관에 교부하라는 명이 있었다. 인종은 천장각 덕분에 서리書吏가 기록한 국사를 보았고, 내가 말씀을 올린 것을 가상히 생각하여 황봉주黃封酒 1병, 과일 1홉, 봉단차 1근을 하사하라고 누차 명했다. 압사중사押賜中使가 나에게 "황제께서 학사가 국사를 새로 쓰는 일이 쉽지 않다고 여겨 이를 하사하셨다"라고 말했다. 그 후, 매달 한 차례 하사하여 마침내 상례가 되었다. 그 뒤로 나는 황송하게도 양부兩府가 되어

(구양수는 1060년에 추밀부사樞密副使에 제수되었고, 다음 해에 참지정세參知政事에 임명되었다. -역자 주) 하사품이 끊이지 않았다(先朝舊例, 兩府輔臣歲賜龍茶一斤而己. 余在仁宗朝作學士兼史館修撰, 嘗以史院無國史, 乞降一本以備檢討, 遂命天章閣錄本付院. 仁宗因幸天章, 見書吏方錄國史, 思余上言, 亟命賜黃封酒一瓶, 果子一合, 鳳團茶一斤. 押賜中使語余云, 上以學士校新寫國史不易, 遂有此賜, 然自後月一賜, 遂以爲常. 後余忝二府, 猶賜不絶).

7 〈용차록후서龍茶錄後序〉

차는 사물의 최고의 정수다. 소단小团(진상하기 위해 정제한 작은 덩어리 차)은 그중의 정수로, 〈녹서錄序〉에서 말하는 상품의 용차龍茶가 바로 이것인데, 군모君謨(채양의 자)가 처음 만들어 해마다 진상했다. 인종은 이를 특별히 진귀하게 여겨 아끼며 정사를 보필하는 대신에게도 하사하지 않고, 하늘에 제사하는 남교대례南郊大禮의 재계의 예를 행하는 날 저녁에만 중서성과 추밀원의 각 네 사람에게 하나씩 하사했다. 궁녀들은 금을 잘라 용과 봉과 화초를 만들어 그 위에 붙였다. 양부(중서성과 추밀원)의 여덟 집에서 이를 나누어 집으로 가지고 돌아갔는데, 감히 빻지 못했다. 집안일을 관리하는 사람이 깊이 간직하여 보물로 삼았고, 귀한 손님이 오면 꺼내 서로 돌려보며 구경했다. 가우嘉祐 7년, 명당明堂(황제가 정치와 교화를 밝히는 곳)에 친히 참여하여 재계의 예를 행한 저녁에 사람들에게 하나씩 하사했는데, 나도 외람되이 참여하여 (하사받아) 지금까지 간직하고 있다(茶爲物之至精, 而小團又其精者, 〈錄序〉所謂上品龍茶者是也. 蓋自君謨始造而歲貢焉. 仁宗尤所珍惜, 雖輔相之臣, 未嘗輒賜, 惟南郊大禮致齋之夕, 中書, 樞密院各四人, 共賜一餅, 宮人翦金爲龍鳳花草貼其上, 兩府八家分割以歸, 不敢碾試, 相家藏以爲寶, 時有佳客, 出而傳玩爾. 至嘉祐七年, 親享明堂, 齋夕, 始人賜一餅, 余亦忝預, 至今藏之).

13. 매요신 금주 인생 풍경, 금주할 때 반드시 거쳐야 할 길

1 전종서錢鍾書,《송시선주宋詩選註》.

14. 양만리 그림자처럼 따라다닌 번뇌, 단주 처방전은 어디에?

1 〈지주止酒〉 전문

술을 끊으려면 먼저 약정해야지	止酒先立約
굳게 지키기를 바라는 마음으로	庶幾守得堅
스스로 약속하고 스스로 지켜야 하는데	自約復自守
일이란 게 꼭 그렇게 된다고 할 수는 없지	事亦未必然
약속의 말 입 밖에 내기도 전에	約語未出口
마음이 참담하여 전혀 즐겁지 않구나	意已慘不驩
평생토록 술을 죽도록 좋아했고	平生死愛酒

좋아한 나머지 관직까지 버렸다	愛酒寧棄官
옛날 젊은 시절 떠올리니	憶昔少年日
술과 함께 젊은이의 뜻을 세웠다	與酒爲志年
술 취하면 향초 위에 드러누웠고	醉則臥香草
낙화는 꽃 수놓은 담요가 되었다	落花爲繡氈
깨고 보면 달은 창공에 떠 있고	覺來月已上
낙화 앞에서 또 한 잔 마셨다	復飲落花前
간장이 쇠약해졌는데도 술을 금하지 않았지	衰腸不禁酒
이 일 지금은 이러쿵저러쿵 말하지 말자	此事今莫論
술로 여러 차례 병이 들었는데	因酒屢作病
스스로 초래한 앙화지 천명은 아니라	自崇非關天
아침 되면 배가 아프다고 알리는데	朝來腹告痛
약을 마셔도 아픔이 낫지 않는다	飮藥痛不痊
서둘러 백아伯雅(옛날 술잔)와 단절하려고	銳欲絶伯雅
이미 절교서를 써 놓았다	已書絶交篇
그런데도 어찌하여 술은 끊어지지 않고	如何酒未絶
스스로를 일깨우는데 시름이 앞서는가	告至愁已先
내가 내 뜻과 적이 되어	我與意爲仇
마음이 슬프고 괴로우면 어찌 편하겠는가	意慘我何便
차라리 마음이 하고 싶어 하는 대로 하여	不如且快意
백아를 다시 앞에 가져다 놓자	伯雅再遣前
다음날 또 병이 나면	來日若再病
차차로 강구해 보자	旋旋商量看

2 양만리는 자신의 질병에 대해 각각 다른 병명을 여러 차례 언급했다. 치질(〈송약자진국기送藥者陳國器〉), 임질(〈병인인일송약자주숙량귀길수현丙寅人日送藥者周叔亮歸吉水縣〉), 상한傷寒(장티프스)(〈파승령릉홀병상한알의앙순여부담자일원일중개얄당의공량, 구일이무병, 사이장구罷丞零陵忽病傷寒調醫兩旬如負擔者日遠日重改謁唐醫公亮, 九日而無病矣, 謝以長句〉) 등이다. 그의 시에서 여러 차례 의사에게 치료받은 사적과 약을 복용한 경험을 찾아볼 수 있다.

에필로그 도연명 술을 끊기 위한 선전 포고, 왜 나만 따라해

1 이 일을 관리하는 사람이 듣고 그를 팽택령에 임용했다. 그는 현내의 공전에 모두 수수를 심으라고 명하고 말했다. "내가 항상 술에 취할 수 있으면 충분하다." 부인과 아이들은 쌀을 심자고 강력하게 주장했다. 그래서 1경頃 50무畝에 수수를 심고, 50무에는 쌀을 심으라

고 명령했다. 그는 본래 소박하고 명예를 소중히 여겼으며, 상급자에게 아첨하지 않았다. 군의 독우督郵(군수의 보좌관으로 관할 현을 순찰하며 관리의 과실을 조사하는 관직)가 현을 시찰한다며, 그의 부하를 시켜 띠를 매고(정장을 갖추라는 뜻) 독우를 뵈라고 했다. 도연명은 탄식했다. "나는 쌀 다섯 말 때문에 허리를 굽혀 진지하고 공손하게 향리의 소인배를 섬길 수 없다." 의희義熙 2년 현령의 인수를 풀어 반납하고 팽택현을 떠났으며 〈귀거래사〉를 지었다(執事者聞之, 以爲彭澤令. 在縣, 公田悉令種秫穀, 曰, 令吾常醉於酒足矣. 妻子固請種稉, 乃使一頃五十畝種秫, 五十畝種稉. 素簡貴, 不私事上官. 郡遣督郵至縣, 吏白應束帶見之, 潛歎曰, 吾不能爲五斗米折腰, 拳拳事鄕里小人邪. 義熙二年, 解印去縣, 乃賦歸去來).

2   일생을 망친 것은 다만 술이 있을 뿐(斷送一生惟有酒)(한유, 〈유성남십육수遊城南十六首〉) 만사를 깨뜨리는 데 술을 능가하는 것은 없다(破除萬事無過酒)(〈한유, 증정병조贈鄭兵曹〉).

특집 그대, 술을 끊으시게

1   유의경《세설신어世說新語・임탄任誕》에 산간이 취한 모습을 형용한 다음과 같은 노래가 나온다. 「산공이 취해 고양지에 가는구나. 저녁 무렵 수레에 실려 돌아왔는데, 대취하여 인사불성이 되었다. 그러고는 다시 준마를 타는데 흰 모자를 거꾸로 썼다. 손을 높이 들고 갈강에게 묻는다. "병주의 유협은 어떠한가?"라고(山公時一醉, 徑造高陽池. 日莫倒載歸, 茗芋無所知. 復能乘駿馬, 倒著白接䍦, 擧手問葛彊, 何如幷州兒.)」.

2   한漢나라 초, 역이기酈食其는 자칭 '고양의 술꾼(고양주도高陽酒徒)'이라 하면서 유방劉邦이 자기를 접견하도록 만들었다. 그 후로 '고향주도'는 술을 즐기고 자유분방한 사람을 가리키는 말이 되었고, 고양高陽도 술의 대명사가 되었다.

| 참고 자료 |

추천사

White, W.(1998) Slaying the Dragon: The History of Addition Treatment and Recovery in America, Bloomingston IL: Chestnut Health Systems.

01

廖怡甄,《東坡酒詩意象研究 以黃州 惠州 · 儋州詩作爲研究中心》, 華梵大學東方人文思想研究所碩士論文, 2005年.

蔡惠玲,《東坡黃州時期詩歌探究》, 東海大學中國文學系碩士論文, 2008年

02

陳懷心,《李白飮酒詩研究》, 國立中山大學中國文學系碩士論文, 2003年

林梧衛,《李白詩歌酒意象之研究》, 玄奘人文社會學院中國語文研究所碩士論文, 2004年

陳念蘭,《李白酒詩與盛唐氣象之研究》, 國立臺灣師範大學國文學系在職進修碩士班碩士論文, 2011年

03

黃淑梅,《杜甫飮酒詩研究》, 玄奘大學中國語文學系碩士論文, 2010年

簡錦松,《杜甫夔州生活新證》, 謝海平主編에 수록된《唐代文化文學研究及敎學國際學術研討會論文集》(臺中. 達甲大學. 2008年), p.117-162

05

于中航,《李淸照年譜》, 臺北, 臺灣商務印書館, 1995年.

07

韋偉祿,《李商隱酒詩研究》, 中國西南大學碩士學位論文, 2015年.

Volkow ND, koob GF, McLellan AT. *Neurobiologoc Advances from the Brain Disease Model of Addiction*, N Engl J Med. 2016 Jan 28;374(4):363-71.

08

〈중국인 음주 문제 선별 검사 설문 조사(C-CAGE Questionnaire)〉, 위생복지부 심리와 구강건강사 홈페이지(http//www.mohw.gov.tw).

何騏竹, 〈白居易詠病詩中呈現的自我療癒〉, 《成大中文學報》第57期, 2017.

秦利英, 《白居易飲酒詩研究》, 中國陝西理工學院碩士學位論文, 2012.

09

《DsM-5 精神疾病診斷準則手冊(정신질환 진단 및 통계 매뉴얼)》, 美國精神醫學學會(American Psychiatric Association) 저, 臺灣精神醫學會 번역 심의 수정, 合記圖書出版社, 2014.

10

Kim SJ, et al. Alcoholism and diabetes mellitus. *Diabetes Metab J*, 2012 Apr;36(2):108-15.

Munukutla S, et al. Alcohol Toxicity in Diabetes and Its Complications.: A Double Trouble? *Alcohol Clin Exp Res*, 2016 Apr;40(4):686-97.

GBD 2016 Alcohol Collaborators. Alcohol use and burden for 195 countries and territories, 1990-2016: a systematic analysis for Global Burden of Disease Study 2016, Lancet, 2018 Sep 22;392(10152):1015-1035.

12

蔡佩珈, 《歐陽脩的飲茶生活》, 東吳大學歷史學系碩士論文, 2013.

14

Heilig M, Goldman D, Berrettini W, O'Brien CP. Pharmacogenetic approaches to the treatment of alcohol addition. *Nat Rev Neurosci*, 2100 Oct 20;12(11):670-84.

Volpicelli JR, Watson NT, King AC, Sherman CE, O'Brien CP. Effect of naltrexone on alcohol "high" in alcoholics. *Am J Phycbiatray*, 1995 Apr;152(4):513-5.

De Witte P, Littleton J, Parot P, Koob G. Neuroprotective and abstinence-promoting effects of acamprosate:elucidating the mechanism of action. *CNS Drugs*, 2005;19(6):517-37

특집

蔡中志, 〈國人酒精濃度與代謝率及對行為影響之實驗研究〉, 《警光雜誌》, 2001年.

警政統計通報(2021年 第20週), 警政署通統室, 2021年.

法務部全國法規資料庫(https://law.moj.gov.tw/)